W0243156

MERIAN
Reiseführer

Kreta

Der Autor *Hansgeorg Hermann, 1948 in Stuttgart geboren, war 16 Jahre Politik-Redakteur bei verschiedenen Tageszeitungen und der Deutschen Presse Agentur. Von 1989 bis 2005 lag sein fester Wohnsitz auf Kreta. Seit 2004 ist er freier Kulturjournalist für FAZ, NZZ, Le Monde d'Education. Einige Textbeiträge stammen von der auf Kreta lebenden Journalistin Renate la Grange.*

TRAVEL HOUSE MEDIA

Türkisfarbenes Meer an der Küste von Loutro

Typisch Schäfer: Hirtenstab und Häkelmütze

Weideland vor den Weißen Bergen – Lefká Órí

Kretisches Nationaltier: die Wildziege

Hochebene von Omalós

290 REISE-SERVICE

Informationen, die Ihnen helfen, sich besser zurechtzufinden.

Zeit für einen »Kafdáki«

DER GUTE TIPP VON MERIAN

Top-Empfehlungen unserer Autoren
Karte siehe Seite 8/9

Titelbild: Kirche bei Polyrinía
Foto: Fotofinder/Schapowalow

Spezialitäten vom Markt

ROUTEN UND TOUREN

Herausnehmbare Tourenkarten sowie Faltkarte im Maßstab 1: 350.000 (Tasche hinten)

Karten und Pläne

HINWEISE

Erläuterung der Symbole

Für Familien und Kinder besonders geeignet
Behindertengerechte Einrichtung
Hunde erlaubt
CREDIT Alle Kreditkarten akzeptiert
Keine Kreditkarten akzeptiert

Preise für eine Ü im DZ ohne Frühstück

•••• über 200 Euro ••• 120–200 Euro
•• 60–120 Euro • unter 60 Euro

Preise für Hauptgerichte ohne Getränke

•••• über 20 Euro ••• 10–20 Euro
•• bis 10 Euro • Imbiss

Querverweise

in das Planquadrat der Übersichtskarte auf Seite 8/9, z.B. ➤ **Westen, [a 3]**, oder in eine Detailkarte, z.B. ➤ **Chaniá, S. 118, [b 3]** sowie zusätzlich (mit Großbuchstabe) in das entsprechende Planquadrat der herausnehmbaren Faltkarte ➤ **[C 3]**

MERIAN TOP TEN
Höhepunkte Kretas, die Sie gesehen haben sollten. Karte siehe Seite 8/9

1 VENEZIANISCHES CHANIÁ

Voller Geschichte und wunderbarer Architektur sind die Quartiere rund um den alten Hafen. Chaniá, die älteste Stadt der Insel, beherbergt Stadtpaläste, die zu den schönsten am Mittelmeer gehören (S. 117).

2 KLÖSTER VON AKROTÍRI

Architektonische Perlen des 16. und 17. Jahrhunderts sind die aus venezianischer Zeit stammenden Klöster Agía Triáda, Gouvernéto und Katholíko in der Berglandschaft der Halbinsel Akrotíri (S. 124).

3 ANÓPOLIS MIT KIRCHE MICHAELIS ARCHANGELOS

Das Dorf der Revolutionäre: Kretas Nationheld Ioannis Vlachos sammelte hier seine Kämpfer gegen die Türken für die Revolution von 1770. Auf einer Klippe nahe der Arádena-Schlucht thront still die Kirche Michaélis Archangelos mit ihren herrlichen Fresken (S. 144).

4 FESTUNG GRAMVOÚSSA

Die venezianische Festung aus dem 16. Jahrhundert hat dem Ansturm der Türken länger als andere Bollwerke getrotzt. Seit 300 Jahren ruhen die Reste des zerbrochenen Löwen von San Marco unter ihrem Portal (S. 164).

5 SAMARIÁ-SCHLUCHT

Sie gilt als längste Schlucht Europas. Von der 1200 Meter hohen Omalós-Ebene durchschneidet sie über 17 Kilometer das Land bis ins Libysche Meer. Seit 45 Jahren ist die Schlucht ein Naturschutzgebiet (S. 182).

6 TÜRKISCHES RÉTHIMNON

An orientalische Basare erinnern Réthimnons enge Gassen und kleine Läden, die sich unter schattigen Holzveranden verstecken. Die Kleinstadt hat optisch vieles aus ihrer mehr als zwei Jahrhunderte währenden türkischen Vergangenheit bewahrt (S. 193).

7 ZENTRUM VON IRÁKLION

Morosini-Brunnen, Loggia, Markuskirche und das Kastell Koules sind im Ort die imposantesten steinernen Zeitzeugen der venezianischen Herrschaft (S. 221).

8 KNOSSÓS UND DAS ARCHÄOLOGISCHE MUSEUM

Als Zentrum der 5000 Jahre alten minoischen Kultur gilt der Palast von Knossós. Der Besuch ermöglicht einen faszinierenden Einblick in die minoische Hochkultur. Die Funde des Palastes sind im Archäologischen Museum ausgestellt (S. 229).

9 GÓRTIS UND FESTÓS

Die schönste aller minoischen Palastanlagen ist die von Festós. Sie stammt aus der Alten Palastzeit und ist malerisch gelegen. Die Mauer der alten Stadt Gortyn aus dem 5. Jahrhundert vor Christus zeigt den ältesten Gesetzescodex Europas – kunstvoll in Stein gemeißelt (S. 242 und S. 247).

10 KÁTO ZÁKROS UND TAL DER TOTEN

Am östlichsten Strand der Insel an der Mündung eines wunderbaren Canyons befindet sich der antike Palast von Káto Zákros, der durch Zufall entdeckt wurde. In den Wänden des Canyons bestatteten die Menschen der Antike ihre Toten, was dem Tal auch seinen Namen gab (S. 288).

DER GUTE TIPP VON MERIAN
Top-Empfehlungen unserer
Autoren, ab Seite 130
Myrtoisches Meer
Kretisches
Libysches M
Der Westen
Réthimnon
und die Mitte
Iráklion und
die Mitte
Nomós Chaníon
Nomós Rethímnis
Nomós Iraklíou
Chaniá
Kíssamos-Kastélli
Paleóchora
Réthimnon
Iráklion
Knossós
Gávdos
Gavdopoúla
Akr. Spanda
Tigáni
Gram-voússa
Kólpos Chaníon
Kólpos Kissamou
Akrotíri
Falássarna
Polirrinía
Sfinári
Élos
Sarakína
Sklavopoúla
Elafónissos
Kándanos
Anídri
Soúgia
Samariá
Ammoúdari
Arádena
Loutró
Anópolis
Chóra Sfakíon
Sellía
Plakiás
Préveli
Kalíves
Soúda
Almiróda
Thérissos
Likotinareá
Vrísses
Georgioú-polis
Alíkampos
Karés
Órmos Almiroú
Episkopí
Pérama
Balí
Fódele
Agía Pelagía
Óros Ídi
Anógia
Tilissós
Archánes
Spíli
Kamáres
Zarós
Górtis
Míres
Festós
Ágii Déka
Garípa
Chárakas
Kólpos Messarás
Pitsídia
Mátala
Paximádia
Asteroússia Óri
Kófinas Óros
Léndas
Nírou Cháni
Día
Thirassia
N. Kaméni
Hristiana
Kíthira
Piräus
Piräus, Thessaloniki
Piräus, Venedig
Pátras, Ancona
1
2
3
4
5
b
c
0
24 km
©MERIAN-Kartographie

MERIAN TOP TEN

Höhepunkte Kretas, die Sie gesehen haben sollten, siehe Seite 6/7

KRETA

Staatsform: Parlamentarische Republik
Einwohner: 600 000
Fläche: 8331 Quadratkilometer
Hauptstadt: Iráklion
Bevölkerungsdichte: 73 Einwohner/ Quadratkilometer
Amtssprache: Neugriechisch
Religion: Griechisch-Orthodox

Lage und Gliederung: 160 Kilometer südlich vom griechischen Festland liegt Kreta, die größte griechische Insel sowie die fünftgrößte Insel des Mittelmeeres. Kreta ist in vier Präfekturen unterteilt: Chaniá (Westen), Réthimnon (westliche Mitte), Iráklion (östliche Mitte) und Lassithi (Osten).

Wirtschaft: Noch bis vor wenigen Jahren war Kreta eine Insel der Bauern und Hirten. Olivenöl, Wein und Käse sind noch immer beliebte Exportartikel. Heute lebt Kreta jedoch hauptsächlich vom Tourismus.

Blue Adventures Diving
TARRA

GEMEINSAMKEIT

Im Hafen von Chaniá verschmelzen venezianische Vergangenheit und Spuren der Türkenherrschaft mit der kretischen Kultur.

LEBENSWERK

»Kaikis« heißen die traditionellen Holzboote, mit denen die Fischer Kretas noch heute zur See fahren. Die Kunst, sie zu bauen, wird mit den letzten Handwerkern aussterben.

URSPRÜNGLICHKEIT

Mit den ersten Touristen begannen die Einheimischen den Fremdenverkehr an den Küsten zu etablieren. Dennoch blieben Flecken unberührt, wie hier in der Lagune Balos.

STANDHAFTIGKEIT

Den Palast des sagenhaften König Minos in Knossós, der größte minoische Herrschersitz überhaupt, grub Arthur Evans Anfang des 20. Jahrhunderts aus.

BESCHEIDENHEIT

Trotz Modernisierung bestellen die Bauern ihre Felder – hier auf der Lasithi-Hochebene – noch heute auf traditionelle Weise.

WILLKOMMEN AUF KRETA

Wer nach Kreta kommt, wird feststellen, dass dort vieles anders ist als auf dem griechischen Festland. Deutlich sind die Spuren der venezianisch-türkischen Vergangenheit, die sich in Stadtpalästen und Kirchen widerspiegeln. Doch nur wer die Küstengegend in Richtung Berge verlässt, kann die wahre Seele der Insel entdecken und Gastfreundschaft im ursprünglichen Sinn erleben.

Ruhe vor dem Touristensturm: der Venezianische Hafen von Réthimnon

Zur »parea«, der Tischgesellschaft, sind alle herzlich willkommen: Eben noch fremd, fühlt man sich schnell wie unter Freunden. Kretische Gastfreundschaft eben.

MYTHOS AM MEER

Kreta, zwischen Asien, Afrika und Europa gelegen, ist reich an Kultur und so vielfältig wie ein eigener Kontinent. Die Lebensfreude und Gastfreundschaft der Bewohner haben das Inselbild gleichsam nachhaltig mit geprägt.

Kreta ist ein Kontinent. Seine Bewohner jedenfalls behaupten das. »Kreta ist ein Kontinent«, sagen sie ihren Gästen. Die Fremden aber halten Kreta für eine Insel. Sie falten ihre Landkarte auseinander und sehen das Meer. Dann nicken sie energisch mit dem Kopf und sagen: »Kreta ist eine Insel!«

Tatsächlich? Wo doch die Seele dieses vom Meer umschlungenen Landes die Berge sind. Kreter wachsen nicht als Fischer auf und werden alt. Sie sind Hirten, vielleicht auch Olivenbauern oder Schnapsbrenner. Generationen, die ihr Leben lang die schimmernde Lybische See vor Augen hatten und doch nie einen Fuß ins Wasser setzten.

Vielleicht sollte sich das der vom fernen Europa anreisende Mensch vor Augen führen, wenn er kretischen Boden betritt. Dass er sich zuerst mit dem Rücken zum Meer aufstellen und zu den Gipfeln der Lefká Óri hinaufschauen muss, zum Schnee und dem blendend hellen Kalk der Weißen Berge. Erst dann kann es ihm gelingen, den Erdteil Kreta zu begreifen.

Kreta war einmal ein anderes Wort für Widerstand. Hoch oben wohnte die kretische Revolution. Sie richtete sich gegen Piraten und Venezianer, gegen Türken und Deutsche. Gegen alle, die mit Kanonen und Gewehren kamen. Der Dreißigjährige Krieg in Europa ging 1648 zu Ende. Das Gemetzel in Deutschland hatte gerade aufgehört, als die Türken an Kretas Küste landeten und das Morden dort begann, als der kretische Widerstand sich formierte. Er kam aus den Bergen. Er hielt sich dort 250 Jahre lang und stieg hinunter in die besetzten Küstenebenen. Immer wieder. Ungefähr alle zehn bis zwanzig Jahre. Er gab dem Leben in den Dörfern seinen Rhythmus. Und verstörte die Stadtmenschen. Er schuf einen außergewöhnlichen »politismó«, eine ganz eigenartige Kultur. Er war sozusagen stilbildend.

Wenn Kreter von ihrer Insel erzählen, werden **Bilder und Mythen** lebendig

Kreta ist ein Paradies. Seine Bewohner sind sich dessen sicher. »Kreta ist ein Paradies«, sagen sie also ihren Gästen. Dabei vertreibt ihr Lächeln den Gedanken, dieses Gerede vom Paradies könnte vielleicht nichts als ein ziemlich lausiger Verkaufstrick für Touristen sein.

»Kreta ist ein Paradies«, sagen wenig später auch die Fremden. Wenn sie mit ihren Gastgebern bei Schnaps und »mezédes« sitzen – kleinen Delikatessen, die den Alkohol bändigen – und nicht eine Sekunde lang das Gefühl haben, sie müssten nun aber endlich mal wieder an die Arbeit gehen.

»Paradies« ist ein alter Begriff. Er bezeichnete ursprünglich ein eingehegtes Gebiet, einen herrschaftlichen Park etwa, einen Lustgarten vielleicht oder einfach ein zauberhaftes Stückchen Erde. Alles real im Hier und Heute, vom Jenseits keine Spur. In diesem Sinne ein sehr kretisches Wort. Denn in der Wirklichkeit sind die Kreter zu Hause.

Wer sind nun diese besonderen Menschen, die das »Paradies« verwalten? Seine verschiedenen Abteilungen auf den 260 Kilometern zwischen West und Ost, auf den 60 Kilometern von Nord nach Süd?

Eine Busfahrt von der Provinzhauptstadt Chaniá nach Osten, durch die immergrüne Landschaft Apokóronas, von Vrísses aus nach Süden, Richtung

Eine Landschaft wie eine **gewaltige Torte** mit verborgenen Schichten und Köstlichkeiten

Askífou-Hochebene und Chóra Sfakíon, enthüllt – einige vorsorglich geplante Unterbrechungen vorausgesetzt – beispielhaft die Schönheiten und Schätze des Landes. Das ist eine Reise, die wie ein Messer durch eine gewaltige Torte schneidet und die Köstlichkeiten in den zunächst verborgenen Schichten freilegt. Aber wird der Gast denn alles mögen, was in dem Kuchen steckt?

Der Apokóronas zum Beispiel. Ein Bilderbuch. Eine Hügelkette aus Olivenhainen, einzelnen dunklen Zypressen und sattgelbem Ginster. Nein – nicht wie die Toskana. Etwas einfacher, deutlich günstiger und sehr viel lauter. Unten in der weiten Bucht von Soúgia, umkränzt von silbern glänzenden Ölbäumen, räkelt sich in Türkis und Schwarzblau das kretische Meer in seinem Bett aus goldenem Sand.

Wie erschöpfte Zugvögel gehen die müden Fremden auf die Küstenebene nieder, nur noch 300 Kilometer von Afrika entfernt. Orangenblüte, Zitronenduft und Granatäpfelknospen füllen die Gärten der Dörfer. Eine Weide zum friedlichen Grasen.

Die Bauern der Apokóronas sind emsig dabei, sich dieses, ihr eigenes Paradies zu verschließen. Typische Dörfer wie Gavalochóri sterben auf dem freien europäischen Immobilienmarkt jenen Tod, den ihnen die Grundstücksspekulanten, Baulöwen und Besitz-Touristen

Die Bergdörfer Kretas wirken wie eine Oase der Ruhe inmitten einer farbenfrohen und fast unberührten Landschaft.

zugedacht haben. Besonders von den Britischen Inseln ist eine große Welle wohlhabender Menschen über Kreta hereingebrochen, mit Geld in der Tasche und dem Spaten in der Hand, damit alle wilde Naturschönheit gebändigt und in die gefälligen Gärten rund um den Swimmingpool gesperrt wird.

Es kommen immer mehr Gäste, denen das nackte Gastsein nicht reicht. Die traditionsbeladenen Boden nehmen, ohne sich der griechischen Sprache und Kultur anvertrauen zu können. Und die

Die Kolonisation Kretas: Unberührte **Naturschönheit** konkurriert mit **Swimmingpools**

den eingeborenen Menschen etwa so distanziert interessiert betrachten wie der Ausflügler in der Sommerfrische ein bekanntes Insekt.

Der Kolonisationseffekt ist enorm. Der Apokóronas ist von der Welt entdeckt worden. Soll er nur deshalb seinen Charme verlieren?

Am Ortsausgang von Vrísses steigt die Straße an. Zurück bleiben die brodelnden Baustellen, Hoffnung auf Stille füllt das Herz. Es ist das Land des kretischen Mannes, das hier beginnt, des schwarz gekleideten Hirten, des hoch gewachsenen »Palikari«. Rein äußerlich hat er wenig von dem verloren, was ihn dem Literaten Henry Miller einst so überirdisch erscheinen ließ. »Die schönsten Männer der Welt» habe er auf Kreta gesehen, staunt er im »Koloss von Maroussi«. Den »Palikari« also, den Mann der Bergwelt, ein Geschöpf aus Fleisch und – Traditionen.

Die »parea« sei als Beispiel genannt, die heile, heilige Tischgesellschaft. Das Wort lässt sich auch mit »Freundeskreis« übersetzen. Und genauso fühlt sich jeder, der die Einladung, am Tisch der »parea« Platz zu nehmen, furchtlos annimmt – wie unter Freunden. Ihre Gastfreundschaft pflegen die Kreter seit Jahrhunderten.

Wer an einem solchen Tisch sitzt, wird sich wundern über die Langsamkeit der Gesten, über die Fähigkeit, sich kaum vom Platz zu rühren, nur zu essen und zu trinken. Und sehr laut zu reden. Der Beginn eines Festmahls mag für acht Uhr abends angekündigt sein, doch Gäste sind auch um elf Uhr willkommen, und keiner beschwert sich. Die Frage auf Kreta ist nicht »wann kommt jemand« – sondern »kommt er überhaupt«? Braucht Langsamkeit Selbstbewusstsein und Mut? Wer gesehen hat, wie sich diese Männer und ihre Frauen bewegen, wie sie ihren Körper gerade halten und wie sie ihren Schritt gezähmt haben von Jugend an, der wird die Frage verstehen.

Leidenschaftlich und mit **ganzem Herzen** dabei – nicht nur beim Feiern

Kreter sind maßlos. Seine Bewohner finden das normal. Auf einer Hochzeit versammeln sich leicht 1000 Gäste, eine im Moment improvisierte »parea« kann vergnügt einen ganzen Tag bei Wein und Gesang verbringen. Ein Streit unter Nachbarn dauert Jahre. Unbeschreibliche Seminare der Gemächlichkeit sind das, Hochämter des Menschseins.

Doch Maßlosigkeit gibt es auch in anderen Sparten des Lebens, neuerdings jedenfalls. Keine Gesellschaft in Europa hat in so kurzer Zeitspanne umgestellt von der beschaulichen Gangart des Maultiers auf die Pferdestärken des Kraftfahrzeugs. Dafür brauchte es Straßen. Die Kreter bahnen sich, seit für sie das Geld aus Brüssel fließt, durch ihre schönsten Landschaften, zerschneiden jedes noch so großartige Biotop, sprengen die härtesten Marmorfelsen und wühlen sich empor bis an die beinah 2500 Meter hohen Gipfel. Nichts ist mehr sicher vor dem rasenden Automobilisten, keiner hält ihn auf. Die Kreter sind maßlos, selbst im Tod. Griechenland hat, gemessen an seiner Bevölkerungszahl, die schlimmste Unfallstatistik in ganz Europa.

Eine deutliche Warnung an alle, die sogar im Urlaub unbedingt am Steuer sitzen wollen und sich nicht den hervorragend funktionierenden öffentlichen Transporten anvertrauen mögen. Die beigefarben-grün lackierten Busse der KTEL-Regionalgesellschaften fahren in fast jedes noch so abgelegene Dorf.

Zurück auf die Straße in den Süden. Die kurvenreiche Asphaltbahn erklimmt, eine halbe Stunde von Vrísses entfernt, den Pass auf fast 800 Metern Höhe. Ein

Die Nutzung der Windkraft reicht auf eine tausend Jahre alte Tradition zurück, die mit der heutigen Zeit zunehmend verblasst.

gewaltiger Talkessel öffnet sich, es ist die Hochebene von Askífou in ihrer fruchtbaren, farbigen Schönheit. Im Osten bewacht von der kantigen Bergspitze des »Kástro«, der bis in den Juni seine Haube aus Schnee trägt. Im Süden auslaufend in einer markanten Schneise, der Ímbros-Schlucht, die in Kaskaden aus Stein und Geröll bis hinunter an die Lybische See abfällt.

Hochebenen sind typisch für die drei Gebirgsstöcke der »Megalónissos«, der Rieseninsel, wie die Leute sie hier gerne nennen, wenn sie nicht unbedingt »Kontinent» sagen wollen. Das bei Weitem größte Bergland, die Lefká Óri, verbirgt die Omalósebene (1200 Meter) und den Askífou zwischen seinen Bergketten. In der breiten Mitte Kretas am Fuß des Ídi-Massivs am Psiloritis liegt auf knapp 1500 Metern Höhe die Nída-Ebene. Und im Osten drehten sich auf 1100 Metern Höhe einst die mit weißem Tuch bespannten Windmühlen von Lassíthi.

Auf aussichtsreichen Pfaden durch eine bewegte Vergangenheit

800 Meter kurvenreiche Talfahrt folgen. Duftende Horizontalzypressen, die am Rand der Straße gegen den Abgrund sichern, weit unten der schattige Canyon mit dem Säumerpfad im Flussbett. Ein herrlicher Wanderweg ist das, inmitten alter Mythen und neuer Geschichte. Auf ihm flohen Commonwealth-Soldaten vor der Wehrmacht an die Südküste zu ihren wartenden Schiffen, um sich nach Nordafrika zu retten. Üppiges Grün umgibt den Fußgänger hier, eine satte, saftige Pflanzenwelt und im Vordergrund – einige wenige Momente lang – das im Hitzedunst ölig glänzende Meer, auf dem am Horizont die kleine Insel Gávdos schwimmt.

Von der »Chóra« der Stadt der Sfakioten mit ihrem geschäftigen Hafen wieder hinauf auf 500 Meter Höhe. Kurven über Kurven, der Bus schwankt wie ein Schiff, das mörderische Klippen umschifft. Anópolis, am südlichen Saum des Gebirges. Endstation. Eine Reise in Kretas Vergangenheit. Anopolis, das Dorf der Schaf- und Ziegenhüter.

Die Häuser verstreut wie helle Kiesel auf dem dunklen Rot der Erde. Der runde Dorfplatz mit dem Nationalhelden Daskalogiannis. Weißer schwerer Marmor. Eine klobige Gestalt mit klobiger Pistole und klobigen Schultern. Ästhetik zählt nicht in Anópolis. Nicht angesichts der klobigen Häuser und der klobigen, schweren Mauern, aus denen im Winter die Feuchtigkeit tropft. Und inmitten dieser groben, ungeschlachten Dorflandschaft dunkle feine Gesichter. Die Gesichter der Männer, so fein gemeißelt von der Natur. Ihre geraden, scharfen Nasen, ihre hellen klaren Augen und die schmalgliedrigen Hände, mit denen sie nicht malen oder schreiben, sondern Schafe melken.

An der Brücke von Arádena eröffnet **unberührte** Natur neue Ausblicke

Noch drei Kilometer bis zur Schlucht von Arádena. Fast 100 Meter fällt dort ein Stein in die Tiefe, bevor er endlich aufschlägt. Schwere, hölzerne Planken, auf Metallträger gelagert, überqueren den Schlund, schwindelerregende Verbindung in ein Reservat ohne Straßen und Siedlungen. Das letzte unberührte Stück Natur wartet an dieser Brücke auf den, der es entdecken mag.

Skelette abgestürzter Ziegen liegen auf dem Grund der Schlucht. Auf einer Klippe am Abgrund vor einer dramatischen Gebirgslandschaft, die 800 Jahre alte Kirche Ágios Michaelís Archángelos, großartiger Tempel des Erzengels, den die Sfakioten den »Heiligen General« nennen, den Befehlshaber der himmlischen Heerscharen.

Zurück nach Anópolis, zur Busstation. Flirrende Hitze lagert im Sommer über dem Asphalt vor den Kaffeehäusern. Dunkle Gestalten harren im Schatten der Markisen. Glashartes Sonnenlicht zerschneidet das Leben in kleine bewegungslose Fetzen. Sogar die Bäume sind erstarrt. Melancholie ist eine Krankheit, die in den Bergen zu Hause ist. Holz wird auf Kreta im August geschlagen, wenn kein Saft mehr im Stamm nach oben steigt. Hitze wäre Winter, wenn es nach den Pflanzen ginge. Doch dann wird es plötzlich Abend in den Bergen und am Strand. Es gibt keine Dämmerung, es gibt nur Tag und Nacht.

Kühle, laue, warme Nacht. Kreta wird zu Musik und Tanz, die Rieseninsel zu heißer Lebensfreude.

Die Instrumente: Lyra, Gitarre und Laute. Stimmen schwingen sich auf und singen »Mantinádes«, Stegreifverse. Die großen Sänger kennt jedes Kind beim Namen – Xilouris, Psarantonis, Skoulas, Mountakis, Dermitsakis. Und den größten, den Komponisten Mikis Theodorakis, der Griechenlands Literatur in Noten gefasst hat – die Lyrik von Odysseas Elytis, Ioannis Ritsos und Giorgos Seferis. Sie alle beschreiben das Wunder des kretischen Kontinents, das Geheimnis seiner Frauen, seiner Natur, seines Quellwassers. Wunder, die jeder Reisende auf Kreta sehen und erleben kann.

Die Kopfbedeckung »mandíla« und der Hirtenstab »katsuna« sind typisch bei den Schäfern der Insel.

GESCHICHTE

Kretas Vergangenheit ist nicht nur in Zahlen zu fassen. Wer die Entwicklung der Insel verstehen will, sollte sich auch mit der griechischen Mythologie beschäftigen: Wer waren die Minoer, das unbekannte Volk? Ihre Geheimnisse konnten die Archäologen bisher nicht entschlüsseln. Was passiert mit den Keftiu? Warum liegt hier die Wiege der europäischen Hochkultur?

Die Mole von Réthimnon ist ein beliebter Treffpunkt der einheimischen Jugendlichen.

Die Kultfigur der Minoer. Der kunstvoll gestaltete Stierkopfrhyton aus Knossos ist über 3500 Jahre alt. Seine Erschaffer geben den Wissenschaftlern noch immer Rätsel auf.

TAUSEND JAHRE FREMDHERRSCHAFT

Nach dem sagenhaften König Minos kamen die Fremden, um über Kreta zu herrschen. Dorer, Römer, Sarazenen, Genuesen, Venezianer, Türken – und Deutsche. Erst seit 100 Jahren sind die Kreter wirklich »frei«.

Wer über die kretische Kultur reden will, muss früh anfangen – Kreta ist seit etwa 10000 Jahren bewohnt. Die Besiedlung des schönen Hügels von Festós begann in der Jungsteinzeit gegen 6000 vor Christus und setzte sich bis in die frühe Bronzezeit fort. Immer noch sind die Anfänge des menschlichen Lebens auf der Insel voller Rätsel. Es gibt den Zeitraum ohne schriftliche Überlieferung, das Neolithikum, und die darauf folgenden Epochen, aus denen Aufzeichnungen in der von den Archäologen und Historikern sogenannten Schrift »Linear A« oder kretischen Hieroglyphen-Schrift vorliegen. Die »Linear A« wurde vom 17. bis ins 15. Jahrhundert vor Christus verwendet und konnte bisher nur ansatzweise entziffert werden. Aus ihr wurden später die an das Griechische angepasste »Linearschrift B« sowie die kypro-minoische Schrift entwickelt. Da die abstammenden Schriften vorwiegend Silbenschriften sind, nehmen Wissenschaftler wie der Franzose Louis Godart an, dass auch »Linear A« auf Silbenzeichen basieren muss (→ Reportagen, S. 71).

Die Erinnerung an die fernste und zweifellos bedeutendste Vergangenheit Kretas, die sogenannte minoische Zeit, hatte sich in der antiken Welt nur in der Gestalt der griechischen Mythologie erhalten. Mythische Erzählungen, und seien sie auch von Homer, durften jedoch nicht als anzuerkennende Darstellung der geschichtlichen Realität gelten. Erst die Epoche der Ausgrabungen auf griechischem, türkischem und ägyptischem Boden sowie die sich anschließende Forschungsarbeit von Archäologen, Sprachwissenschaftlern und Historikern erhellten die bis dahin im Dunkeln gebliebene Vergangenheit der Insel.

Zur Systematisierung der erworbenen Kenntnisse entwickelten der englische Archäologe Arthur Evans, der 1900 Knossós ausgrub, und später der griechische Archäologe Nikolaos Platon zwei völlig unterschiedliche Chronologien.

Minoisches Zeitalter

Arthur Evans gab dem Geschichtsabschnitt vom Ende des Neolithikums, also rund 2600 vor Christus bis 1100 vor Christus, den Namen des mythischen Herrschers Minos, er war für ihn fortan das »minoische Zeitalter«. Diesen Zeitraum von 1500 Jahren unterteilte er – auf der Grundlage seiner Keramikfunde und deren Vergleich mit entsprechenden Fundstücken aus Ägypten – in drei Epochen. »Frühminoisch« war demnach die Zeit von 2600 bis 2000 vor Christus, »mittelminoisch« waren die Jahre von 2000 bis 1600 vor Christus, und »spätminoisch« war das halbe Jahrhundert von 1600 bis 1100 vor Christus.

Weiter auf S. 36

GESCHICHTE IN ZAHLEN

➤ 6000–2500 v. Chr.
Erste Besiedlung der Insel Kreta von Kleinasien aus. Neusteinzeitliche Dörfer entstehen, darunter Knossós.

➤ 2600–2000 v. Chr.
Erste Zeichen und Funde aus der »Minoischen Kultur«. Bekannte Siedlungen sind Mírtos, Móchlos und Vassilikí.

➤ 2000–1450 v. Chr.
Die minoischen Paläste von Knossós, Festós, Mália und Káto Zákros und eine Flotte entstehen.

➤ 1450–1100 v. Chr.
Kreta wird Teil der mykenischen Welt.

➤ 69–67 v. Chr.
Nach einem römischen Feldzug gehört Kreta zum römischen Imperium. Górtis wird Hauptstadt.

➤ 350–400 n. Chr.
Unter Theodosius teilt sich das Imperium in West- und Ostrom. Das byzantinische Zeitalter beginnt. Der Apostel Paulus lässt Titus auf der Insel zurück, dieser wird erster Bischof von Kreta.

➤ 827–961
Der spanisch-arabische Feldherr Abu Hafs landet mit sarazenischen Kämpfern an der Südküste und beginnt mit der Eroberung der Insel. Er wählt das heutige Iráklion als Basis aus.

➤ 961–1204
Der byzantinische Feldherr Nikiforos Phokas erobert die arabische Basis. Nach der Eroberung Konstantinopels durch die Kreuzritter geht Kreta an Bonifaz von Montferrat. Der verkauft die Insel für »tausend Silbermark« an die Venezianer.

➤ 1204–1669
Kretischer Widerstand gegen die Venezianer bewirkt mehr Mitbestimmungsrechte. Eine kretische meta-byzantinische Kultur entsteht. Der fünfte türkisch-venezianische Krieg endet mit der Übergabe Iráklions an die Türken.

➤ 1669 bis 1898
Orthodoxe Kirchen werden in Moscheen umgewandelt. Zu den wichtigsten kretischen Aufständen gegen die Türken gehört der von 1770 unter Ioannis Vlachos (»Daskalogiannis«). 1897 erklären England, Russland, Frankreich und Italien die Insel zum »Protektorat« und erzwingen damit den Rückzug der Türken. Ein Jahr später wird Kreta unabhängig.

➤ 1898–1913
Kreta ist autonom. Der politische Führer Eleftherios Venizelos, der später Ministerpräsident Griechenlands wird, betreibt mit einer Gruppe von Vertrauten im Dorf Therisso die Angliederung Kretas an Griechenland, die er 1908 erklärt und die 1913 in Athen bestätigt wird. Von nun an ist die griechische Geschichte auch die der Insel.

Eleftherios Venizelos, griechischer Premierminister von 1910 bis 1933, setzte den Anschluss Kretas an Griechenland durch.

➤ 1923
Die Niederlage gegen Atatürk endet im Vertrag von Lausanne in einer umfassenden »ethnischen Bereinigung«: 500000 Türken müssen Griechenland und Kreta verlassen; 1,25 Millionen Griechen verlassen Kleinasien.

➤ 1945–1949.
Bürgerkrieg in Griechenland.

➤ 1967–1974
Militärdiktatur; Mitglieder des Widerstands finden auf Kreta Unterschlupf oder gehen ins Exil.

➤ Nach 1974
Der Konservative Konstantinos Karamanlís wird Ministerpräsident. Ihm folgt 1981 der Sozialist Andreas Papandréou. Die Landwirtschaft wird industrialisiert, die Hauptprodukte Kretas sind Olivenöl, Gemüse und Zitrusfrüchte.

➤ 1990
Der Kreter Konstantinos Mitsotakis wird Ministerpräsident von Griechenland.

➤ 1997
Im Zuge der griechischen Gemeindereform werden auch auf Kreta die Dörfer zu Großgemeinden zusammengefasst und erhalten zum Teil neue Namen. Aus dem alten Regierungsbezirk Agíos Nikólaos wird der Bezirk Lassíthi.

➤ 2003/2004
Für die Olympischen Spiele wird im Nordwesten Iráklions ein neues Fußballstadion gebaut. Um Platz zu schaffen, werden die Behausungen der Fischer und eines der besten Fischlokale der Stadt abgerissen und müssen einer vierspurigen Anfahrtsstraße weichen.

➤ 2007
Der Neubau des Archäologischen Museums in Iráklion wird mit einer provisorischen Ausstellung der wichtigsten Exponate eröffnet. Der endgültige Abschluss der Bauarbeiten wird für 2010 erwartet.

➤ 2008
Ein Teil der Ausstellung des Archäologischen Museums in Iráklion wird für einige Monate in die USA ausgeliehen. Sie ist im Frühjahr 2009 wieder vollständig.

Der Grieche Platon nahm dagegen die von ihm als Zeitpunkte von besonderer Relevanz identifizierten geschichtlichen Ereignisse zum Ausgangspunkt seines inzwischen höher als Evans' Zeitrechnung eingeschätzten Schemas. Vor allem der Bau und die Zerstörung der Herrscherpaläste und der sie umgebenden Siedlungen nahm er für seine Tabellen zur Hilfe. Den Zeitraum von 2000 bis 1100 vor Christus gliederte Platon in vier Epochen: die »Vorpalastzeit«, 2000 bis 1900 vor Christus; die Zeit der »Alten Paläste«, 1900 bis 1700 vor Christus; die Zeit der »Neuen Paläste«, 1700 bis 1450 vor Christus; und die »Nachpalastzeit«, 1450 bis 1100 vor Christus.

Archäologische Ausgrabungen gab es auf der Insel schon ab der Mitte des 19. Jahrhunderts. Der Kunstliebhaber und Bildungsbürger Minos Kalokairinos entdeckte 1878 Knossós, als er dort ein wenig grub und stocherte. Einige Jahre danach, 1884, erreichte der Italiener Federico Halbherr Kreta, um zusammen mit dem Kreter Josiph Hatzdakis in der Idäischen Grotte am Rand der Nída-Hochebene zu explorieren. Im gleichen Jahre legten Halbherr und seine Kollegen die berühmte, in archaischem Dorisch verfasste Mauerinschrift in Gortyn frei, in riesige Steinquader gemeißelte Gesetze und Anordnungen für die Bürger der Siedlungen in der Messara-Ebene. Auf Kreta arbeiteten zeitweise, neben den Griechen Engländer, Italiener, Franzosen und Amerikaner.

Im Vorwort zu seinem Buch »Wohin der Stier Europa trug« beschrieb der deutsche Geologieprofessor Hans Georg Wunderlich Anfang der Siebzigerjahre plastisch den Beginn der Kreta betref-

Die berühmte Palastanlage von Knossós ist ein Besuchermagnet.

fenden »Erkenntnis«-Periode: »Als im Jahre 1900 der Anthropologe und Archäologe Arthur Evans begann, nahe der Stadt Iráklion auf Kreta ein bronzezeitliches Bauwerk von nahezu eintausendzweihundert Räumen auszugraben, war völlig unbekannt, wer diese gewaltige Anlage ursprünglich geschaffen hatte. Er selbst brachte sie in Verbindung mit der altgriechischen Überlieferung vom sagenhaften König Minos, der zwei Generationen vor dem Trojanischen Krieg die Inselhauptstadt Knossós beherrscht und ein geheimnisvolles Labyrinth errichtet haben soll.«

Die altkretischen Keftiu

Evans erblickte auf dem Ausgrabungsgelände von Knossós die Überreste vom ehemaligen Wohnpalast des Königs (Minos) und prägte den Begriff der »minoischen Kultur« im bronzezeitlichen Kreta. Seitdem haben nicht nur die Archäologen und Historiker, sondern auch einigermaßen vorgebildete Touristen sich angewöhnt, das Volk der Palastbauer als »die Minoer» zu bezeichnen. »Obwohl freilich bis heute niemand weiß, wie sich diese fremdartigen Menschen selbst genannt haben, die sich auf den erhaltenen Fresken mit tiefschwarzem Haar und rotbrauner Körperfarbe, ihre Frauen mit schwarzen Locken und weißem Teint dargestellt haben«, merkt Wunderlich an.

Als wenige Zeit nach Evans Funden die deutsche »Fremdvölkerexpedition« unter dem Althistoriker Eduard Meyer in Oberägypten die Grabkammern edler Hofbeamter des 15. vorchristlichen Jahrhunderts in der Nekropole von Theben untersuchte, stieß sie auf Bilder, die den in Knossós gefundenen auf verblüffende Weise ähnelten: Prozessionszüge mit rotbraunen, schwarzhaarigen Gestalten in erkennbar »minoischem« Habitus und mit den für das frühe Kreta typischen Gerätschaften. Offensichtlich handelte es sich bei den Thebener Figuren um Abgesandte des fernen Inselreiches im östlichen Mittelmeer, um Angehörige jenes

eigenartigen Volkes der Palasterbauer. »Zwar blieben auch diese 3500 Jahre alten Gestalten auf den Wandbildern in den ägyptischen Grabkammern stumm«, schreibt Wunderlich, »doch kündet uns der begleitende Text in (entzifferter) Hieroglyphenschrift den Namen, mit dem die ägyptischen Zeitgenossen jenes fremden Volkes die Bewohner des bronzezeitlichen Kreta bezeichneten: ›Keftiu‹.«

Wer waren diese seltsamen »Keftiu« mit ihrer so fremdartig anmutenden Kultur? Wozu dienten ihre ausgedehnten Palastanlagen und wie kam es zum womöglich gewaltsamen, kriegerischen Ende ihrer Kultur, das die Erinnerung an sie für mehr als 3000 Jahre aus dem Weltgedächtnis tilgte? Hat die altkretische »Keftiu«-Kultur, die nach Evans die »minoische» genannt wird und unter diesem schönen Namen jedes Jahr einige hunderttausend Touristen nach Knossós, Festós und in die anderen Palastanlagen lockt, spätere europäische Kulturen befruchtet? Oder wurde sie, wie Evans annahm und wie es bis heute die meisten Fremdenführer erklären, infolge von Naturkatastrophen noch in der Bronzezeit so endgültig vernichtet, dass nur noch eine schemenhafte altgriechische Überlieferung von ihr kündete? War diese »minoische Kultur« ein lange vergessener Vorläufer der heutigen abendländischen Kultur? Bis heute gibt es keine beweisbaren Antworten auf diese Fragen.

Vorpalastzeit

Die bis ins 21. vorchristliche Jahrhundert veranschlagte »Vorpalastzeit« wird charakterisiert als eine Phase des Suchens und Findens neuer Werksmethoden und einer entsprechenden Fortentwicklung der Kunst. Mit der Einwanderungswelle des vierten Jahrtausends aus dem Osten kommt ein neues Metall nach Kreta – das Kupfer. Kenntnisse über Bronzelegierungen schließen sich an. Die Töpferei wird mithilfe der wahrscheinlich aus Anatolien eingeführten Töpferscheibe verfeinert und ökonomisiert. Die in Anatolien bereits üblichen Schnabelkannen werden nun auch auf Kreta hergestellt, die Entwicklung des späteren »minoischen« Keramikhandwerks und der Keramikkunst zeichnet sich in Ansätzen ab. Funde in Mochlos (bei Ágios Nikólaos) und in der Messara-Ebene weisen auf das gleichzeitige Entstehen einer Steinkunst hin, deren Ausführung einen erstaunlich hohen Stand der Technik dokumentiert.

Die zweite Phase der »Vorpalastzeit« ist gekennzeichnet von bedeutender

Greifenmotive umrahmen den Thron von König Minos. Das Original wurde aus Holz rekonstruiert.

künstlerischer Betätigung und einer sich anbahnenden Änderung der Lebensform. Aus Fischern, Bauern und Hirten werden Seefahrer und Händler, die ausgedehnte Reisen zu den Rohstoffquellen des östlichen Mittelmeers unternehmen. Zur Härtung des Kupfers für Geschirr und Gerätschaften sowie zur Herstellung von waffentauglichem Bronze benötigen die Schmiede Zinn. Die Metallverarbeitung hält Einzug in die Kunst. Besonders beeindruckend sind die goldenen Diademe, Haarnadeln, Ringe und Halsbänder aus der Nekropole von Mochlos sowie aus den Kuppelgräbern der Messará und aus Archánes südlich von Iráklion.

Elfenbein und Knochen aus Syrien und Ägypten werden zu Idolen, Fingerringen und Siegeln verarbeitet, Tiergestalten und menschliche Symbolfiguren geschnitzt und geschliffen. Siegelsteine gehören zu den typischen Kunstwerken dieser Zeit. Besonderen Raum nehmen die Bestattungsbräuche ein, die Totenverehrung ist Teil des täglichen Lebens. Gebeine aus älteren Gräbern werden in Urnen gebettet und in neuere Grabformen überführt; in der Messara und in Archánes werden Rundgräber gebaut.

Zeit der Alten Paläste

Handwerk, Handel und Seefahrt haben Reichtum nach Kreta gebracht. Zentren politischer und ökonomischer Macht werden sichtbar. Im 19. vorchristlichen Jahrhundert beginnen reiche Familien mit dem Bau großer Villen, später vereinigen sich diese Familien unter der Führung von »Fürsten« oder »Königen«, der Bau von Palästen – auch unter repräsentativen Gesichtspunkten – nimmt seinen Anfang. Kreta entwickelt sich dank seiner Flotte zur militärischen und wirtschaftlichen Vormacht in der Ägäis und von einer rein bäuerlichen Gesellschaft zu einer höfischen Kultur. In Knossós, Festós und Malia entstehen große, palastartige Anlagen – sie werden später zerstört, dann neu überbaut und verbergen so den Blick auf ihr ursprüngliches Aussehen und ihre Funktion. Nur der Italiener Halbherr findet im alten Teil von Festós Hinweise darauf, dass die ersten Paläste ihren Nachfolge-Bauwerken wohl sehr ähnlich gewesen sein müssen. Da in den

Palastanlagen keine zur Verteidigung notwendigen Bauabschnitte entdeckt werden, scheint klar zu sein, dass die Herrschaft jener »Fürsten» wohl unangefochten blieb. Obwohl die Kreter vermutlich Sklaven hielten, werden Anzeichen von gewalttätigen, womöglich revolutionären Auseinandersetzungen nicht gefunden.

Die Ton verarbeitenden Künstler und Handwerker entwickeln den »Kamares-Stil«. Die Gefäßwände aus dieser Herstellung sind von geradezu unglaublicher Zartheit, die Vielfalt von Formen und Farben scheint unerschöpflich. Für jedes neue Modell kreieren die Künstler ein anderes Dekor, auf schwarzem Grund werden in weißer und roter Farbe Ornamente aufgetragen – Spiralen, Scheiben und Blätter. Die großen Vorratsgefäße sind reich mit aufgesetzten Schmuckelementen verziert.

Die plastische Kunst konzentriert sich auf die Herstellung sogenannter Idole: Menschliche Gestalten in Anbetungshaltung (Adoranten), reich gekleidete Frauen mit kunstvollen Diademen. Archäologen haben die Figuren – Krieger, Priester, Fruchtbarkeitsgöttinnen – in unserer Zeit auf den Gipfelheiligtümern wie Petsofora (Psiloritis) gefunden. Die Religion spielt auf der ganzen Insel eine herausragende gesellschaftliche Rolle. Kulthandlungen finden in den Palastanlagen selbst statt,

aber auch im Freien, häufig auf den Gipfeln von Hügeln und Bergen – bestes Beispiel ist das Heiligtum auf dem Juchtas-Berg hoch über dem Dorf Archánes. Die Toten werden in großen Tongefäßen oder Tonsarkophagen bestattet.

In diese Zeit fällt das von Experten heute diagnostizierte schwere Erdbeben, das wohl das gesamte östliche Mittelmeer erschütterte. Es zerstörte, so darf man annehmen, die alten Paläste und leitete eine neue Epoche ein.

Zeit der Neuen Paläste

Die »Jüngere Palastzeit« beginnt nach der schweren Erdbebenkatastrophe des 17. Jahrhunderts mit dem Wiederaufbau der Siedlungen und Paläste. Die neu errichteten Anlagen werden größer und prächtiger als jemals zuvor. In Zakros entsteht sogar noch ein vierter fürstlicher Bau. Über die ganze Insel verstreut lassen sich wohlhabende Familien Herrenhäuser in schönster Lage an den Hängen der Hügel und Vorgebirge errichten. Dieser Reichtum zeugt zweifellos von Sklavenarbeit und Handelsglück. Die kretische Kultur steht in ihrer feinsten Blüte und erreicht schließlich ihren Höhepunkt in der Fertigung jenes elfenbeinernen, ursprünglich in Gold gewandeten Stierspringers, der ersten kunstgeschichtlich nachgewiesenen Darstellung eines Menschen in der freien Bewegung.

Der Vorrang, der den Palästen beim Wiederaufbau eingeräumt wird, deutet darauf hin, dass sich in ihnen das wirtschaftliche und gesellschaftliche Leben konzentriert, dass hier die politischen Entscheidungen fallen und dass sie darüber hinaus heilige Orte der Religion und des Kults sind.

In diesem 2. Jahrtausend vor Christus muss sich die Bevölkerungsdichte rasant nach oben entwickelt haben, Experten gehen davon aus, dass die Insel damals doppelt so viele Bewohner wie heute beherbergte, also mehr als eine Million. Nicht die Landwirtschaft der fruchtbaren Insel allein konnte diese Menschen ernährt haben, auch der Handel und die Einfuhr von Feldfrüchten aus anderen Regionen der Ägäis mussten dazu beigetragen haben.

Bis heute ist nicht bekannt oder zumindest umstritten, wie die »minoische« Hochkultur schließlich nicht nur in relativ kurzer Zeit unterging, sondern auch aus der Erinnerung des antiken Menschen verschwand. Längst verworfen haben seriöse Wissenschaftler die Theorie, nach der ein verheerender Vulkanausbruch auf Santorini (griechisch »Thíra«) im 16. Jahrhundert vor Christus mit dar-

auf folgenden Erdbeben und Monsterwellen das minoische Paradies vernichtet haben könnte. Die Küstengeologie im Norden Kretas und die Bodenbeschaffenheit der Hügel im Hinterland lässt diese Deutung nicht zu. Zudem zeigen auf Santorini gefundene Keramiken, entstanden in den Jahren des Vulkanausbruchs, den sogenannten »Flora-Stil«. Die Keramik-Künstler Kretas allerdings hatten, als Knossós und die anderen Paläste zum zweiten Mal fielen, schon längst den »Meeres-Stil« entwickelt. Zwischen den Katastrophen auf Thíra und Kreta lägen mithin rund 200 Jahre.

Waffenfunde aus der »Nachpalastzeit« 1400 bis 1100 vor Christus scheinen zu belegen, dass die bis dahin auf Kreta praktizierte friedliche Koexistenz plötzlich kriegerischer Auseinandersetzung wich. Sie weisen darauf hin, dass bewaffnete mykenische Eroberer einfielen, die – ganz im Gegensatz zu den nun selbst versklavten kretischen Ureinwohnern – auf eine Politik der militärischen Stärke bauten. Kreta wird in den Trojanischen Krieg verwickelt, Minos' Enkel Idomeneos und sein Sohn gehen, so erzählt Homer, Ende des 13. vorchristlichen Jahrhunderts zusammen mit Odysseus auf Beutezug an die kleinasiatische Küste.

Griechisch-römische Epoche

Den mykenischen Kriegern und Keramikproduzenten folgen im 11. Jahrhundert die Dorer. Sie erobern nicht nur das griechische Festland, sondern auch die Insel Kreta und siedeln, um die Familien während ihrer Raubzüge in relativer Sicherheit zurückzulassen, auf Hügelkuppen, an steilen Berghängen und anderen leicht zu verteidigenden geografischen Lagen. In dieser Zeit verbreitet sich der Gebrauch des Eisens. Aus dem neuen Metall werden harte Waffen geschmiedet, aber auch verschiedene Werkzeuge und Schmuck.

Antike Schriftsteller sprechen von den »100 kretischen Städten«, die zu Beginn des letzten Jahrtausends auf der Insel entstanden seien. Noch heute bekannte Namen sind Knossós, Górtis, Festós, Cherssónissos, Vienna, Áxos, Láppa, Áptera, Kydonia, Kíssamos, Lissós, Polyrrinía, Tarra, Lato, Ierapytna Sitía und Ámpelos. Das Vorbild der dorischen Gesellschaft Spartas übertragen die neuen Herren weitgehend auf Kreta.

In der Metallverarbeitung und in der Kunst machen sich orientalische Einflüsse bemerkbar. Typisch sind die eisernen Schilde aus der idäischen Grotte (Psilorítis), in der seit minoischer Zeit der »Zeus Kretagenes« (der auf Kreta geborene Zeus) verehrt wurde. Sie sind mit Adlern verziert, die in ihren Fängen Sphinxen, Schlangen und Löwen halten. Idole und Skarabäen aus den Gräbern dieser Epoche zeigen die nach wie vor bestehende Verbindung zu den ägyptischen Kulturen und den Einfluss der ägyptischen Kunst auf die Entwicklung der kretischen Kleinplastiken.

Erst nach einigen Jahrhunderten entwickelt Kreta in der »archaischen Zeit« wieder eine eigenständige Kunstauffas-

Das berühmte »Stierspringerfresko« aus dem 16. Jh. v. Chr. Der lebensgefährliche Wettkampf war Teil des minoischen Kultes.

sung. Der »dädalische Stil«, benannt nach Dädalos, dem mythischen Baumeister und Konstrukteur des Labyrinths von Knossós, taucht gegen Ende der »geometrischen Zeit« auf und erreicht seinen Höhepunkt zwischen 650 und 630 vor Christus. In diesem 7. vorchristlichen Jahrhundert ist Kreta eine der schöpferischsten Gesellschaften der griechischen Welt.

Das 6. Jahrhundert bringt dem Inselvolk den gesellschaftlichen und kulturellen Niedergang. Hauptursache dafür sind wohl der Rückgang der Handelsgeschäfte und der alles beherrschende karge Militarismus der dorischen Herren. Begleitet und damit verschärft wird das Versiegen der kulturellen Kraft Kretas vom Aufstieg der Ionischen Handelsstädte.

Während ab 500 vor Christus im gesamten griechischen Raum das Wunder des Hellenismus und der griechischen Klassik geschieht, verharrt Kreta am Rande dieser neuen Welt. An den großen Kriegen gegen die Perser und an den Peloponnesischen Kriegen sind die Kreter nicht beteiligt, sie versinken in kultureller und gesellschaftlicher Bedeutungslosigkeit. Doch die politischen Wirren und das Machtvakuum, das Alexander der Große 323 nach seinem Tod hinterlässt, bringen auch die Insel aus dem Gleichgewicht. Bürgerkriege und Anarchie plagen die Stadtstaaten, die sich nach einem mächtigen Schutzherren umsehen und ihn 215 in Philipp V. auch gefunden zu haben glauben. Der Pakt hält nicht lange, nordafrikanische Piraten landen an kretischen Ufern, und die Bewohner der gebeutelten Siedlungen verbünden sich mit ihnen.

Ihre Beziehung zu den Piraten bringt die Städte gegenüber dem mächtigen Imperium Romanum in Bedrängnis. Aus Kreta kommende Freibeuter erreichen im 2. vorchristlichen Jahrhundert Roms Hafen Ostia und entführen die Frauen und Kinder römischer Aristokraten. Markus Antonius, der 71 vor Christus versucht, Kreta zu unterwerfen, wird in der Seeschlacht bei der Insel Dia noch geschlagen. Doch zwei Jahre später landet Feldherr Quintus Cecilius Metellus mit seiner Armee und erobert im Laufe von drei Jahren eine Stadt nach der anderen. Im Jahr 67 ergeben sich die Kreter der römischen Streitmacht, Metellus erhält

Die Ikonen in der Titus-Kirche in Gortís (→ S. 242) sind nur Nachbildungen, vermitteln aber einen Eindruck ihrer einstigen Pracht.

den Beinamen »Creticus« und wird mit einem Triumphzug durch Rom geehrt. Die Insel steigt – innerhalb des Imperiums – wieder auf, sie wird Drehscheibe des römischen Ost-West-Handels.

Die Römer bauen Wassernetze, Straßen und schließlich auch Heiligtümer, deren Reste sich mit denen aus minoischer und dorischer Zeit mischen.

Die Christianisierung Kretas

Christus ist erschienen und wieder gegangen. Man schreibt das Jahr 59, als der vom Pharisäer zum Organisator der beginnenden Christianisierung des Reichs gereifte Schriftgelehrte Paulus zum ersten Mal nach Kreta kommt. Er hat sich wegen seiner Missionsarbeit der römischen Gerichtsbarkeit zu stellen, und das Schiff, das den Gefangenen in die Ewige Stadt bringen soll, macht an der kretischen Küste Station. Eine zweite Reise nach Rom lässt ihm drei Jahre später einige Monate Zeit auf der Insel – Winterstürme hindern das Boot an der Weiterfahrt. Am Ende setzt er seinen Assistenten Titus zum ersten Bischof von Kreta ein – die Titus-Kathedralen in Górtis und Iráklion erinnern daran.

250 Jahre lang werden die Christen auch auf Kreta grausam verfolgt. Erst das Toleranzedikt des oströmischen Kaisers Konstantin bringt 313 Frieden und schafft die Voraussetzung für die letztendlich vollständige Missionierung des gesamten Reichs. Das Christentum wird Staatskirche und bleibt es bis heute.

Byzantinische Herrschaft

Das Reich wird 395 geteilt, Kreta fällt an Ostrom und wird unter dem in Konstantinopel regierenden Kaiser Theodosius Provinz. In den ersten Jahrhunderten nach Christus untersteht Kreta noch dem Bischof von Rom, erst später wird es dem Patriarchen von Konstantinopel direkt unterstellt. Bereits Konstantin hatte mit der Einführung der christlichen Religion im gesamten Reich den Auftrag zum Bau großer Basiliken gegeben. In dem halben Jahrhundert, das dem Toleranzedikt folgt, entstehen auf Kreta zahlreiche große Heiligtümer – die archäologische Forschung hat rund 40 Basiliken aus dieser Zeit freigelegt –, die wichtigsten in Knossós, Górtis, Cherssónissos, Soúgia und Lissós.

Darstellung eines Kampfs zwischen Byzantinern und Arabern im Jahre 842 in der Chronik des Geschichtsschreibers Johannes Skylitzes.

Dann kommen die Araber. Ihr Oberbefehlshaber Abu Hafs Omar landet 824 mit einer Flotte von 40 Schiffen an der Südküste der Insel. Kreta ist seit langem ein lohnendes Ziel. Schon im Jahr 623 hatten Slawen die Insel überfallen – aber sie waren wohl nichts als gewöhnliche Räuber. Anders die Wüstensöhne. Ihre Langzeitstrategie zielt auf vollständige Kontrolle und Beherrschung des Mittelmeerraums.

Abu Hafs greift die Insel 827 in einem Moment an, als Byzanz alle Kräfte in der Hauptstadt braucht: Thomas, ehemaliger Vertrauter des Kaisers, hat Konstantinopel in einen Bürgerkrieg gestürzt. Das Reich blickt auf sich selbst und nicht nach dem fernen Süden. Hafs' Kämpfer sind aus Cordoba in Spanien vertriebene arabische Flüchtlinge, die sich zunächst in Ägypten festgesetzt hatten. Sie landen an der kretischen Südküste und erobern nach griechischen Berichten 29 Städte. Ihre Basis wird »al-Khandaq«, von den Einheimischen »Chandax« genannt, das heutige Iráklion.

»Die Herrschaft der Araber auf Kreta bedeutete ohne Zweifel einen katastrophalen Einschnitt in das soziale und wirtschaftliche Leben der christlichen Bevölkerung«, schreibt der Byzantiker Klaus Gallas. »Neueste Forschung hat freilich glaubhaft machen können, dass das Regime der spanischen Araber auf Kreta keine Herrschaft von Piraten war, viel mehr ein mehr oder weniger ordentliches politisches Regime mit aufeinanderfolgenden Emiren an der Spitze. Vertreter arabischen Geisteslebens sind auch auf Kreta nachweisbar.«

Die Herrscher in Konstantinopel sorgen sich zum ersten Mal wirklich um die wichtige Insel. Im Jahr 828 scheitert zunächst Photinos in einer blutigen Landschlacht, 843 wird das Heer des kaiserlichen Vertrauten Theoktistos von den Arabern aufgerieben, als es Kreta zurückerobern will. Die darauf folgende Militärmission, die der junge Herrscher

Michael III. selbst führen will, wird nach schweren hofinternen Intrigen schon zu Beginn des Feldzugs abgebrochen. Von Kreta aus unternehmen die siegreichen Araber Raubzüge über die gesamte Inselwelt des Archipels bis hin zum Berg Athos.

Den nächsten Anstoß zu einer Kreta-Expedition gibt erst mehr als ein Jahrhundert später Joseph Bringas, Eunuch am Hof des Kaisers Romanos III. Den Oberbefehl über Flotte und Heer erhält diesmal ein erfahrener General. Es ist Nikeforos Fokas, ein »asketischer und tiefreligiöser Soldat von gewaltiger Körperkraft«, wie Klaus Gallas beschreibt. Der Feldherr verlässt Konstantinopel im Juli 960 und beginnt nach der Landung auf Kreta sofort mit dem Sturm auf Iráklion. Zunächst bleibt der Angriff allerdings erfolglos. Das Heer belagert die Stadt, in der schon bald eine Hungersnot ausbricht. Unzählige Sarazenen werden gefangen genommen, umgebracht und ihre abgeschlagenen Köpfe mit Steinschleudern über die Mauern katapultiert. Im März 961 sprengen die Byzantiner einen Teil der Mauer und erstürmen Iráklion, arabische Quellen zählen 200000 Tote und die gleiche Zahl von gefangenen Frauen und Kindern.

Der Feldherr Nikeforos Fokas kehrt als Triumphator in die Hauptstadt zurück und wird wenig später selbst Kaiser. Zusammen mit dem Mönch Athanasios vom Heiligen Berg gründet er 966 das erste große Kloster auf Athos. Die erbeuteten Türen des in Iráklion eroberten Emirpalastes zieren bis heute die Kirche der »Megisti Lavra«.

Zweites Byzanz

Die zweite byzantinische Periode beginnt am Tag der Rückeroberung Iráklions und dauert bis 1204. Nach dem Sieg des Generals siedeln sich auch adelige Familien aus der Hauptstadt auf Kreta an, ihnen wird erstklassiger Grundbesitz überschrieben.

Das während der arabischen Herrschaft fast zum Erliegen gekommene »Kirchliche Projekt« wird wieder aufgenommen. Wie Gallas berichtet, gibt es keine Anzeichen dafür, dass unter den Arabern Bischöfe auf der Insel wirken. Während die städtische Bevölkerung größtenteils islamisiert wird, gerät die Religion bei den Bewohnern der Bergdörfer in Vergessenheit. Kirchliches Zentrum der Insel wird nach Fokas' Sieg zunächst Iráklion, danach Górtis, wo auch die zu jener Zeit errichtete Metropolitankirche des Heiligen Titus steht. Dort werden als heilige Reliquien das Haupt des Titus und die wundertätige Ikone der »Muttergottes Mesopantitissa« aufbewahrt, Letztere wird später nach Venedig in die Kirche Santa Maria della Salute überführt, wo sie die Besucher der »Serenissima« noch heute bewundern können.

Venezianisches Intermezzo

Im Jahr 1204 erobert ein von Rom ausgeschicktes christliches Heer Konstantinopel, die Provinz Kreta geht an einen der Organisatoren des Gemetzels, Bonifaz von Montferrat. Doch der hat schwere Schulden und überlässt die Insel für 1000 Silbermark und einigen Grundbesitz den Venezianern. Die Armee der

»Serenissima« muss noch den genuesischen Korsaren Enrico Pescatore vertreiben, der sich zwischenzeitlich in 14 Festungen auf Kreta breitgemacht hat und sich fünf Jahre lang wehrt, bis Venedig endgültig die Oberhand behält. Das »Regno di Candia« wird viereinhalb Jahrhunderte überdauern, in das Byzantinische Reich wird Kreta nicht mehr zurückkehren.

Dennoch endet das byzantinische Kreta nicht mit dem Verkauf an die Republik an der Adria. Die oströmische Kultur lebt in der griechisch sprechenden Bevölkerung fort, in Dichtung, Architektur und Malerei. In der Symbiose aus byzantinischen und okzidentalen Kulturelementen entwickelt sich ein einzigartiges Geistesleben. Zeugnis dieser Verbindung geben unter anderem die vielen orthodoxen Sakralbauten, die erst unter den Venezianern errichtet werden.

Nachbyzantinische Epoche

Die venezianische Herrschaft auf Kreta leitet umfassende soziale Veränderungen ein. Den Besatzern ist vor allem daran gelegen, ihre militärische Macht zu festigen und die Kontrolle über die Insel auch im täglichen Verwaltungsgeschäft zu gewährleisten. Sie verteilt 200 Lehen an Adelige und Kaufleute, aber die Zahl der auf Kreta angesiedelten venezianischen Kolonisten hält sich wohl in Grenzen. Den ungefähr 3500 Bürgern verschiedener militärischer und gesellschaftlicher Rangstufen stehen zur Hälfte des 13. Jahrhunderts etwa 150 000 kretische Einwohner gegenüber – eine zahlenmäßige Überlegenheit der griechisch-orthodoxen Bevölkerung, die die venezianischen Herrscher wohl täglich mit großer Sorge, ja Furcht erfüllt haben muss. Umso mehr, als sie die Rechte der einheimischen Familien, auch die der Adeligen, stark beschränkt haben.

Die lateinisch-römische Kirchenhierarchie ersetzt die griechische, die orthodoxen Metropoliten werden vertrieben. Soziale Verwerfungen solcher Art führen zu Widerstand in der Bevölkerung und provozieren Revolutionen mit dem Ziel, die Insel wieder dem Byzantinischen Reich zuzuführen. Die Großfamilien Skordilis und Melissenos organisieren 1219 den ersten großen Aufstand und zwingen die Venezianer, die den Einheimischen angelegten Fesseln zu lockern. Sie rufen elf Jahre später den in Nikaia residierenden byzantinischen Kaiser Johannes III. zu Hilfe, der einige venezianische Festungen erobert und besetzt, dabei aber seine Flotte verliert. Die Friedensverhandlungen bringen den Kretern steuerpolitische Zugeständnisse und Privilegien für einige Familien.

Der 15 Jahre dauernde Aufstand des kretischen Kapetans Alexis Kallergis endet im April 1299 sogar in der »Pax Alexii Calergii«, nach der Ehen zwischen »Lateinern« und »Orthodoxen« erlaubt sowie Steuererlässe und Regeln zum Schutz des griechisch-orthodoxen Klerus erlassen werden.

Die nachbyzantinische Periode bringt zu Beginn des 15. Jahrhunderts auch kul-

Wahrzeichen von Iráklion: der Morosíni-Brunnen. Er wurde 1628 vom gleichnamigen venezianischen Statthalter gestiftet.

turelle Blüte. Konstantinopel wird schwer von den Türken bedrängt, und es ist nur noch eine Frage der Zeit, wann es den osmanischen Herren in die Hände fallen wird. Schon ab dem 14. Jahrhundert verlassen daher viele Griechen den Bosporus, nach der Eroberung Konstantinopels im Jahre 1453 durch den Sultan Mehmet II. erfasst eine Auswanderungswelle das Alte Reich. Intellektuelle, Künstler, Priester und Mönche flüchten auf Schiffen nach Kreta, eine »Verstärkung des byzantinischen Elements«, die bestimmend ist für die »Nachblüte« der byzantinischen Kultur der Insel.

In den von schweren Festungen und Mauern geschützten Städten Chaniá und Réthimnon entwickelt sich modernes urbanes Leben. Die sich noch heute prachtvoll an den alten Häfen präsentierenden Bürger- und Adelspaläste entstehen, dazu öffentliche Bauten im Stil der italienischen Renaissance – im heutigen Iráklion verkörpert in der Loggia, der Kirche des Heiligen Markus und dem zentralen Morosini-Brunnen. Das Wasser für den prachtvollen Brunnen mit den acht Becken wurde über einen 15 Kilometer langen Aquädukt vom Joúchtas in die Stadt geführt.

Es ist eine Zeit der innenpolitischen Ruhe, die beiträgt zum Austausch zwischen den Kulturen von Herrschern und Unterdrückten. Der Maler Domenikus (griechisch: Kiriakos) Theotokopoulos aus Iráklion geht nach Italien und arbeitet von 1565 an im Atelier Tizians in Venedig, studiert danach in Rom und gelangt schließlich nach Spanien, wo er als »El Greco« Weltruhm erlangt.

Die Blüte dauert bis zum fünften venezianisch-türkischen Krieg, der im Jahr 1644 beginnt. Er endet fast 25 Jahre später mit der Übergabe Iráklions an die

Osmanen. Die Hauptstadt selbst hat eine mehr als 20 Jahre dauernde Belagerung hinter sich, 140000 Menschen sind gestorben. Die Bevölkerung ist 1669, im Jahr der Niederlage, von rund 287000 auf 134000 Einwohner zusammengeschrumpft. Das Land ist verwüstet, die Lehen sind aufgelöst und an die Türken übergegangen. »Die fruchtbare kulturelle Verbindung der Renaissancekultur Venedigs mit dem reichen byzantinischen Erbe, die ganz eigenständige Zeugnisse der frühen neugriechischen Literatur hervorgebracht hatte«, schreibt Klaus Gallas, »erlitt einen tödlichen Schlag. Kreta kam unter das sterile osmanische Joch, doch seine Zivilisation sollte weiterleben: Auf die Ionischen Inseln verpflanzt, wurde sie die Keimzelle des neuen Griechentums.«

Türkenherrschaft

Die Osmanen regieren mit harter, ja grausamer Hand. Die christlichen Familien verzweifeln an der »Knabenlese«, der Zwangsrekrutierung des männlichen Nachwuchses von Kindesalter an. Die Jungen werden in den Eliteverband der Janitscharen eingegliedert, sobald sie in den Militärschulen vorbereitet und muslimisch erzogen sind – zu loyalen Soldaten und Staatsbeamten. Ganze Ortschaften treten unter dem Druck der Besatzungsmacht »zum Schein« zum Islam über, in den Städten werden die meisten Kirchen in Moscheen umgewandelt.

Nicht nur die Venezianer haben gebaut und die kretischen Städte geformt und charakterisiert. Auch die Türken wollen so wohnen, wie sie es aus Istanbul und dem anatolischen Hinterland gewöhnt sind: Ihre Achitektur enthält viele Holzelemente – die Balkone, Erker und Fußböden werden aus Planken konstruiert, die mit dem Schiff aus Kleinasien herangebracht und dann verarbeitet werden. Wunderschöne Brunnen für die rituellen Waschungen entstehen, kleine Kamine im Inneren der Häuser erleich-

tern die Zubereitung von Tee und Kaffee. Letztlich wird die Insel zur »westlichen« Hemisphäre hin völlig isoliert, die kretische Kultur stagniert und stirbt ohne Weiterentwicklung.

Mehr als 200 Jahre lang versuchen die großen Familien und einzelne Anführer wie Daskalgiannis, sich des türkischen Jochs zu entledigen. Sie zetteln Revolutionen an und suchen Kontakt zu den Glaubensbrüdern in Russland. Katherina II. lässt den »Lehrer« Ioannis Vlachos 1770 über ihre Agenten wissen, dass sie einen größer angelegten Aufstand unterstützen werde – es liegt im Interesse der Großmacht im Nordosten, den Rivalen am Schwarzen Meer zu schwächen. Doch Daskalogiannis und seine Rebellen bleiben allein, Türken und Russen einigen sich in einem Friedensvertrag, und der »Lehrer« wird in Iráklion öffentlich gehäutet.

1866 ist das Jahr des »großen kretischen Aufstandes«, Nikos Kazantzakis widmet ihm in seinem »Kapetan Michalis« ein düsteres Kapitel. Freiwillige und Waffen vom inzwischen befreiten Festland – dort haben die Griechen 1821 die türkische Herrschaft beendet – helfen den Aufständischen. Starke Verbände eilen aus Istanbul herbei, von Kazantzakis beschriebene »Pogrome« bringen Furcht und Schrecken in die kretischen Bauerndörfer. Wohlhabende Kreter verlassen die Insel in Richtung Frankreich und Italien oder warten mit ihren Familien auf den benachbarten Kykladen auf das Ende der blutigen Auseinandersetzungen. Auf dem Höhepunkt des Mordens und Schlachtens sprengen sich im Kloster Arkádi südlich von Réthimnon einige hundert Aufständische mit ihren Frauen und Kindern in die Luft und reißen 1500 türkische Soldaten mit in den Tod. Das Kloster wird zum sogenannten Nationalheiligtum.

250 Jahre lang beherrschten die türkischen Janitscharen Kreta. Sie prägten Architektur und Kultur entscheidend.

In Berlin einigen sich die europäischen Großmächte darauf, dem Sultan zwar die politische Macht auf Kreta zu lassen, den einheimischen Christen aber ein Mitspracherecht bei der Verwaltung ihrer Insel zu garantieren. Eine Regelung von eher theoretischer Natur, die den Kretern wenig mehr Schutz vor den Übergriffen der Besatzer als vorher bietet. Erst 1898 greifen die Großmächte wirklich durch. England, Frankreich, Italien und Russland schicken Schiffe an die kretische Küste, um die Auseinandersetzung zu beenden. Auch ein deutsches Kontingent ist dabei. Die Türken haben keine andere Wahl, als dem militärischen Druck nachzugeben. 200 Jahre Türkenherrschaft gehen zu Ende. Der selbstständige Staat Kreta wird proklamiert, sein erster Hochkommissar ist der griechische Prinz Georg I. Chaniá wird Residenz und neue Hauptstadt der Insel, dort tagt die gesetzgebende Versammlung der Volksvertreter.

Es naht die Stunde des Chanioten Eleftherios Venizelos. Unter dem Prinzen Georg wird er Justizminister und organisiert vom Bergdorf Thérisso aus die vollkommene Unabhängigkeit Kretas und – was von viel größerer Bedeutung ist – die

»enosis», die politische Vereinigung der Insel mit dem Festland. Im Mai 1913 kommen Kreta, Samos, Lesbos (Mitellini) und Thassos im Friedensvertrag von London zu Griechenland, die Geschichte des Mutterlandes ist nun auch die der Insel Kreta.

Die Katastrophe

Eleftherios Venizelos, inzwischen Ministerpräsident, verfolgt eine zweite große Idee: Die »megali idea« ist ein großgriechisches Reich, das – wie in byzantinischer Zeit – Kleinasien und Mazedonien mit dem Mutterland vereinigen soll. Der Moment scheint mit Griechenlands Eintritt in den Ersten Weltkrieg 1914 auf Seiten der »Entente« von Großbritannien, Russland und Frankreich gekommen. Venizelos gewährt den Armeen der Entente freien Durchzug in Richtung Türkei und überlässt den Briten Flottenstützpunkte. Nach Kriegsende scheint ihm der »kranke Mann am Bosporus« so schwach, dass er sich 1920 von den Briten davon überzeugen lässt, er könne mit der griechischen Armee den kläglichen Rest des Osmanischen Reichs vollends zerschlagen und Kleinasien für sein Land gewinnen. Aber es ist nicht der »kranke Mann«, auf den die Hellenen treffen, sondern die schlagkräftige revolutionäre Nationalbewegung des Generals Mustafa Kemal Atatürk.

Athens Armee wird im Sommer 1922 vernichtend geschlagen; die im Hafen von Smyrna stationierten britischen Marinesoldaten sehen tatenlos zu, wie

die Türken die griechische Bevölkerung der Stadt abschlachten. 600 000 Griechen verlieren ihr Leben, mehrere Minister der Regierung werden zum Tod verurteilt und hingerichtet. Venizelos ist nicht dabei. Er hat 1920 die Parlamentswahl verloren und ist nach Paris ins Exil gegangen. Als er 1923 zurückkommt, gewinnt er erneut und handelt in Lausanne den Frieden mit den Alliierten und den türkischen Nachbarn aus.

Der wird teuer. 1,5 Millionen Griechen werden aus den kleinasiatischen Städten und dem türkischen Hinterland vertrieben, 600 000 Türken müssen Griechenland verlassen, 22 000 davon die Insel Kreta, die dafür 34 000 Landsleute aufnehmen muss. Neue Stadtteile wie Néa Smyrni oder Néa Alikárnassos erinnern in Athen und Iráklion an die frühere Heimat ihrer Bewohner.

Faschismus und II. Weltkrieg

Den Wirren der Zwanzigerjahre folgt in den Dreißigerjahren der griechische Faschismus. Ihn personifiziert der 1936 zum Diktator aufgestiegene Ioannis Metaxas, ein in der preußischen Militärakademie in Berlin ausgebildeter Freund des »Deutschtums«. Als der Zweite Weltkrieg ausbricht, kann Griechenland zunächst neutral bleiben. Erst der italienische Angriff auf den Norden des Landes zwingt auch Athen, sich zu entscheiden. Die Regierung erlaubt den Briten, Truppen auf Kreta zu stationieren, die griechische Armee wirft die Italiener zurück. Die deutsche Wehrmacht greift ein und besetzt das Festland im April 1941. Kreta fällt zwei Monate später (→ Reportagen, »Die Deutschen auf Kreta«, S. 73).

Das Besatzungsregime unter dem Befehl des Generals Kurt Student verwüstet kretische Dörfer und exekutiert Zivilisten ebenso wie Kämpfer. Nach drei Jahren ziehen die Deutschen ab, sie haben den Krieg verloren, und die abrückenden Soldaten fragen sich, was sie auf der Insel Kreta zur Verteidigung des Vaterlands beigetragen haben.

Ein verheerender Bürgerkrieg zwischen Kommunisten und Monarchisten, befeuert von Briten und Amerikanern, folgt auf den Weltkrieg. Die Kommunisten verlieren, die Gewinner schicken

Wieder eine Fremdherrschaft, wieder viel Leid: Zwei Monate nach dem Fall des Festlandes besetzten die Deutschen die Insel.

500 000 Bürger auf den Weg durch die Gefängnisse des Landes, sagt der Mannheimer Historiker und Verfasser des Klassikers »Griechenland zwischen Revolution und Konterrevolution«, Heinz A. Richter. Sie sind die »Elite des Landes«, junge Menschen, die vor allem aus den gebildeten Schichten kommen, und haben den kommunistisch geführten Partisanenverbänden angehört. Unter den Gefangenen auf der Schreckensinsel Makrónissos befindet sich auch der junge kretische Komponist Mikis Theodorakis, der sich nur 15 Jahre später schon wieder vor der Staatsmacht verstecken muss.

Grausame Militärjunta

Aus einer vom griechischen Königshaus und einigen Parlamentariern verursachten Staatskrise zieht im Frühjahr 1967 eine Offiziersgruppe um den Obersten Georgios Papadopoulos den Nutzen. Den von NATO-Experten 1959 für den Fall einer Regierung mit kommunistischer Beteiligung ausgearbeiteten Aktionsplan »Prometheus« setzt sie am 21. April 1967 in die Tat um.

Schwer bewaffnetes Militär verhaftet in der Folge mehr als 10 000 Bürger in Athen, Piräus, Patras und Thessaloniki. Unter ihnen sind viele Veteranen aus den Partisanenkämpfen, Hunderte von Funktionären und Mitglieder aller politischen Parteien, der Gewerkschaften und der Jugendorganisationen, außerdem auch die meisten Minister der amtierenden Regierung, Dutzende von Abgeordneten, hohe Verwaltungsbeamte, zahlreiche Journalisten, Rechtsanwälte, Schriftsteller und Schauspieler.

Mitten in Europa, im »Land der Demokratie«, installiert sich für sieben lange Jahre eine mit Folter und Mord wütende Militärregierung.

Der Gefangene Mikis Theodorakis wird auf Druck der europäischen Regierungen freigelassen und geht nach Frankreich ins Exil. Seine Konzerte führen ihn in alle Ecken der Welt, und mit seinen Kampfliedern trägt er entscheidend dazu bei, den griechischen Widerstand gegen die Obristen zu stärken und aufrechtzuerhalten.

Erst die Zypernkrise bringt 1974 das grausame Militärregime zu Fall, der frühere Ministerpräsident Konstantinos Karamanlís kommt aus dem Pariser Exil zurück und wird Ministerpräsident der ersten neu gebildeten demokratischen Regierung. Per Volksentscheid wird im selben Jahr mit einer Mehrheit von 70 Prozent die Monarchie abgeschafft. Die kommunistische Partei wird zugelassen und geht als legale Partei in demokratische Wahlen. Sieben Jahre später löst der Sozialist Andreas Papandréou die Regierung Karamanlís ab, setzt umwälzende Sozialreformen in Gang und baut ein ordentlich funktionierendes Gesundheitssystem auf. 1981 tritt das Land der Europäischen Gemeinschaft bei. Der konservative Kreter Konstantinos Mitsotákis schüttet zu Beginn der Neunzigerjahre mit einer Allparteienregierung die während des Bürgerkriegs aufgerissenen politischen Gräben zu.

Der Komponist Mikis Theodorakis ist einer der bekanntesten Söhne Kretas. Er widmete sein Leben der Musik und dem Freiheitskampf.

»Alle Kreter sind Lügner«, behauptete einst Epimenides. Wahr ist: Kreter lieben Geschichten – und das Kafénion ist der ideale Ort; sie zu erzählen.

STOLZ UND EHRE, MUSIK UND TANZ

Nichts ist dem Kreter so wichtig wie seine Ehre. Er stellt sie jedoch nicht mit der Menschenwürde gleich, sondern mit Freiheit und Gerechtigkeit, wofür man gerne sein Leben opfert.

Geht es um den Charakter der Kreter, um die Frage, wie diese fernsten Bewohner des Kontinents namens Europa als Menschen, Bürger oder Nachbarn einzuschätzen seien, dann sollten die Philosophen, Schriftsteller und Prediger gehört und gelesen werden, damit dem Reisenden ein Bild des kretischen Menschen gemalt werden kann, das er so vermutlich nicht erwartet hätte.

Als Zeuge zu nennen wäre zunächst der kretische Philosoph und Reinigungspriester Epimenides, der in Knossós wirkte und dort ganz nebenbei den Pflug erfunden hat, wie es heißt. Die Geschichte des minoischen Kreta war gerade in den sogenannten »Dunklen Jahrhunderten« (1100–750 v. Chr.) verloren gegangen – niemand weiß heute, was aus der minoisch-mykenischen Kultur damals wurde –, da trat Epimenides auf, dieser Denker in anarchischer Zeit, und überraschte die Kollegen in Athen mit einem Paradoxon: »Alle Kreter sind Lügner. Ich bin ein Kreter«.

Sollte es wahr sein, was Epimenides erklärt hat, dann würde in seiner Heimat kein Mensch je die Wahrheit gesagt haben oder sagen – außer ihm selbst. Wobei er dann aber gelogen hätte, denn er ist ja ein Kreter. Oder er wäre, typisch Kreter, ein Lügner gewesen, hätte aber in diesem Fall die Wahrheit gesagt und so seine Aussage ad absurdum geführt ...

»Einer aus ihrem Kreise hat **prophetische Worte** gefunden, als er sagte: **Kreter sind Lügner** zumeist **und Bestien, Faulenzerbäuche.**«

Auch der Apostel Paulus soll im Brief an Titus, seinen Schüler und späteren Bischof von Kreta, das Paradoxon des Epidemides aufgenommen haben, als ihm eine Beurteilung der christlichen Gemeinde der Insel abverlangt wurde. In Titus 1:12 heißt es:

Ehrlose Leute demnach, »die aufsässig sind, leeres Zeug daherreden und die Leute damit betrügen«. Ein Vorurteil, so vernichtend, dass es dem vormaligen »Saulus« nur deshalb verziehen werden sollte, weil er auch mit sich selbst nicht zimperlich umsprang.

Paulus besuchte die Kreter wohl auf seiner letzten Reise nach Rom – römische Verwaltungsrichter hatten ihn zur Einvernahme bestellt. Winterstürme überraschten das Schiff, auf dem er gen Nordwesten fuhr, und der Kapitän entschloss sich zu einem längeren Aufenthalt im Hafen von Kalí Liménes am Südrand der Messará-Ebene – nur einige Wegstunden vom ehemaligen minoischen Palast von Festós entfernt. Dort lernte man sich offenbar kennen, die Kreter und der Heilige Mann.

Dass Paulus ein zorniger Mensch gewesen sein muss, bezeugt nicht nur sein Schüler Titus, so er wirklich sein Schüler war, denn ein Echtheitszertifikat für den Briefwechsel liegt nicht vor. In Korinther 15 Vers 8 beklagt der temperamentvolle Lehrer jedenfalls: »Denn ich bin der Geringste unter den Aposteln, der ich nicht wert bin, ein Apostel zu heißen, weil ich die Gemeinde Gottes verfolgt habe.« Die ganze Angelegenheit, die hier unter dem Sammelbegriff »Ehre« zusammengefasst werden soll, der »Achtungswürdigkeit« also, hat für die Kreter, Lügner oder nicht, über die Jahrhunderte eine besondere Rolle gespielt. Nicht nur der bösen Kritik des angesehenen Apostels wegen.

Ihr bester Schreiber und Erklärer Nikos Kazantzakis hat sich in seinem Lebensbericht über ganze Seiten in das Phänomen des heimischen Ehrbegriffs mit allen seinen Schattierungen vertieft. »Es gibt eine Art Flamme auf Kreta«, schreibt er in der wunderbaren Autobiografie »Rechenschaft vor El Greco«.

> »Wir können sie **Seele** nennen;
> etwas **Stärkeres als Leben und Tod;**
> es gibt den Stolz, den Trotz, die Tapferkeit und mit ihnen etwas anderes,
> Unfassbares, **das dich stolz und gleichzeitig**
> **bange macht,** ein Mensch zu sein.«

Dem Fremden wird dieses »Unfassbare«, der Stolz und der Trotz, noch heute im Gang der Hirten sichtbar, in ihrer Körperhaltung – und in ihrem Tanz, dem »Sirtos«. Kazantzakis hat ihn in seinem »El Greco« beschrieben und damit die vielleicht schönste Tanzszene der modernen Literatur zu Papier gebracht.

Seine Familie ist zu einer Taufe eingeladen und wird zusammen mit der übrigen Festgesellschaft von einem heftigen Gewittersturm überrascht. Die Menschen suchen Schutz in einem der Häuser, weit draußen im wasserreichen Dorf Fódele – das sich erst vor einigen Jahren in eine gewaltige, ungeheure Hotelanlage verwandelt und dem Massentourismus geöffnet hat. Die Gastgeber zünden Öllampen an, denn die Nacht ist inzwischen hereingebrochen. Sie schaffen Platz für Musik und Tanz, der kleine Nikos schaut interessiert zu.

»Der Leierspieler setzte sich auf einen hohen Schemel, mitten in der Stube, hielt den Fiedelbogen fest wie ein Schwert, murmelte leise unter seinem Schnurrbart eine Mantináda und begann zu spielen.« Es kribbelt die Menschen in den Beinen, den Körpern wachsen Flügel. »Den Reigen führte eine blasse, schlanke Frau von ungefähr vierzig Jahren an, mit orangefarbenen Lippen, die sie mit Nussöl eingerieben hatte. Ihr rabenschwarzes Haar glänzte vom Lorbeeröl.« So heftig ist deren stolze Geste, dass sich Nikos angstvoll an die Schürze seiner Mutter klammert.

»Bravo Surmelina!, rief ein rüstiger Alter mit bockähnlichem Bart, sprang auf sie zu, nahm sein schwarzes Kopftuch ab, reichte den einen Zipfel der Frau, fasste den anderen, und beide stürzten sich mit erhobenem Kopf und den Körper wie eine Kerze wild in den Tanz.«

Das ist das alte Kreta und auch das neue, denn bis auf die Kleidermode hat sich wenig geändert. »Ihr weißes Mieder löste sich, die goldenen Münzen, die ihren Hals schmückten, kamen zum Vorschein, ihre Naslöcher zitterten, als witterten sie die keuchenden Atemzüge der Männer, die sie umschlichen. Der Alte wieherte wie ein Pferd. Sie spielten, sie jagten sich, Donner und Regen waren vergessen, die Welt war versunken und über dem Chaos tanzte nur Surmelina, die Frau...«

Zurück zur »Ehre«, die im Europa unserer Tage nicht mehr so sehr als »Wert«, sondern eher als »Habitus« gelebt wird. Sie ist heute, wie alles in der geordneten Welt des Beamtentums und des Administrativen, längst genormt und bürokratisiert. Begriffe wie »Ehre«, »Ehrenwort« und »Ehrgefühl« sind in Deutschland zu einem Leumund gekommen, der sie zeitweise in Konflikt mit der Verfassung brachte. Nicht etwa, weil sich hinter den hehren Worten »leeres Zeug« verberge, wie der Apostel Paulus damals auf Kreta befand. Sondern weil »Ehre« wohl niemals ein wirklich fester Bestandteil der Politik war.

In griechischkretischen Politikerkreisen erwähnt man daher die »Ehre« im Zusammenhang mit dem Tagesgeschäft nur ungern. Abgeordnete, Minister, Staatssekretäre und das Volk als Zuschauer würden es als lächerlich empfinden. Schon deshalb, weil ein Parlament, ebenso übrigens wie ein Kaffeehaus, nach Ansicht selbst des ungebildeten Mannes dafür der falsche Ort wäre. Aber auch weil die griechische Sprache in dieser Sache besonders fein fühlt und eine zweischneidige Vokabel bereithält: »Timi« heißt nicht nur »Ehre«, sondern auch »Preis«. Und dass »Ehre« bisweilen gekauft werden kann, ist sogar in Mitteleuropa bekannt.

Zu »Ehren« mochten daher auf Kreta vor allem jene kommen, die etwas anderes suchten als nur die »Achtungswürdigkeit«. Die »Freiheit« zum Beispiel, die auf der Insel während vieler Jahrhunderte türkischer Besatzung von der »Ehre« nicht zu trennen war, wie Kazantzakis aus seiner Kindheit berichtet.

Am Morgen nach einem Pogrom türkischer Soldaten gegen die einheimischen Christen führt der Kapetan Michalis seinen Sohn Nikos (Kazantzakis) auf den zentralen Platz Iráklions zum venezianischen Morosíni-Brunnen mit den Löwenköpfen. Als öffentliche Mahnung dafür haben die Türken dort drei kretische Aufständische in einer Platane erhängt. Der kleine Nikos fürchtet sich. Doch der Vater ist streng: »Schau hin!«, befiehlt er.

»Solange Du lebst«, sagte er, »hörst Du, solange Du lebst dürfen Dir diese Gehenkten nie aus den Augen verschwinden.« »Wer hat sie getötet?«, fragt der Junge. »Die Freiheit«, antwortet der Vater, »gesegnet sei sie!«

Der Sohn aber sucht nicht nur die Freiheit für die Kreter – er sucht um der »höheren Ehre« des Menschen willen obendrein Gerechtigkeit. Er hofft, sie im neuen Russland, wohin er bis 1933 dreimal reist, zu finden. Aus Moskau kehrt er voller Idealismus zurück nach Iráklion. Aber sein Vater fragt nur: »Bist du etwa Bolschewist geworden? Keinen Gott, keine Heimat, keine Ehre?«

Erst später, da ist der Vater längst tot, antwortet der Sohn ernsthaft auf diesen Vorwurf. Der griechische Bürgerkrieg, der nach dem Ende des Zweiten Weltkriegs auch auf Kreta große Zerstörung anrichtet, gibt Anlass dazu. In seinem Werk »Brudermörder« lässt er einen von den republikanischen Soldaten gefangenen kommunistischen Partisanen erklären, warum er – vorher ein armer Fabrikarbeiter – zu den Aufständischen in die Berge gegangen ist.

»Dort, so hatte ich gehört, kämpfen sie für die Gerechtigkeit«, sagt er seinem Wächter. »Mensch, hast du ein Spatzenhirn«, spottet der Soldat. »Hast du da oben etwa die Gerechtigkeit gefunden?« »Nein, Genosse, bisher noch nicht. Aber Hoffnung habe ich gefunden.« »Hoffnung worauf?« »Dass es eines Tages Gerechtigkeit geben wird! Nicht von allein kann sie kommen, denn sie hat keine Beine zum Laufen. Wir werden sie auf unsere Schultern nehmen und hereintragen.«

Quellenhinweis: Nikos Kazantzakis: Rechenschaft vor El Greco, 1990 und Brudermörder, 1974; Otto Meinardus: Paulus in Griechenland, 1978

Nikos Kazantzakis – von der Kirche verhasst, vom Volk abgöttisch verehrt – begraben auf der Martinengo-Bastion in Iráklion.

REPORTAGEN

Kreta ist mehr als eine Insel: ein Mythos im Meer, ein Trittstein zwischen Europa, Asien und Afrika. Hier verschmelzen einheimische Kultur und Fremdeinflüsse und bilden einen eigenen kleinen Kontinent. In diesem Kapitel erhalten Sie Einblicke in den facettenreichen Alltag und die traditionsbewusste Lebensweise eines Volkes der Bauern und Hirten.

Die traditionelle Webkunst wird hauptsächlich von den alten Frauen ausgeübt.

Leichtfüßige Lebensfreude: Die Kreter verstehen es zu feiern. Ausgelassene Tänze gehören ebenso dazu wie Lieder voller Leidenschaft und Melancholie.

BOCKSPRÜNGE UND SIRTAKI

»Wollt ihr nicht essen, trinken, feiern, bevor der Tod euch holt?«, singen die Kreter seit Jahrhunderten – und halten sich auch daran. Jede Gelegenheit für Tanz und Gesang kommt gerade recht.

Das Lied ist in ganz Griechenland ein wichtiger Bestandteil der Musikkultur. Das einheimische Wort für Lied – »Tragoudi« – verrät seine Nähe zur »Tragödie« auf den ersten Blick. Und die Vokabel »Tragödie« wiederum hat ihren Ursprung in den antiken Gesängen zu Ehren des »Tragos« – des Bocks also, des ziegenfüßigen Gottes Dionysos. Es gibt keine Übersetzung des griechischen »Tragoudi« in andere Sprachen, hat der Komponist und Kreter Mikis Theodorakis einmal erklärt, es gibt deshalb auch keine Entsprechung für die Bedeutung, die das Lied für die Griechen hat.

Eigenwillig wie sie sind, haben die Kreter ihrer Musik eine besondere Note gegeben. Die dreisaitige Lyra begleitet die Stegreif-Texte der berühmten Sänger. Die Texte der Mantinades werden »erfunden«, während der Sänger mit dem Lied und der instrumentalen Begleitung schon unterwegs ist. Er schaut in die Runde der Gäste, Freunde oder einfach nur der Familie – und beginnt das zu singen, was ihm einfällt. Oder er erinnert sich an eine Nacht bei der Herde, einen harten Winter, an das klare Wasser einer Quelle. Wie es bei einem guten »Tragoudi« sein muss, spielt die Natur eine entscheidende Rolle. Die Natur der Pflanzen und Tiere, der Berge und Flüsse, die Natur des Menschen natürlich, die Liebe und ihre Wirrungen.

Begleitet wird der kretische Gesang von den drei heimischen Instrumenten, die bei keinem Fest, bei keiner Feierlichkeit fehlen: Der dreisaitigen »Lyra«, die auf dem Knie des Musikers, des »Organopaiktis«, mit dem Bogen gestrichen wird. Der »Laouto«, einer griechischen Variante der Laute. Und der »Kithara«, der Gitarre also. Hauptsänger ist fast immer der Lyrist, der sein Spiel mit dem Bogen unterbricht, wenn er singt, er wird dann nur noch von den beiden anderen Instrumenten begleitet. Kretische Lyristen sind hoch angesehene Musiker. Die Namen der besten lernen die Kinder in der Schule. Wer einen Lyraspieler in der Familie hat, ist stolz auf ihn.

Vom Sirtos zum Sirtaki

Der kretische Tanz, der Sirtos, ist ohne diese instrumentelle Besetzung ebenso undenkbar wie das Lied. Das ungeheuer rhythmische Spiel der Lyra befeuert die Tänzer geradezu. Seine mitreißende Weise lässt Männer und Frauen spontan aufspringen. Man findet sich im Reigen zusammen. Wilde Sprünge – Bocksprünge – sind erwünscht, die gewagtesten Luftnummern werden bewundert und beklatscht. Jede Region hat ihren eigenen Tanz – »Chaniotikos«, »Rethymniotikos« –, die Schrittfolgen des Reigens sind bisweilen kompliziert und für Fremde nur schwer zu erlernen.

Der Schauspieler Anthony Quinn, der im Film den tanzenden Alexis Sorbas verkörperte, zwang Mikis Theodorakis, den Komponisten der Filmmusik, schließlich zu einer Vereinfachung der für ihn nicht nachvollziehbaren Zwölf-Schritt-Variante – so wurde aus dem Sirtos der Sirtaki.

In die »große« Musik der auch in Mitteleuropa bekannten Komponisten Manos Hadzidakis, Ioannis Markopoulos, Dimitris Mitropoulos, Ioannis Xenakis und natürlich Mikis Theodorakis ging eher der »kleftische» Vortrag, der Gesang des einzelnen »Helden« ein und weniger die Lyra-Musik, die für das kretische Volkslied und den »Sirtos« allerdings unverzichtbar ist. Hadzidakis beispielsweise verpflichtete für einige seiner Konzerte und Tonaufnahmen den jung verstorbenen Sänger Nikos Xilouris aus Anógia.

Weltberühmte »marina«

Bemerkenswert für das griechische Volkslied ist die hohe Qualität seiner Texte, Melodien und Interpreten. Ein wunderbares Beispiel für die Zusammenarbeit eines weltbekannten Poeten und eines ebenso berühmten Musikers ist das Lied »Marina«, ursprünglich Teil des Poesie-Zyklus' »Mikres Kyklades« (Die kleinen Kykladen) des Nobelpreisträgers Odysseas Elytis, 1911 in Iráklion geboren. Theodorakis fand für »Marina« eine der schönsten Melodien seines gesamten Werkes. Der Text beschreibt in schlichter, kraftvoller Dichtung alles, was die Inseln der Ägäis ausmacht, ihre einmalige, melancholische, lebendige Schönheit. »Marina« ist kein kretisches Lied, aber es ist das Lied zweier Männer, die auf Kreta ihre Wurzeln hatten. Es beschreibt die engen Gassen der Kykladen und hat doch die Spannung und den typischen Rhythmus einer kretischen »Mantinada«, ihre Romantik und ihre Sehnsucht nach der Natur.

»Marina mein grüner Stern, Marina – Licht des aufgehenden Morgens, Marina meine wilde Taube, du Lilie dieses Sommers.«

In sein Tagebuch schrieb Elytis vor seinem Tod 1996: »Alles vergeht. Es schlägt eines jeden Stunde. – Alles bleibt. Ich gehe. Ihr seid jetzt an der Reihe ...«.

Familien-Tradition: Psarantonis Xylouris aus Anógia spielt die Lyra wie kaum ein anderer. Seine Musik begeistert Fans in aller Welt.

VON BAULÖWEN UND WILDZIEGEN

Bedroht von Brandrodung und Baulandgewinnung sind Fauna und Flora in ihrer ganzen Fülle nur noch in unwegsamen Gegenden zu finden.

Schwer hat diese paradiesische Insel unter dem Menschen gelitten. Überall, wo die pastorale Kultur einbrach und sich ausbreitete, sind die einst ausgedehnten mediterranen Wälder – lichte Kiefern- und Zypressenbestände, Eichen, Platanen, Ahorn und Kastanien – zunächst in die Bergregionen verdrängt worden und von dort in Schluchten und an steile, felsige Küstenabschnitte, an denen sich die Menschen nicht ansiedeln konnten.

»Feuer« ist das böse Wort, nicht »Schiffsbau«. Das Märchen, der Bau großer Flotten habe die Pflanzenwelt am Mittelmeer zerstört und Nordafrika zur Wüste gemacht, sollte nicht mehr so erzählt werden. Die Wälder des griechischen Festlands und der griechischen Inseln, das hat der Sommer 2007 bewiesen, sind ganz einfach verbrannt worden. In Jahrhunderten, in Jahrzehnten und manchmal, wie zuletzt, in wenigen Tagen. Was bisher Sache der Schäfer war, Weideland zu gewinnen für ihre Tiere, ist heute, nicht nur in Griechenland, eine Spezialität des Grundstückhandels: Baulandgewinnung durch Brandrodung.

Übrig geblieben sind von Erosion zerstörte Berglandschaften wie die der Asteroússia-Berge im Süden der Messará-Ebene und im Norden weite Monokulturen aus Olivenbäumen. Den ganzen Querschnitt kretischer Flora und auch Fauna besitzen gegenwärtig nur noch die wenigen großen Schluchten im Bezirk Chaniá und dort vor allem das kleine Naturschutzgebiet rund um die Touristenattraktion Samariá-Schlucht.

Die kretische Flora umfasst etwa 1700 Arten, davon etliche endemische. Häufig zu sehen ist der Johannisbrotbaum.

In den riesigen unwegsamen Canyons finden Pflanzenkenner die meisten der auf Kreta heimischen Blumen und Sträucher, in der langen Eligías-Schlucht zwischen Agía Rouméli und dem Bergdorf Ágios Ioánnis sogar einen endemischen Zwergbaum, die »Ambeliziá«, aus dessen Ästen und Stämmen die Hirten der Sfakiá traditionell ihre langen Krummstäbe fertigten. Die Vermarktung dieses pastoralen Handwerkszeugs aus dem samtigen, bisweilen gezwirbelten Holz in den einigen tausend Souvenirläden der Insel dezimierte die kleinen und einzigartigen Bestände im Hochgebirge der Lefká Ori in wenigen Jahren so schnell, dass die Bezirksregierung sich veranlasst sah, den Verkauf von Hirtenstöcken aus »Ambeliziá« unter Strafe zu stellen.

Monokultur und Bauboom

In den Schluchten sind Schachblumen zu sehen, kretische Glockenblumen, die weißen kretischen Zyklamen, Ebenholzsträucher mit ihren zartroten Blütentrauben, Bergahorn, Horizontalzypressen, Kermes- und Steineichen, Kastanien, Gladiolen, Tulpen, Krokusse, Hyazinthen und Pfingstrosen. Wo dagegen die Herden wegen der von der Europäischen Gemeinschaft bezahlten Kopfprämien vergrößert statt verkleinert wurden, sind in den vergangenen 20 Jahren Steinwüsten entstanden: Oberhalb der sfakiotischen Dörfer Anópolis und Ágios Ioánnis im Bezirk Chaniá beispielsweise oder auch auf der Nída-Ebene am Fuß des Psiloritis. Dort ist die Zahl der Schafe und Ziegen seit dem Bau der Asphaltstraße von rund 5000 auf mehr als 30 000 Stück gestiegen. Die Hochebene, auf alten Postkarten als herrliches, buntes Blütenmeer zu erkennen, verwandelt sich nun bereits kurz nach der Schneeschmelze in einen riesigen farblosen Acker, den die Überweidung fast schon wertlos gemacht hat.

Die zahlreichen Kulturbrachen, von den nach Mitteleuropa und Übersee ausgewanderten Bauern zurückgelassen, wurden in den Jahren nach dem Zweiten Weltkrieg und dem anschließenden Bürgerkrieg zu großen Erholungs- und Reproduktionsflächen der Natur. Auf diesen Flächen wuchsen, meist auf magerem Trockenrasen, die meisten Orchideenarten, Ginster, Anemonen, Hyazinthen und Lilien. Später Zypressen und kleinere Eichenarten. So dringend auch die kretischen Forstämter auf die Erhaltung dieser Brachen drängen – die Immobilien-Lobby ist meist schneller und besser organisiert. Gebaut wird auf Kreta überall, der Boom wird ganz sicher auch die letzten Rückzugsgebiete der Natur erfassen.

Was für die Pflanzenwelt übel ist, hat sich für die Tierwelt schon zur Katastrophe entwickelt. Monokulturen und Bauboom haben die Vögel aus den meisten Nist- und Ruhebereichen vertrieben. Dabei ist Kreta noch immer einer der wichtigsten Rastplätze der Zugvögel, die auf der Insel im Herbst und im Frühling Zwischenstation machen. In letzter Sekunde gerettet wurde die an den Alpensteinbock erinnernde kretische Wildziege »Agrimi«. Sie grast seit den 1960er-Jahren unbehelligt an den Steilhängen des Naturschutzgebietes um die Samariá-Schlucht. Ebenso der Adler und die verschiedenen Geierarten, deren Abschuss seit nunmehr einer Menschengeneration mit hohen Strafen geahndet wird. Mit Erfolg, übrigens.

VOM WESEN DER TOILETTENSPÜLUNG

Die Frage, die alle Griechenlandbesucher irgendwann einmal beschäftigt: Warum darf niemand Klopapier in die Toilettenschüssel werfen?

Ein erfahrener Griechenlandreisender weiß, dass die Abwasserentsorgung in seinem Hotelzimmer nur dann funktioniert, wenn er sich strikt an ein ungeschriebenes, gleichwohl ehernes Gesetz hält: »Kein Klopapier in der Schüssel versenken!« Die zuständigen Rohrleger des Landes können auch nach rund 30 Jahren Erfahrung mit Menschen aus der Fremde und ihrem andersartigen Toilettenverhalten keine Antwort darauf geben, warum das in Griechenland so sein muss und anderswo auf der Welt nicht.

Eine mögliche Erklärung bietet indirekt der Literat Henry Miller an, der die Kreter über alles liebte. Im Kapitel 13 (!) seines Werkes »The books in my life« befasst er sich mit dem mysteriösen Umstand, dass viele Menschen »unbedingt auf dem Klo lesen müssen«, also zwei Dinge auf einmal erledigen. Und: dass sie deutlich länger dort bleiben, wo auch der Kaiser hingehen muss, wie es im Sprichwort heißt. Dies hat zur Folge, dass in mitteleuropäischen Toiletten das Reinigungsmaterial, Papier in der Regel, erst entfernt wird, wenn es lange im Wasser geweicht hat. Es ist eins geworden mit dem, was der im Örtchen sich aufhaltende Mensch loswerden wollte. Es wird durch das »Weichen« sozusagen »wegspülfertig«.

Antikes Wasserklosett

Die Kreter, in der Regel Bauern, Fischer und Hirten, hatten bis in die jüngste Neuzeit hinein nie Gelegenheit, die intellektuelle Seite des Toilettengangs zu entdecken. Der Abtritt befand sich nicht im Haus, sondern – falls es ihn überhaupt gab – im Garten hinter einer Mauer. Dort gab es keinen fest gefügten Sitzplatz, sondern nur ein einfaches Loch im Boden. Im weiten Hohlraum unter dem Loch verlor sich die Vorstellung des Menschen von dem, was er gerade tat und welche Folgen es möglicherweise haben könnte. Kurz gesagt: Er beeilte sich, und das verwendete Reinigungsmaterial verschwand ruckzuck, ohne erst über komplizierte Röhrensysteme in den Abgrund geleitet zu werden.

Die Frage nach einer modernen Wasserspülung stellte sich dem hier beschriebenen Griechen oder Kreter also nicht. Wasser war kostbar und nur zum Trinken da. Vielleicht wusch der Mensch sich morgens nur das Gesicht und die Hände und gab das, was in der Schüssel blieb, den Blumen. Mit sauberem Wasser Dreck wegzuspülen, auf diesen frivolen Gedanken kamen weder Bauer noch König. Oder doch?

Der Engländer und Archäologe Arthur Evans, der gegen Ende des 19. Jahrhunderts den Kretern den Palast des Minos in Knossós ausgrub, stieß dort einst auf ein alabasternes Becken und bezeichnete es sogleich als »Bad und Toilette der Königin«. Denn er hatte direkt daneben auch Röhren für einkommendes

Aus den 25 Löwenköpfen des venezianischen Brunnens in Spili strömt ganzjährig mineralreiches Trinkwasser.

Wasser und Rinnen für austretendes Abwasser gefunden – und das definiert auch heutzutage ein »Klo mit Wasserspülung«. Der unumstößliche Beweis für eine schon vor einigen Jahrtausenden funktionierende Toiletten-Logistik also, wenn man Evans und seinen Nachfolgern glauben darf. Wo und warum sich diese Kultur anschließend verlor, ist unbekannt und unerklärlich.

Henry Miller schrieb in dem zuvor bereits erwähnten Kompendium weiter: »Nehmen wir einmal an, dass Sie – obwohl Sie nie die Absicht hatten, Opernsänger zu werden – jedes Mal, wenn Sie im Klo wären, Arien singen würden. Nehmen wir an, dass – obwohl Singen für Sie unverzichtbar zu sein scheint – Sie behaupten würden, dies nur auf dem ›Örtchen‹ tun zu können und nirgendwo anders. Oder nehmen wir an, dass Sie einfach sagen, Sie würden auf dem Klo singen, weil Sie dort nichts Besseres zu tun hätten – würden diese Aussagen im Angesicht eines Wesens von einem anderen Planeten wirklich Bestand haben?«

Auf das kretische Toilettenwesen übertragen hieße das dann wohl: Würden und könnten die dort heimischen Klempner jemals der Aussage eines Touristen vertrauen, wenn der behauptete, es gäbe anderswo, wahrscheinlich sogar schon in der Türkei, funktionierende Toilettenspülungen?

DER DISKUS VON FESTÓS

Eine rätselhafte Tonscherbe hält Archäologen und Historiker seit rund 100 Jahren in ihrem Bann. Bis heute bewahrt sie ihr Geheimnis.

Vor rund 100 Jahren erst ist er aus den Sedimenten dreier Jahrtausende ans Licht der Welt zurückgekehrt, der sagenhafte »Diskus von Festós«». Stupor mundi - nicht enträtselt bis heute, unbewiesen seine noble Herkunft, sein geschätztes Alter 1700 Jahre – mit großem Vorbehalt. Als Entdecker wird der italienische Archäologe Luigi Pernier in den Büchern geführt, der die Keramikscheibe am späten Vormittag des 3. Juli 1908, elegant gekleidet wie immer, aus den schwieligen Händen eines seiner Grabungsarbeiter in der Palastanlage von Festós gereicht bekam.

Der wohl wichtigste lebende Forscher auf diesem Gebiet ist der in Rom lehrende Archäologe Professor Dr. Louis Godart, ein Franzose von Geburt. Im Jahr 1994 gab er zusammen mit seinen Assistenten und Studenten ein Buch heraus, das den schlichten Titel »Der Diskus von Phaestos« trägt. Das Werk erschien nicht nur, weil es bis dahin »merkwürdigerweise von dieser wohl berühmtesten aller Inschriften, die auf antikem kretischen Boden und vielleicht im gesamten Mittelmeer gefunden wurden, keine präzise Abbildung gab«. Godart und seine Leute halfen dem ab, indem sie die 45 verschiedenen Zeichen auf beiden Seiten der Scheibe im Maßstab 3:1 vergrößerten und fotografierten. Godart wollte mit seinem Buch voller erstklassiger Abbildungen aber vor allem jenen Zeitgenossen auf die Sprünge helfen, die sich über Jahre hinweg mit der Bitte um Informationen über die Anordnung der Zeichen, die Farbe des Tons, den möglichen Zusammenhang zwischen den Zeichen auf dem Diskus und den anderen kretischen Schriften, die Datierung, die Herkunft und die Bestimmung des Objekts immer wieder an ihn gewandt hatten.

Am Ende stand den »Rätselfreunden und Inschriftenforschern«, wie Godart resümierte, endlich ein verlässliches Faksimile des Tonscherbens zur Verfügung. Genützt hat es wenig: Der Diskus ist auch heute, mehr als eineinhalb Jahrzehnte später, nicht lesbar.

Des Rätsels Lösung?

Der erste Bericht des italienischen Entdeckers Luigi Pernier lässt zunächst Zweifel darüber aufkommen, ob der in der Kammer 8 des Palastes gefundene Diskus tatsächlich der minoischen Kulturepoche zuzuordnen ist. Dort seien, so schreibt Godart, auch hellenistische, also weitaus jüngere und andersartige Funde zutage gefördert worden, und man könne nicht ausschließen, »dass irgendein solcher Scherben sich unter die minoischen Funde gemischt hatte«. »Die Isolierung des Diskus in Bezug auf seine Schrift« sei andererseits ein gutes Argument für seine »relative Altertümlichkeit«. Ein entscheidender Beweis dafür, dass die rätselhafte Scheibe in die minoisch-mykenische Welt und ihren Kulturhorizont gehört, ist für den Professor jedoch die Tatsache, dass seine Darstellungen »eine Realität wiedergeben, die für das 2. Jahrtausend vor Christus belegt ist«.

Es stellte sich die Frage, welche unter all den Kulturen des östlichen Mittelmeerraumes einen solchen Fund hervorgebracht haben konnte. Godart verglich die in den Ton imprägnierten Zeichen mit den bekannten kretischen Schriften – den auf der Insel verwendeten Hieroglyphen und den Linearschriften A und B. Und bewies, dass es keine Gemeinsamkeiten gab. Im Gegensatz dazu habe sich der Vergleich der 45 zur Herstellung der Diskusinschrift verwendeten Typen mit den verschiedenen, »für die ägäische Welt belegten archäologischen Realitäten« als außerordentlich aufschlussreich erwiesen. Einige der Bilder haben eine Entsprechung in Darstellungen oder Objekten, die eben dieser ägäischen Kultur angehören – der Handschuh, das Schiff, die Tonnenschnecke.

Aus diesen Erkenntnissen schloss Godart, »dass der Diskus von Phaestos wahrscheinlich ein Produkt einer der Kulturen der Ägäis ist«. Welcher aber? Der minoischen, der mykenischen – oder einer anderen? Die Unsicherheit in Bezug auf die Folge der Grabungsschichten erlaubte es auch Godart und seinen Leuten nicht, den Fund chronologisch präziser zu bestimmen. Fest steht aber, dass die 45 verwendeten Zeichen einer Silbenschrift entstammen. Die Inschrift besteht aus insgesamt 242 Zeichen, von denen 241 sehr gut erhalten sind. Fazit der Forscher: »Dies ist in der Tat sehr wenig, und wenn nicht in größerem Umfang neue, in der Schrift des Diskus verfasste Texte zum Vorschein kommen, ist jeder Versuch der Entzifferung zum jetzigen Zeitpunkt zum Scheitern verurteilt.« Ein hoffnungsloser Fall?

Vielfach gedeutet und noch immer nicht entschlüsselt: die insgesamt 242 Zeichen der Inschrift des Diskus von Festós

DIE DEUTSCHEN AUF KRETA

Die Kreter haben schwer unter der deutschen Besatzung gelitten. Über 8000 Menschen kamen von 1941 bis 1944 ums Leben.

Geschichtsschreibung ist Sache der Wissenschaft und nicht der Politik. Auch wenn Politiker am liebsten nichts anderes täten als genau das – Geschichte zu schreiben. In Deutschland hat es nach Ende des Zweiten Weltkrieges Jahrzehnte gedauert, bis sich diese Erkenntnis durchsetzte. Die Analyse und Beurteilung des Preußenstaates etwa, des deutschen und italienischen Faschismus oder der Rolle der Wehrmacht in Hitlers grausamen Vernichtungsfeldzügen – erst seit einigen Jahren darf der wissbegierige Leser in der seriösen Literatur einer neuen Historiker-Generation im Ernst die jüngere deutsche Geschichte studieren. Das gilt auch für die Insel Kreta, deren – bislang – letzte Eroberer eben diese Deutschen waren.

Blutige Besatzung

Ein Fremdenführer darf sich deshalb nicht damit begnügen, die alten, an Landser-Hefte erinnernden Schilderungen von der Leistungsfähigkeit deutscher Soldaten und dem strategischen Geschick eines Fallschirmjägergenerals Kurt Student neu aufzulegen. Berichtet werden muss vielmehr, wie Adolf Hitler und seine Militärführung einige tausend junge Männer, die am 20. Mai 1941 während der »Operation Merkur« über Kreta absprangen, regelrecht verheizten. Der Friedhof in Maleme bei Chaniá gibt auf seinen profanen Grabtafeln mit schlichten Altersangaben davon Zeugnis. Die alliierten Truppen und ihre kretischen Helfer empfingen die Soldaten, als sie noch in der Luft in ihren Schirmen hingen. Sie endeten, verstümmelt und zerschossen, im Staub einer ihnen völlig unbekannten Insel. Das Oberkommando der Wehrmacht kündigte wenig später an, es werde »mit allen Mitteln dafür Sorge tragen, dass die Ritterlichkeit und die Anständigkeit des Kampfes gewahrt bleiben«.

Das »Sorgetragen» mündete in den Befehl Kurt Students, Vergeltungsmaßnahmen gegen die ihr Land verteidigenden Kreter »mit größter Beschleunigung durchzuführen, unter Beiseitelassung aller Formalien und unter bewusster Ausschaltung von besonderen Gerichten. Bei der ganzen Sachlage ist dies Sache der Truppe und nicht von ordentlichen Gerichten. Sie kommen für Bestien und Mörder nicht in Frage«. Des Generals skrupelloser Befehl erzwang schwerste Kriegsverbrechen. Dörfer wurden geplündert und gebrandschatzt, die Bevölkerung ermordet. Bis zum Herbst 1944 blieb die gesamte Insel unter deutscher Besatzung. In diesen Jahren kamen etwa 8000 Kreter bei Kämpfen oder bei Massakern zu Tode.

Auch um die »Judenfrage« kümmerte sich die Wehrmacht. Am 21. Mai 1944 umstellten Einheiten unter dem Befehl des deutschen Kommandanten der »Festung Kreta«, General Bruno Bräuer, das jüdische Viertel der Stadt Chaniá. Flüchtende wurden erschossen, alle anderen sollten auf einem Schiff zum Festland und weiter nach Norden deportiert werden. Doch das Boot sank auf der Überfahrt, nur vier der jüdischen Einwohner Chaniás überlebten.

Für Kondomári, Kándanos, Anógia, Koustogérako und viele andere kretische Dörfer bestand in den Jahren 1943 und 1944 keine Hoffnung. Sie wurden niedergebrannt, ihre Einwohner – sofern sie in die Gewalt des Militärs gerieten – zielstrebig und kaltblütig getötet.

Veteranen unerwünscht

Ein großer Teil der griechisch-kretischen Jugend hat entschieden, dass die bisherige Form von »Heldenverehrung« – Gedenkfeier und Kranzniederlegung auf dem deutschen Soldatenfriedhof von Maleme – nicht in ihrem Sinn ist.

Sie hat in den vergangenen Jahren diesbezügliche Feierlichkeiten und Veteranentreffen wiederholt durch Blockaden und Demonstrationen vor dem Friedhof verhindert. Eingedenk des Wortes eines venezianischen Widerstandskämpfers aus dem Jahre 1943: »Wir wollen all diese lächerlichen Denkmäler für diejenigen, ‘die fürs Vaterland gefallen sind’, die uns in jedem Ort anstarren, zerstören und an ihrer Stelle Denkmäler für die Deserteure errichten. Diese Monumente für die Deserteure werden auch an diejenigen erinnern, die im Krieg starben, denn jeder von ihnen verfluchte dabei den Krieg und beneidete die Deserteure um ihr Glück.«

Bruno Bräuer wurde nach Kriegsende an Griechenland überstellt und in Athen zum Tode verurteilt. Zusammen mit dem ebenfalls wegen Kriegsverbrechen auf Kreta verurteilten Friedrich Wilhelm Müller wurde er am 20. Mai 1947 im Morgengrauen hingerichtet. Kurt Student wurde in Deutschland vor Gericht gestellt und verbrachte daraufhin zwei Jahre im Gefängnis. Er gehörte danach zu den führenden Köpfen beim Aufbau des Fallschirmjäger-Traditionsverbandes im Nachkriegsdeutschland und zählte regelmäßig zu den Ehrengästen, wenn ehemalige Angehörige der Wehrmacht und Soldaten der neuen Bundeswehr alljährlich am 20. Mai den »Kreta-Tag« begingen. Er starb 1978 im Alter von 88 Jahren.

Die »neuen Deutschen«

Die anderen Deutschen kamen zu Beginn der Sechzigerjahre - nach dem Untergang der Militärdiktatur der Obersten Georgios Papadopoulos und Dimitrios Ioannidis, die 1974 die politischen Bühne des Landes verließen.

Sie kamen zunächst als Individual-Reisende, einzeln und vorsichtig - sie betraten das eben erst befreite Land, dessen Sprache niemand gelernt hatte, scheu und bescheiden. Dann kamen sie zu Hauf. Der Massentourismus brachte diesem klassischen Urlaubsland Wohlstand und in den Neunzigerjahren sogar Reichtum. Das Reisefieber, getragen von einer starken deutschen DM-Währung und einer allzeit schwachen griechischen Drachme, spülte die sonnenhungrigen Urlauber zu Hunderttausenden auf die

Steinerne Zeugen: Der Soldatenfriedhof in Maleme erinnert an die Verbrechen der deutschen Wehrmacht im Zweiten Weltkrieg.

Licht durchflutete Inseln Kreta, wo im bergigen Hinterland die sagenhaften Ausgrabungsstätten Knossós, Festos und Gortís warteten.

Ressentiments wegen der im Krieg geschlagenen Schlachten, wegen der Verbrechen von SS und Wehrmacht gab es nicht. Die Kreter, von 250 Jahren türkischer Besatzung gehärtet, erwiesen sich als Pragmatiker gegenüber ihren zahlungskräftigen Gästen aus Stuttgart, Berlin oder Wanne-Eickel. Der Stachel saß an anderer Stelle, als der von den meisten Deutschen vermuteten: den nach Ende des Weltkriegs beginnenden Bürgerkrieg kreideten die Kreter, die Griechen insgesamt, den Engländern an. Ihr Zorn richtete sich gegen jene Weltkriegssieger, die ihr Volk dazu gebracht hatten, sich in Linke und Rechte aufzuspalten, in Kommunisten und Monarchisten, in Bürgerliche und proletarische Landarbeiter.

Der »Bruderkrieg«, den die kommunistischen Partisanen im Oktober 1949 verloren gaben, hatte mehr Dörfer und Familien vernichtet als der Weltkrieg. Zudem eine ganze Generation junger Griechen, die in den Reihen der Partisanenverbände gegen die deutschen und italienischen Besatzer gekämpft hatten – auch wenn sie der kommunistischen Partei gar nicht angehörten. Einer ihrer prominentesten Vertreter war der kretische Komponist Mikis Theodorakis.

KIRCHE UND STAAT – EINE KONFLIKTEHE

Der Einfluss der orthodoxen Kirche im kretischen Alltag ist noch immer groß. Die Kirche mischt aber auch in staatlichen Angelegenheiten mit.

Als Nikos Kazantzakis 1957 starb, sollte es noch elf Jahre dauern, bis einer seiner berühmtesten Romane, »Die griechische Passion«, im Heimatland und in griechischer Sprache verkauft werden durfte. Kazantzakis hatte das Buch über die Geschichte einer nach dem Krieg Griechenlands gegen die Türkei aus Kleinasien vertriebenen Dorfgemeinschaft und ihres österlichen Kreuzigungsrituals schon 1948 beendet. Die internationale Presse feierte den Roman als »Meisterwerk«. Lediglich der orthodoxen Kirche Griechenlands schien die Geschichte der gekreuzigten Flüchtlinge »lästerlich«. Nikos Kazantzakis blieb zeitlebens ein von der Kirche Verfolgter. Nicht nur die »Passion«, sondern auch »Die letzte Versuchung«, eine Art Jesus-Biografie voller Inbrunst und Zweifel zugleich, und »Freiheit oder Tod«, eine Hommage an seinen Vater, den Kapetan Michalis, gerieten auf den Index. An seinen norwegischen Freund und Agenten Börje Knös schrieb Kazantzakis: »Das hauptsächliche, ja beinahe einzige Thema meines gesamten Werkes ist: der Kampf des Menschen mit 'Gott'.«

Genau dieses Suchen und Erklären war und ist den Orthodoxen noch heute zuwider. Gefühle sind durchaus erwünscht – nicht aber die Ursachenfor-

Feste Rituale beim Kirchgang: Wer die Kirche betritt, küsst die Heiligenbilder am Eingang und zündet eine Kerze an.

schung. Die Deutungshoheit über die Beziehung des Menschen zum Göttlichen soll in der Kirche bleiben.

Der Schriftsteller Periklis Korovessis, dem die Junta-Schergen 1967 die Füße blutig schlugen, hatte den im Frühjahr 2008 verstorbenen Kirchenfürsten Christodoulos im Visier, wenn er behauptete: »Der Metropolit von Athen führt die Kirche wie ein Wirtschaftsunternehmen und er benutzt sie – vor allem in der Kulturdiskussion – wie eine politische Partei.« Kulturschaffende wie Korovessis oder Mikis Theodorakis hatten allen Grund, den Weg und das Wirken des Erzbischofs mit Misstrauen zu beobachten. Als junger Priester im Generalsekretariat der Synode hatte er den Obristen der Militärregierung – wie die orthodoxe Kirche in ihrer Mehrheit – nahegestanden.

Kirche steuert Kultur

Wie energisch der Arm der Geistlichkeit Staat und Kultureinrichtungen zu führen vermag, können auch Fremde öffentlich besichtigen. Die Vereidigung von Staatspräsidenten und Regierungen gestalten Athener Erzbischöfe noch heute wie die Krönungsmesse eines mittelalterlichen Monarchen. Schulbücher werden streng geprüft, allzu weltliche Autoren ohne Weiteres des Verrats an nationalen Werten beschuldigt. Gerichtsklagen gegen Geschichtsbücher, deren Verfassern die Kirche »Säkularisierung« vorwirft, sind an der Tagesordnung.

Der Athener Verfassungsrechtler Nikos Alivizatos sieht sein Land »in einer Kategorie mit ethnischen Gruppen wie Irland oder Israel, die – als sie von anderen Nationen bezwungen wurden – Sprache und Religion zum Schutz ihrer kulturellen Identität nutzten«. Dieser Jahrhunderte lange Kampf habe der Kirche eine unvergleichlich starke Position verschafft. Für schwer durchdringbar hält er das Netz, das Christodoulos während seiner Amtszeit über die Kulturszene gelegt hatte: »Die griechische Kirche kann die Kultur steuern – direkt und indirekt. Direkt mit der Bewertung bestimmter Arbeiten und entsprechenden Empfehlungen an die Gläubigen, das gilt für Kunst und Literatur. Indirekt durch die Unterstützung ausgewählter Künstler.«

Machtkämpfe

Der erste große Konflikt zwischen Kirche und Staat nach Ende der Militärdiktatur 1974 betraf die Änderung des Familienrechts im Jahr 1982. Standesamtliche Trauungen wurden genehmigt. Bis dahin hatten nicht orthodox geschlossene Ehebündnisse keine Gültigkeit; Kinder aus Verbindungen von Zeugen Jehovas, Muslimen oder Atheisten waren illegal.

Den Zugriff des Staates auf kirchliche Besitztümer allerdings wehrte die Geistlichkeit 1987 erfolgreich ab. Der seit dem Jahrhundertwechsel andauernde Streit über die Religionseintragung in den Personalausweis dauert an. Die Kirche will ein sichtbares Bekenntnis zur Orthodoxie, sogar von denen, die nicht an sie glauben. Die Politik, klagt die Kirche, wolle Griechenland zu einem »weltlichen Staat ohne Religionszugehörgkeit« machen. Der Grieche, so wünscht es jedoch der Erzbischof, solle die einzige und wahre christliche Lehre wie ein Banner durch sein Leben tragen. Und wer das ablehnt, dem soll dieses Bekenntnis in einer Form positiver Diskriminierung zumindest in den Ausweis gestempelt werden. Das behindert Toleranz und schafft einen Fundamentalismus, der sich diametral dem Europa der Aufklärung und Gemeinsamkeit entgegensetzt.

Dabei stemmen sich Klerus und das Oberhaupt nicht gegen die Lehre vom guten, schnellen Geld im gerade eben noch bäuerlichen Griechenland. Christodoulos war kein Mann, der das Hohe Lied von Bescheidenheit und Armut im Angesicht des Herrn singen wollte. Im Gegenteil: Als ranghöchster kirchlicher Zeremonienmeister zeigte er sich zum besonderen Anlass gerne im edelsteinbesetzten Priestergewand.

»Es ist völlig klar, dass die orthodoxe Kirche niemals ihre Augen verschließen wird vor den auf uns zukommenden gesellschaftlichen Problemen«, erklärte der Erzbischof 2006 vor dem Ökumenischen Rat der Kirchen in Genf. »Es ist unnötig zu sagen, dass Probleme nur in jenem Geist christlicher Integrität, Verantwortung und Konsequenz gelöst werden können, den die Kirche im Leben der Menschen pflegen und kultivieren muss.«

Eigene Gesetze

Dass die Orthodoxie dafür sogar die Grenzen der griechischen Verfassung zu überschreiten bereit ist, bezeugt der frühere griechische Ministerpräsident Konstantinos Simitis: Während seiner acht Jahre dauernden Regierungsperiode von 1996 bis 2004 habe die Kirche »versucht, eine größere Rolle als zuvor im öffentlichen Leben zu spielen. Sie wollte die von der Verfassung vorgeschriebenen Kompetenzen überschreiten«. Damit sei sie in der Personalausweis-Frage also letztlich gescheitert. Simitis sagt aber auch, dass die griechische Gesellschaft noch nicht bereit ist, sich etwa dem säkularen Vorbild Frankreichs anzuschließen – die französischen Bischöfe brachten schon beim Streit um den Ausweis problemlos drei Millionen Demonstranten auf die Straße.

Die Privilegien, derer sich die orthodoxe Kirche erfreut, sind intakt. In der Praxis gibt es keine Gleichheit zwischen orthodoxen Christen und dem Rest. Dieser Rest, das sind heute immerhin acht bis zehn Prozent der Bevölkerung. Dass aufgeklärte griechische Politiker wie in einer »letzten Versuchung« eines nicht allzu fernen Tages die Trennung von Staat und Orthodoxie anstreben könnten, sieht aber auch der gottlose Schriftsteller Korovessis nicht: »Die Mehrheiten – sie sind nicht so.«

Die Rolle des Patriarchen

Eine Besonderheit im christlich-orthodoxen Universum zwischen Moskau und Alexandria ist die Kirche Kretas. Die erfolgreiche Revolution der Festland-Griechen gegen die türkische Besatzung mündete in den Zwanzigerjahren des 19. Jahrhunderts in die Gründung des neuen griechischen Staates. Die Kreter

Fast alle Kreter sind orthodoxe Christen. Die Dorfpfarrer tragen lange schwarze Gewänder und Bärte.

mussten auf ihre Befreiung und die politische Freiheit aber noch einmal fast 100 Jahre warten. Sie blieben daher direkt dem Patriarchen von Konstantinopolis unterstellt – ein Status, der sich auch nach dem Anschluss Kretas an das Festland nicht änderte. Die kretische Kirche ist somit eine »autonome« Kirche, sie ist völlig unabhängig vom Athener Metropoliten – was sie bisweilen auch sehr gerne unter Beweis stellt.

Der »Ökumenische Patriarch von Konstantinopel«, er heißt im Jahre 2008 Bartholomäos, ist – wie sein Amtstitel verrät – ein Mittler zwischen den verschiedenen orthodoxen Kirchen der Kontinente, er ist »primus inter pares«, aber nicht Oberhaupt im Sinne einer Hierarchie (ganz im Gegensatz zum katholischen Papst). Das sind vor allem die Serben, die Bulgaren, die Rumänen, die Griechen und natürlich die Russen, die Ukrainer und die Georgier. Diese »Schwäche« des Patriarchen, die die Kreter wegen ihres »demokratischen« Ansatzes übrigens für eine Stärke der orthodoxen Kirche halten, hat den jeweiligen Amtsinhaber in den vergangenen Jahrzehnten oftmals sehr in Verlegenheit gebracht. Vor allem, wenn die Metropoliten von Athen oder Moskau ambitioniert waren und in die Politik ihres Landes eingriffen. Oder auch, wenn es um die Haltung der Orthodoxie gegenüber der katholischen Kirche ging.

Bartholomäos wurde von den Zeloten der griechischen (Athener) und der russischen Kirche scharf dafür kritisiert, als er den katholischen Papst zu Gesprächen über eine Annäherung der seit dem Schisma verfeindeten Schwestern empfing. Was letztlich so weit ging, dass sich ganze Mönchsgemeinschaften vom »Heiligen« Berg Athos von ihrem Patriarchen lossagten und ihn im Bunde mit dem »Teufel« (dem Papst), wähnten.

Die Traditionalisten in der griechischen, zumal in der kretischen orthodoxen Kirche sind auf dem Rückzug, sie werden – vor allem seit dem Tode ihres großen Vorbildes Christodoulos – immer weniger. Die nachrückenden jungen Priester schneiden sich die Haare kurz, sie stutzen sich den Bart und feiern den moderaten Bartholomäos, den Patriarch von Konstantinopel als ihren geistigen Vater und Versöhner.

DAS KRETISCHE EPOS

»Erotokritos« und »Aretousa« - auf Griechisch dauert »Romeo und Julia« viel länger und hat ein Happy End. Manche können es auswendig.

Der Dichter heißt Vitsentzos Kornaros, das zumindest ist bekannt, denn er setzte seinen Namen unter das gewaltige Epos, das er im 16. Jahrhundert für seine Landsleute geschrieben hatte: den »Erotokritos«. Es ist ein Drama, dessen Handlung derjenigen von »Romeo und Julia« seines Zeitgenossen William Shakespeare in erstaunlicher Weise gleicht. Beide, Kornaros und Shakespeare, wurden Mitte des 16. Jahrhunderts geboren, beide starben zu Beginn des nächsten. Mittelpunkt der Geschichte: der Balkon, unter dem der verliebte Held seiner oben wartenden Angebeteten die selbstgedichteten Lieder singt. Nur - Kornaros' Stück ist länger, viel länger. Und es findet ein glückliches Ende.

An die zehntausend 15-silbige Verse schrieb der Mann aus Sitía, bevor er seinen Helden Erotokritos, den Sohn eines Verwaltungsbeamten am Athener Hof, schließlich vor den Altar treten lässt, wo er mit Prinzessin Aretousa, der Tochter des Königs Herakles, vermählt wird.

Es gebe Menschen auf Kreta, geht die Sage, die diesen »Erotokritos« auch heute noch auswendig aufsagen können. Tatsache ist, dass das Epos die Schulkinder auf der Insel mehr beschäftigt, als ihnen lieb ist. Es steht im Kanon und muss behandelt werden wie in Deutschland Schillers »Glocke«. Tatsache ist auch, dass es die Gemüter nicht nur zwischen Sitía, dem Geburtsort des Autors, und Iráklion, seiner späteren Heimat, bewegt hat. Der große nordgriechische Dichter Ioannis Ritsos ließ sich in seinem wunderbaren Werk »Epitaphios« von der Verskunst des Kreters beeinflussen, den Literatur-Nobelpreisträger Georgios Seferis beschäftigte das Idiom, in dem sein mittelalterlicher Kollege das Drama zu Papier brachte - seine Sprache ist der alte kretische Dialekt, heute noch zu Hause in den Gebirgsregionen und in der rauen Landschaft der Sfakiá.

Nachhaltige Auswirkungen hatte das Epos auch auf die kretische Musik. Die von den Lyra-Spielern vorgetragenen »Mantinades« sind eine Fortsetzung der Verse, die Kornaros einst aufschrieb. Rhythmische Stegreifdichtung mit mythologischem Hintergrund. Handschriftlich verbreitet wurde der »Erotokritos« im 17. Jahrhundert, in gedruckter Version erschien er zum ersten Mal 1713 in Venedig, ein Kreter hatte es seinen Handelspartnern mit in die Lagunenstadt gebracht.

In der Neuzeit geben die Namen »Aretousa« und »Erotokritos« vor allem Rätsel auf - Reisende lesen sie als Hotel- oder Tavernennamen und suchen in den üblichen Nachschlagewerken meist vergeblich nach der Lösung.

Das Drama des Dichters Vitsentzos Kornaros »Erotokritos« ist zweifellos ein Meisterstück der kretischen Literatur.

ΚΛΑΣΣΙΚΑ
Εικονογραφημένα
ΑΠΟ ΤΗΝ ΜΥΘΟΛΟ-
ΓΙΑ ΚΑΙ ΤΗΝ ΙΣΤΟΡΙΑ
ΤΗΣ ΕΛΛΑΔΟΣ
ΕΡΩΤΟΚΡΙΤΟΣ
ΒΙΤΣΕΝΤΖΟΥ ΚΟΡΝΑΡΟΥ
1120

ZU GAST AUF KRETA

Reisen und Übernachten ist auf Kreta unkompliziert. Das Bettenangebot ist enorm, die Zimmer, Apartments und Villen sind meist so eingerichtet, wie die Wirtsleute selbst wohnen: schlicht und zweckmäßig. Nicht selten kommt es vor, dass der Hauswirt den Reisenden am zweiten oder dritten Tag zum Essen einlädt. Doch auch ohne Einladung wird man sich schnell im Inselleben einfinden. Die besten Adressen, Veranstaltungen und Freizeittipps.

Abends sind die Tische der Tavernen von Chaniá bis auf den letzten Platz besetzt.

Solch türkisfarbenes, klares Meer und stille Hafenpromenaden, wie hier in Loutró, findet der Kreta-Reisende in vielen Orten an der Küste.

KRETA IST EIN FAMILIENBETRIEB

Einladen und in die Familie aufnehmen - das ist die Philosophie kretischer Gastwirte. Vor allem derer, die ein paar Jahre in Deutschland verbracht haben und mit ihren Gästen gern in Erinnerungen schwelgen.

Was unterscheidet das touristische Angebot auf Kreta von dem anderer europäischer Urlaubsziele? Ein Blick auf den kleinen Ort Loutró an der Südwestküste der Insel mag diese Frage am Beispiel beantworten.

In den meisten Fremdenführern ist Loutró als »Fischerort« oder zumindest »ehemaliger Fischerort« ausgewiesen. Das Zweite ist wahr. Wie so viele kretische Strandsiedlungen war Loutró, das malerisch in die Südost-Bucht einer kleinen Halbinsel eingebettet ist, Dépendance und Hafen eines größeren Ortes, der weiter im Hinterland lag – oder sich höher und damit geschützter vor allen vom offenen Meer nahenden Gefahren in den Bergen verbarg. Die weitaus meisten Einwohner Loutrós stammen aus Anópolis, das vom Wasser aus nicht zu sehen ist und rund eineinhalb Wegstunden (zu Fuß) entfernt 600 Meter oberhalb von Loutró liegt. In frühchristlicher Zeit war Anópolis mit geschätzten 60000 Einwohnern eine der größten kretischen Siedlungen. Heute zeugen nur noch einige Ruinen und ein Kastell von der glanzvollen Vergangenheit.

Die Struktur des Ortes Loutró gründet auf dieser Vergangenheit, auf dem Zweck, den das Dorf einst hatte – und auf der Geschichte der Familien, die erst vor rund 30 Jahren den Tourismus für sich entdeckten und inzwischen von den Erholung suchenden Urlaubern gut leben können. Ihre alten Häuser in den Bergen haben sie meist behalten – ebenso wie die Olivenhaine. Manche von ihnen besitzen sogar noch eine kleine Schaf- oder Ziegenherde, behütet von einem der jüngeren Söhne, einem Cousin oder Neffen. An den Kochtöpfen der Tavernen und Restaurants stehen die Hausfrauen mit ihren Töchtern, die Männer der Familie bedienen vor der Tür. Der Eindruck trügt nicht, dass der länger verweilende Gast oder einer, der wiederkommt, mit der Zeit in die Familie einrückt und mitunter sogar den Status eines lieben, aber entfernten Onkels erreicht. Er wird nach einigen Urlaubstagen nicht nur den Wirt am Tresen und den aufmerksamen Sohn kennen, der morgens das Frühstück und abends den Ouzo serviert, sondern auch die Mutter und Köchin.

ZUR ORIENTIERUNG

Die Aufschlüsselung unseres Preisklassensystems nach Punkten von •••• bis • finden Sie auf Seite 5.
Empfehlenswerte Adressen finden Sie bei den jeweiligen Orten im Kapitel »Unterwegs« ab Seite 112.
Im »Spezial« auf S. 88/89 stellen wir Ihnen außerdem familiäre Unterkünfte im Dorf Vámos und im Ort Agía Rouméli vor.

Familienleben inklusive

Die am Herd verwendeten Zutaten werden im Glücksfall aus eigener Produktion stammen – in der Hauptsache sind das Milch, Joghurt, Käse, Honig, Fleisch und der selbst gefangene Fisch. Alles in allem ein erholsamer Aufenthalt in einer kretischen Familie, die den werten Gast ganz sicher auch im nächsten Sommer gerne verwöhnen möchte.

Die geschilderte Situation gilt auf Kreta nicht nur für Stranddörfer wie Loutró, Agía Rouméli, Soúgia, Paleochóra oder Léndas. Sie ergibt sich sogar in den Städten. Hotel- und Restaurantbesitzer in Chaniá, Iráklion oder Sitía haben, wie die ehemaligen Fischer von Loutró, »ihr« Dorf irgendwo im Hinterland oder in den Bergen. Ein Pensionswirt in Réthimnon wird den Gast, hat er ihn erst einmal begutachtet, danach kennen und schätzen gelernt, höchstwahrscheinlich eines schönen Tages einladen, mit ihm im Auto landeinwärts zu fahren. Um ihm dort das Haus seines Vaters zu zeigen, in dem vielleicht die alte Mutter wohnt und hocherfreut einen Tresterschnaps und »mezédes« serviert. Auch wenn das Geschäft mit den Touristen auf Kreta inzwischen eine gute Einnahmequelle darstellt, so haben die Einheimischen immer noch ihre Dörfer. Alle leben sie in jenen Strukturen, derentwegen die griechische Gesellschaft auch schwere Zeiten meist recht ordentlich und in Würde überstanden hat.

Diese Strukturen stehen auch dem Gast zur Verfügung – wenn er nur den Mut aufbringt, sie zu nutzen. Das ist nicht an die Sprache gebunden. Sie stellt keine Barriere dar. Die jungen Frauen und Männer, die ihre Familien vom Tourismus ernähren, sprechen Englisch. Und nicht wenigen, die mit ihren Eltern einige Jahre (oder das halbe Leben) in Mannheim, Köln oder Stuttgart gearbeitet haben, ist auch die deutsche Sprache geläufig.

Anders als sonst in Feriengebieten gibt es genügend Zimmer auf der Insel, und die Regel heißt: Selbst wer ohne Reservierung anreist, wird kein Problem haben, eine Unterkunft nach seinem Geschmack und im Rahmen seiner finanziellen Möglichkeiten zu finden.

AUTORENTIPP

Auf Kreta kann der Wanderer am Morgen im Gebirge seine Stiefel schnüren und sich am Nachmittag am Strand ausruhen. Besonders geeignet für solche Ein- oder Mehrtagestouren ist der Westen mit den Lefká Óri und den mit kristallklarem Wasser gesegneten Ufern der Libyschen See. Die großen Schluchten sind – bis auf wenige Ausnahmen – für geübte Geher leicht zu durchqueren.

Teure Ferienanlagen

Nur an wenigen Tagen im Jahr werden aber auch auf Kreta die Betten knapp. Das geschieht in der Woche um den 15. August, wenn die Griechen das Fest der Heiligen Jungfrau Maria, der »Panagia«, feiern. An diesem Tag bleibt kein Grieche zu Hause, die Familien verlassen die großen Städte, um die heilige Liturgie in einem Dorf auf den Inseln oder in den Bergen des Peloponnes zu hören,

Zweckmäßig, aber gemütlich sind die meisten Zimmer auf der Insel. Dafür sorgen oftmals noch traumhafte Ausblicke.

ein Zimmer im Ort zu mieten – und anschließend ein Festmahl im Kreis der Angehörigen und Freunde zu genießen.

Von ganz anderer Sorte sind die fast immer von ausländischen Konzernen gesteuerten großen Ferienanlagen.

Der amerikanische Soziologe George Ritzer hat – nicht nur für sie – den Begriff des »Nicht-Ortes« geprägt. »Nicht-Orte« sind, wie er es definiert, Plätze »ohne spezifische Eigenschaften«. In Europa bedient sich vor allem der Massentourismus dieser »Nicht-Orte«. Sie sind in jedem Land rund um das Mittelmeer zu finden und werden meistens »Club« genannt. Sogar auf Kreta, der Insel des militanten Individualismus, gibt es sie seit einigen Jahren. Sie haben mit dem Terrain als solchem nichts zu tun und könnten – völlig identisch – auch auf Mallorca, den Malediven oder Madagaskar stehen. Einen Gast, den man mit verbundenen Augen über Nacht von einem zum anderen »Nicht-Ort« flöge, würde vermutlich überhaupt keinen Unterschied bemerken.

Die als »Clubs« angelegten Ferienparks werden nie innerhalb eines Dorfes und immer möglichst weit entfernt von natürlichen Siedlungen aufgebaut. Berührung mit den einheimischen Strukturen ist in der Regel unerwünscht – sie würde den streng behüteten Gast vielleicht verleiten, sich ein Restaurant, eine Bar oder ein Kaffeehaus nach eigenem Geschmack zu suchen und sein Geld dort auszugeben.

Selbst Luxus-Unterkünfte wie das »Eloúnda-Beach« arbeiten ökonomisch erfolgreich nach diesem Prinzip. Alles, was der Gast braucht oder auch nicht braucht, soll er innerhalb der Anlage aussuchen, konsumieren und bezahlen. Das »Eloúnda-Beach-Hotel« ist an anderer Stelle (→ Der gute Tipp von MERIAN 16, S. 267) als besonders empfehlenswert beschrieben worden – für Reisende, die sich seine ungeheuren Preise leisten können.

AUF TUCHFÜHLUNG IM DORF

Jeder Reisende, der sich ins kretische Dorfleben stürzt, wird Gastfreundschaft genießen - in den Bergen wie an der Küste.

Kretas liebenswerteste Gastgeber sind angeblich dort zu Hause, wo es auch die Ziegen, Schafe und Hühner noch sind – vom Strand aus einige Kilometer landeinwärts und dann ein wenig bergauf. Hier kann der Gast wohnen, Ruhe finden und gut essen, hier hat er noch ziemlich viel »normales« Leben um sich – dem Agrotourísmos sei Dank. Dabei stieß jener vor einigen Jahren aus den Gebots-, Verbots- und Regulierungsabteilungen der Europa-Bürokratie entwichene Gedanke, man könne mit einem Programm, das sich »Agrotourísmos« nennt, die Bauern in den Bergdörfern am finanziellen Gewinn des Fremdenverkehrs beteiligen, in Kreta zunächst auf Unverständnis. Doch der Spott und die nüchterne Skepsis sind längst heller Begeisterung gewichen. Seit dem Beginn der 1990er-Jahre profitieren von den Agrotourísmos-Programmen nicht nur eine beachtliche Anzahl kretischer Dorfbewohner, sondern vor allem deren Gäste.

VÁMOS

Einen lebhafteren, lustigeren und bunteren Dorfplatz als jenen im Vámos kann man sich kaum vorstellen. Um dieses rechteckige, wegen der Hanglage etwas schiefe Zentrum herum darf der Gast zwischen einigen Kaffeehauswirten, zwei Fleischbratern, einer bezaubernden Gemischtwarenhändlerin, einer mürrischen Kiosk-Frau und zwei kräftigen Barmännern wählen – je nach Tageszeit. Vor seinen Augen wird, während er es sich vor der Tür eines der Lokale bequem gemacht hat, das Leben spielen, wie es halt so spielt im Dorf – wie im Theater.

Rund 30 wunderschöne alte Bauernhäuser sind in Vámos in den vergangenen 15 Jahren aus ruinösem Schlaf geweckt und vor weiterem Verfall bewahrt worden. Eine Gruppe energiegeladener, damals junger Leute hatte es sich in den Kopf gesetzt, mithilfe der in behagliche Pensionen verwandelten

Die Straße ist für alle da: Heimkehr eines Schäfers mit seiner Herde.

Die Griechen frühstücken kaum. Deshalb sieht das »continental breakfast« auf Kreta aus wie überall in der mediterranen Welt.

Gemäuer, einer Taverne mit traditioneller Bauernküche und einem Kaffeehaus mit erstklassigem Blick auf die Weißen Berge den Tourismus ins Dorf zu holen. Das ist gelungen. Und nicht nur das. Vámos gilt als Vorreiter für inzwischen einige hundert kretische Dörfer. Das Wort »Xenonas«, ein Gasthaus mit Betten, ist Synonym und Garantie für stressfreien Urlaub unter lauter normalen (also lauten, ungestümen und gastfreundlichen) Bergmenschen.

Wohnen und Leben auf Kreta ist teuer geworden. Ein Doppelzimmer im Hotel oder in einer Pension kostet zwischen 100 und 200 Euro die Nacht. Ein »Xenonas« für die ganze Familie wird zwischen 50 und 150 Euro kosten. Frühstück ist in den Hotels im Zimmerpreis enthalten, in den Pensionen gibt es entweder keines oder es kostet extra. Ein griechischer Kaffee ist aber nie weiter als 100 Meter entfernt und ersetzt, besonders in der heißen Jahreszeit, gut ein üppiges »English breakfast«.

»Vámos s.a.«; Tel. 28 25 02 32 51; www.vamossa.gr.

AGÍA ROUMÉLI

Eine Besonderheit bietet der Ort Agía Rouméli. Am schönsten ist dieser Platz an der Sonne, wenn alles vorbei ist. Wenn die tausend Teller abgeräumt sind, der Zapfhahn nicht mehr tropft, kein Bier mehr in die Gläser zischt und der Koch, die Arme in die Hüften gestemmt, vor der Hintertür des Lokals gemütlich eine Zigarette raucht. Wenn es plötzlich still ist im Dorf und am Horizont das weiße Rauchfähnchen des Fährschiffes »Daskalogiannis« verschwindet, kurz – wenn die einigen hundert Samariá-Wandersleute nach Hause in ihr Hotel zurückgekehrt sind. Dann verfügen die wenigen Gäste über rund 30 Tavernen, ein Dutzend sehr entspannter Gastwirte; über einen wie leergefegten Sand- und Kiesstrand, autofreie Sträßchen und eine Schar schwarzer Ziegen, die sich hinter dem Dorf in einer der großartigsten Landschaften der Insel ihr tägliches Kräuterfutter suchen.

Eine echte Alternative zu den Bergdorf-Pensionen: Mit seinen 800 Betten hat Agía Rouméli viel Platz für Leute, die den Samariá-Tagesverkehr nicht fürchten. Der hält ohnehin nur wenige Stunden an. Bis die Fährschiffe ablegen, um es genau zu sagen.

Réthimnon streitet sich mit Chaniá um den Titel der schönsten Stadt Kretas. Die Hafenpromenade hat auf jeden Fall einen gewissen Charme, den besonders abends zahlreiche Gäste schätzen.

MIT GENUSS GESUND ESSEN

Die Kreter ernähren sich sehr gesund. Ob Fisch oder Fleisch – jedes Essen verfeinern die Köche mit frischen Kräutern und Gemüse aus der Region. Und der kretische Wein, so speziell wie er ist, schmeckt auch den Fremden.

Das vielleicht schönste an der griechischen Mahlzeit ist, dass es keine Tischordnung und keine besonderen Tischsitten im Knigge'schen Sinne gibt. Zwei Verhaltensregeln, immerhin, sind allerdings unumstößlich: Erstens, eine Einladung, am Tisch Platz zu nehmen, darf niemand ausschlagen. Zweitens: Gastgeber und Gäste heben so oft wie möglich das Glas, um sich gegenseitig Gesundheit und ein langes Leben zu wünschen. Gegessen wird zwar mit Messer und Gabel, das schon. Aber für Fleisch, Fisch und ziemlich viele andere Bestandteile eines traditionellen Mahls kann das unhandliche Werkzeug getrost liegen bleiben, der Mensch hat ja schließlich Hände und wunderbar bewegliche Finger.

Frisch auf den Tisch

Was gibt es nun auf der warmen, grünen, brennendheißen, ausgetrockneten Insel Kreta zu essen?

Frisches Gemüse und Früchte stehen rund um das Jahr auf der Speisekarte. Im Winter ernten die Bauern Kartoffeln, Oliven, Orangen und Rote Beete. Grünen, knackigen Salat natürlich, »marouli« heißt er und schmeckt gleichermaßen mit Zitronen oder Essig. Frischer Dill darf ihn verfeinern und vielleicht eine Handvoll fein geschnittener, ganz frischer Zwiebelchen.

ZUR ORIENTIERUNG

Die Aufschlüsselung unseres Preisklassensystems nach Punkten von •••• bis • finden Sie auf Seite 5. Empfehlenswerte Adressen finden Sie bei den jeweiligen Orten im Kapitel »Unterwegs« ab Seite 112.

Die Hausfrauen gehen über die Felder und Brachen, denn für das, was dort von November bis April aus der roten Erde schießt, lässt der Kreter sogar den »marouli« stehen: wilde Kräuter, süß oder bitter, eher weich oder auch bissfest, alles ist da, und alles ist gratis. Spargel, Musdisteln, Löwenzahn. »Stamnangathi«, »glistrides«, »vlitta«. Die Hausfrauen tragen die wilden Gewächse in Säcken nach Hause. Dort werden sie sortiert, geputzt und in Wasser gekocht. Olivenöl, Zitrone und Salz machen ein köstliches Mahl daraus. Der Sud hilft Magenkranken, kräftigt das Blut und schmeckt – mit Zitrone und etwas Salz – gar nicht mal schlecht.

«Regime Crétoise« war lange ein Zauberwort, mit dem jedes Frauenjournal seinen Rezept-Teil schmückte. Die Sage ging, der Kreter sei gesund wie sonst niemand in Europa, er sei schlank, kenne keinen Herzinfarkt und lebe fast so lange, wie er wolle. Die Legende entsprang dieser Art zu kochen und zu essen: viele

Kräuter aus der Natur, sehr viel kalt gepresstes Olivenöl, wenig Fleisch, keine Butter. Das hat sich geändert.

Tradition am Herd

Die Kreter lieben Fleisch, sie lieben Fisch, aber sie lieben auch immer noch ihr Gemüse und ihre Früchte. Das Nationalgericht heißt »wrasto me pilafi«, es ist die Pflichtmahlzeit für jedes größere Fest und schmeckt hervorragend. Das Fleisch eines mindestens zwei Jahre alten Schafes wird zerteilt und einige Stunden lang gekocht. Sobald es weich ist, wird es aus dem Sud gehoben und gesalzen. In der Brühe wird nun Reis gegart und anschließend mit Zitrone und Pfeffer gewürzt. Das Erstaunliche ist – dieses Essen schmeckt sogar kalt. In einer Variante kommt das Fleisch auf einem Blech, zusammen mit Kartoffeln und Tomatenpüree oder Zitronensaft, in den Ofen. Im besten Fall, für eine Hochzeitsfeier zum Beispiel, werden beide Gerichte in zwei Gängen hintereinander serviert.

Zurück zum Gemüse. Die Hausfrauen nehmen sich auch heute noch die Zeit, im Frühling die ersten Weinblätter von den Reben zu pflücken, sie kurz in Salzwasser zu blanchieren und anschließend mit einer Reisfüllung zu »Dolmadakia« zu verarbeiten. Die »Farce« ist natürlich das Geheimnis der Köchin, frische Minze, ein paar Rosinen vielleicht und Olivenöl gehören in jedem Fall dazu. Gefüllt werden auch die winzigen Täschchen aus feinstem Teig, mit Spinat, Kräutern und frischem Schafskäse, sie heißen »Kalitsounia« und werden entweder im Ofen oder in der Pfanne erhitzt.

Des Kreters liebstes Gemüse aber ist die Tomate. Sie fehlt bei keiner Mahlzeit, ob als Salat, in der Soße oder gefüllt mit Reis – »gemistá« mit Namen.

Tragisch, dass die Bauern der Insel sich die Aufzucht dieser wunderbaren roten Frucht vor fast einer Menschengeneration aus den Händen nehmen ließen.

Einfach schmackhaft: »Mizidra«, der kretische Frischkäse, ist eine beliebte Mittagsmahlzeit.

Die Wissenschaftler der nationalen Samen-Bank in Thessaloniki berichten, wie vor vielen Jahren die Repräsentanten großer holländischer Samenzüchter die Insel aufsuchten, mit dem einzigen Ziel, die autochthonen kretischen Tomatensorten gegen die in den Gewächshäusern gezüchteten auszutauschen. Sie gingen von Haus zu Haus, kauften die alten Samen auf, entzogen sie damit dem Markt und verteilten dafür die neuen, ertragreicheren. Das Ergebnis kennen sogar die Menschen in den großen Städten Mittel- und Nordeuropas: Die Tomaten sind inzwischen zwar groß, rund und makellos – sie sind sogar rot, aber sie schmecken nicht. Das Institut in Thessaloniki ist daher zum Gegenangriff übergegangen: Es hat aus den erhaltenen alten Samenbeständen Portionen an Bio-Bauern verteilt und hofft so, die griechische aromatische, zuckersüße, geheimnisvolle, einzig wirkliche Tomate zurück auf den Acker und den Tisch zu holen.

Fisch und Wein

Der Fisch, ach ja. Es ist schon lange her, dass das Auswärtige Amt in seiner Informationsbroschüre über Griechenland anmerken ließ, es seien von den mehr als 30 Fischarten im Saronischen Golf nur fünf übrig geblieben. Wären es doch wenigstens fünf, würden die Fischer heute sagen. Um die allerletzten Restbestände in den einst so fangreichen Gewässern zu schützen, hat der Staat Stilllegungsprämien für Fischerboote ausgelobt. Das hat den Fisch nicht gerettet, aber die kleinen Familienwerften fast zugrunde gerichtet.

Fisch ist rar, Fisch ist teuer. Mit Genuss sollte er, wenn er denn auf den Tisch kommt, trotzdem gegessen werden. Der Fang aus der Ägäis ist schmackhaft, würzig fast. Zum Ouzo schmecken am besten gegrillter Oktopus oder Kalamari. Wer eine feine Suppe essen will, muss besonders tief in die Tasche greifen. Der dafür taugliche Fisch wird in den Lokalen nicht unter 50 Euro das Kilo verkauft. Kleine, gegrillte Fische werden als Mahlzeit angeboten, die größeren Tiere, wie auch Langusten oder frische Sepia, werden nach Gewicht bezahlt. »Garides«, Garnelen, gibt es nur im Winter frisch, zur Touristensaison kommen sie aus der Tiefkühltruhe, ebenso wie Oktopus und Tintenfische.

Gutes Essen gehört zu jeder Geselligkeit mit Freunden und der Familie und natürlich zu allen Festen. Ebenso wie der schwere Wein. Der offene kretische Wein entspricht fast immer und ausschließlich dem Geschmack der Einheimischen. Er hat die Farbe von Sherry und schmeckt auch so, er ist sehr stark, und Mitteleuropäer vertragen in der Regel nur wenig davon. Man braucht einen starken Magen. Die Flaschenweine sind seit einigen Jahren recht gut, italienisches oder gar französisches Niveau erreichen sie selten. Es bleibt der Weintrester, der Rakí oder »Tsikoudiá«, wie er im Westen der Insel heißt. Er ist ein guter, oft sogar hervorragender Traubenschnaps. Er wird als Aperitif oder zum Dessert serviert – das sind Früchte und Melonen oder »Halvas«, eine in der Pfanne mit Zimt, Nelken und Honig zu einem köstlichen Kuchen gebackene Grießspeise.

DAS WUNDERBARE LEBEN

Die Kunst der Köchinnen bestimmt das tägliche Familienleben und sorgt für das »Wunder« der kretischen Tischgesellschaft.

Reisende, die auf Kreta nach Gourmet-Restaurants, Haute Cuisine oder herrlich teuren Weinkellern suchen, werden – in dieser einen und einzigen Sache – bescheiden bleiben müssen. Es gibt auf der Insel keine Sterne-Küche. Kreta ist, ein wenig wie der Süden Italiens, eine Landschaft der »cucina povera«, der besonders gehalt- und geschmackvollen »Armeleuteküche«.

Küchengeheimnisse

Das ist ganz sicher ein Vorteil. Kretische Küchenchefs sind oft Hausfrauen – solche wie die in Sizilien, Kalabrien oder Apulien, die ihr ganzes Wissen von der Mutter geerbt haben, von der Großmutter sogar und der Urgroßmutter. Griechenland aber und die Insel Kreta haben bisher keinen Pellegrino Artusi hervorgebracht, keinen Philosophen, Feinschmecker und Schriftsteller in einem, der die vielen kleinen Rezepte der kretischen Küche miteinander verbunden, vernetzt und als unsterbliches Werk und Lob der heimischen Küche herausgebracht hätte. Artusis Buch »La scienza in cucina – l'arte di mangiar bene« (»Die Küche für den schwachen Magen«) erschien zum ersten Mal gegen Ende des 19. Jahrhunderts, auch heute verkauft es sich in Italien noch prächtig. Es beginnt mit den Worten: »Die Küche ist ein Schelm…«. In der Tat, das ist sie. Denn selbst die großen Küchenmeister wissen meist nicht, ob das, was sie auserwählt, gemischt und erhitzt haben, so schmecken wird, wie sie es geplant und geahnt zu haben behaupten. In den kleineren Restaurants der Insel sieht der verwunderte Gast bisweilen bleiche Hausfrauen aus der Küche an die Tische eilen, in der immerzu wiederkehrenden, quälenden Sorge, dass die Zitronen-Eiersoße des »Lemonato«, des Lamms mit fein geschnittenem Endiviensalat, womöglich flockig geraten sein könnte.

Ritsa, die Wirtin der Gaststätte »Doulianá« in dem gleichnamigen Dorf bei Vámos, ist eine von diesen vielen Königinnen der Küche, die aus der täglichen Not des Kochens für eine ständig hungrige Familie eine Tugend und zuletzt sogar eine Kunst gemacht hat. Sie beherrscht die Kräuterküche ebenso wie die des Rührens und Mixens, des Bratens, Kochens und Schmorens. Wie gesagt, ein »Frikassée lemonato« ist eine Köstlichkeit – aber das Zubereiten der Soße, das Legieren von Ei und Zitrone, ist delikater noch als das Entfernen eines Fremdkörpers aus dem Auge eines Kindes.

Kräuter-Spezialisten

Die landwirtschaftliche Brache, die ungespritzten Olivenhaine, Wegesränder, Strände und Weingärten waren und sind die Vorratskammern der traditionellen kretischen Gastronomie. Würde die moderne Agrikultur das Land eines Tages vollends erobern, dann wären diese Kammern plötzlich wüst und leer. Es gäbe sie einfach nicht mehr, die dringend für das Stopfen der Teigwaren be-

Die besten Küchenchefs sind die Hausfrauen. Rezepte sind oft Familiengeheimnis und werden nur im kleinen Kreis ausgetauscht.

nötigten aromatischen Wildpflanzen. Wo würde Ritsa, mit vollständigem Namen Eleftheria Pitsikoulakis, suchen und finden? Wer würde ihr noch mit Behagen zuschauen dürfen, wie sie am Vormittag mit einem Rupfensack über die Felder schwebt? Niemand würde mehr jene »chorta« (Kräuter) bei ihr bestellen können, auf die es ankommt im Leben des alternden kretischen Mannes, weil sie ihm das unbeschreiblich schöne Gefühl geben, nicht nur gut, sondern auch gesund gegessen zu haben.

Gesund essen, oh ja! Reichlich und ohne Sorge! Das ist es, was die kretische Gastfreundschaft verspricht. Sie, die den Tischgenossen zum engagierten Speisen genauso zwingt wie zum Trinken, zum Mithalten am brechend vollen Tisch, zum Wählen unter hundert auf kleine Unterteller gepackte Leckereien, zum Singen und zum Scherzen, zum Seufzen beim Gedanken an die Zumutungen des amerikanisch-europäischen Imbisswesens, zum glücklichen Lächeln beim Blick auf dampfende, duftende Speisen in profanen Aluminiumtöpfen. Es sind diese Zeilen nicht nur Frau Pitsikoulakis in Doulianá gewidmet, sondern all den kretischen Köchinnen, die ihre Geheimnisse über so viele Jahrhunderte bewahrt und an ihre Töchter verraten haben. Ohne die Hilfe eines Artusi, der ihnen ein Buch geschrieben und Denkmal gesetzt hätte. Ein Werk mit dem Titel »Ta chorta kai i kali mas soï« vielleicht – »Die Kräuter und unser wunderbares Leben«.

Taverna Doulianà, Vamos-Doulianá, am nordwestlichen Rand des Dorfes an der Straße zum Strand; Tel. 28 25 02 33 80 ••• ✉

In den verwinkelten Gassen der Altstadt von Réthimnon sind viele Ladengeschäfte bis spät in die Nacht für Besucher geöffnet.

WO ÖL UND HONIG FLIESSEN

Die Kreter haben Schnaps, Olivenöl und Honig – eine bessere Erinnerung an die Ferien auf der Insel gibt es nicht. Die Fabrikerzeugnisse des internationalen Souvenirhandels sollen ruhig in den Regalen bleiben.

Den Reisenden zwischen Kreta, Karlsruhe und Kapstadt stürzt das Gesetz des globalisierten Marktes in Trübsal und leichte Verzweiflung. Was für ein Souvenir soll der Mensch seiner Tante noch mitbringen, den Nichten und den Enkeln, wenn er alles, was er auf Kreta findet, auch in Karlsruhe und Kapstadt schon gesehen – und erworben – hat? Eine Antwort zu finden ist nicht leicht: gewebte Halstücher vielleicht, »echte« kretische Woll-Rucksäcke, seidene Tischdecken, leichte Ledersandalen oder einen Überwurf für das bislang nackte Bett des Schwiegersohns? Mitnichten. Die jungen Frauen der Insel verbringen ihre Tage schon lange nicht mehr vor dem heimischen Webstuhl, die Schuhmacher verkaufen Schuhwerk aus indischer Produktion, und die schönen, bunten Schals werden in fernen Bangladesh bestellt und abgeholt.

Sicher – es gibt Ausnahmen. Einige wenige Händler haben immer noch ein wenig »echtes« Kreta im Laden – einen schönen »Kilim« vielleicht oder einen dunkelroten Wollteppich aus der Hochzeitstruhe längst verstorbener Ahnen (→ Spezial S. 128). Doch das ist seltene Ware, sie will gesucht, gefunden und erkannt werden.

Also nichts wie weg von den Souvenirshops, die alle so vorhersehbar sind wie die kretische Sonne im August. Und hinein in das Abenteuer des Kostens und Probierens – des Olivenöls, des Tresterschnapses, der Backwaren, Loukoumia und Kräuter. Wer kretisches Öl mit nach Hause nimmt, hat – garantiert – nichts falsch gemacht. Das beste kommt aus den Bio-Kulturen im Osten und Westen Kretas. Sitía ist eine gute Adresse, die Landschaft Apokóronas mit ihrem Zentrum Vámos oder die Klostergüter Agía Triáda auf der Halbinsel Akrotíri und Goniá bei Kolimbári. Die Behälter aus Metall, in denen die Ware transportfertig angeboten wird, sind fast unzerstörbar, sie können problemlos dem Reisekoffer anvertraut werden.

ZUR ORIENTIERUNG

Empfehlenswerte Adressen finden Sie bei den jeweiligen Orten im Kapitel »Unterwegs« ab Seite 112.

Schnaps muss in jedem Fall gekostet werden, bevor er den Besitzer wechselt. Kein echter Kreter würde jemals diese Bitte verweigern – weil auch er selbst keinen Rakí kaufen würde, von dem er nicht mindestens ein kleines Glas getrunken hat. Kretischer Wein schmeckt wunderbar zu kretischem Essen, zu Hause jedoch wirkt er fad und leblos. Man sollte ihn deshalb auf seiner Insel lassen, damit er während der Reise nicht stirbt. Süß und aromatisch bleiben hingegen die getrockneten Feigen, eine echte Spezialität, die ein wenig Sonne in den kalten Norden Europas zu bringen vermag.

Glitzerwelten

Nun zum Schmuck, zu den brillanten, glitzernden Dingen, die schon die so genannten Minoer so sehr liebten. Ein Gang durch das Archäologische Museum der Stadt Iráklion mag den aufmerksamen Beobachter einstimmen auf das, was ihn in den Vitrinen der Händler erwartet. Im Positiven wie im Negativen.

Die wenigsten Schmuckladenbesitzer sind selbst auch Gold- oder Silberschmiede. Ihr Angebot ist zwar das Metall wert, aus dem es hergestellt ist, vom künstlerischen Standpunkt aus ist es aber oft nicht mehr als Tand. Es gibt unzählige Nachbildungen der bekanntesten minoischen Schmuckfunde, Kopien ihrer erstaunlichen Arbeiten aus Gold, Bergkristall oder edlem Stein. Die Doppelaxt aus der Höhle von Arkalochóri, die Ohrringe aus der Schwarzen Höhle von Knossós, Siegelsteine aus der Zeit der Neuen Paläste, Enten, Stierköpfe, Löwen und Insekten. Berühmtestes Beispiel aber sind das goldene Halsgeschmeide und der goldene Anhänger in Form zweier Bienen, die einen Tropfen Honig in eine Wabe deponieren.

Die meisten Kopien, das muss leider angemerkt werden, sind grob und entsprechen dem Original nur aus der Ferne. Es gibt aber auch gelungene Arbeiten, solche mit Zertifikat sogar, die auch in den offiziellen Museumsboutiquen verkauft werden. Oder solche, die in verschiedenen Stilisierungen und Veränderungen die künstlerische Begabung ihres modernen Créateurs dokumentieren.

Gestickte Tischdecken werden überall auf der Insel als Souvenirs feilgeboten. Gefertigt werden sie allerdings irgendwo in der Welt.

Was tun? Einer der wenigen, die völlig neue Kollektionen auf der Grundlage alter Goldschmiedekunst geschaffen haben, ist Konstantinos Fanourakis, dessen Familie seit 1860 direkt neben dem zentralen Morosini-Brunnen in Iráklion ihren wahrlich meisterhaft ersonnenen und gefertigten Schmuck anbietet. Der Urgroßvater des heutigen Besitzers, Thomas Fanourakis, eröffnete seinen Laden, als die Türken das »Megalo Kastro« noch fest in der Hand hatten. Heute exportiert sein Großenkel Kostas das feine Geschmeide in exquisite Filialen nach Athen und Paris.

Flüssiges Gold

Auf keinen Fall sollte eines der wichtigsten Produkte Kretas vergessen werden, der Honig. Es gibt ihn, so wie alles andere auch, in schlechter, guter und hervorragender Qualität, je nach Herkunftsgebiet von goldgelber bis dunkler Farbe. Zahlreiche Gastwirte haben einen Imker in der Familie – den Sohn, den Vater oder einen Schwager – oder züchten ihre Bienen sogar selbst. In solchen Tavernen und Restaurants steht der süße Sirup auf der Theke und darf, selbstverständlich, vor dem Kauf gekostet werden. Besonders aromatisch und unbelastet ist der Honig, der in den halbgebirgigen, anbaufelderfreien Gegenden Kretas produziert wird. Es gibt noch Imker, die den Honig traditionell schleudern und abfüllen. An den Hängen der steilen, unzugänglichen Südküste Kretas wächst und blüht neben anderen Wildkräutern vor allem wilder Thymian, oft in reinen, natürlichen Kulturen. Die dort aufgestellten Bienenvölker produzieren einen dunklen, fast schwarzen, zähflüssigen Honig, dessen Qualität und unvergleichlicher Geschmack seinesgleichen sucht auf der Welt.

Mag der Preis auch hoch erscheinen – rund 25 Euro oder mehr für das Kilo sind nicht selten–, der Kauf lohnt sich in jedem Fall. Diese süße Erinnerung an sonnige Urlaubstage ist allemal kostbarer als mancher falsche Silberring oder eine Webarbeit aus unbekannter Quelle.

Auf eines muss man noch an dieser Stelle hinweisen: Auch der Honig darf, wie jede andere Flüssigkeit, wegen der strengen Sicherheitsbestimmungen auf den Flughäfen nur im vor der Reise am Schalter abgegebenen Gepäck mitgeführt werden. Er muss also entsprechend gut verpackt werden.

Seinen Geschmack verdankt der kretische Honig den Wildkräutern.

Klingende Tradition: Die Lyra ist das kretische Nationalinstrument. Ohne die »Kniegeige« ist keine Feier denkbar – und die Namen berühmter Lyra-Spieler kennen schon die Kinder.

»NA KERRASSO« – ICH GEBE EINEN AUS!

... so schallt es immer wieder lautstark durch die Taverne. Wenn Kreter feiern, dann wird das Leben zum Fest – und ob Freund oder Fremder, jeder ist eingeladen. Nur eines sollte man nicht tun: ablehnen.

Es muss an dieser Stelle, die von Feiern und Vergnüglichkeiten handelt, zunächst über eine sehr kretische Eigenart berichtet werden. Es geht um das Gebaren der Männer an jenen langen Festtafeln, die überall dort aufgestellt werden, wo eine Kirchweih vorbereitet wird, eine Taufe, eine Hochzeit oder einfach das, was in Deutschland eine sommerliche Kirmes genannt würde. Essen, Trinken, Musik und Tanz also.

Es gibt Kretaurlauber, die in diesem Zusammenhang von Tischen berichten, auf denen am Ende eines langen, lauten Abends einige hundert Bierflaschen standen, geöffnet, aber ungetrunken, dazu Wein, Schnaps und allerlei Limonaden. Warum bloß Bier bestellen, wenn schon das vorhandene keiner mehr trinken mag und kann?

Nun – kretische Männer, und nicht nur die vom Dorf, beweisen ihr Ehrgefühl während einer Feier vor allem damit, dass sie etwas zu Trinken ausgeben. »Na kerasso« – ich gebe einen aus, das sind Worte, die selbst ein Kranker auf dem Sterbebett noch ausstoßen würde, sobald ein Besucher sein Zimmer beträte. Es ist eine Redewendung, die der absoluten Pflicht zur Gastfreundschaft entspringt.

Dem ungestümen, nicht zu bändigenden Drang des Spendierens entspricht das Verhalten kretischer Männer, wenn es um das Begleichen der Rechnung geht. Mitteleuropäer wissen, wie schwer es sein kann, nach einem im Kreis von Bekannten gemeinsam verspeisten Mahl in einem preislich über dem Normalniveau liegenden Restaurant den für die Auswahl und das Bestellen des Menüs Verantwortlichen zu finden. Sogar gute Freunde drängen, wenn der Kellner die Rechnung bringt, eher zur Toilette als zur Kasse. Ganz anders die Kreter. Wenn es ans Bezahlen geht, stürzen sie sich auf den »Logariasmo« – die Rechnung, wie gesagt, und der Arme kann sich vor dem oft von drei, vier oder noch mehr Männern vorgetragenen Angriff nur dadurch entziehen, dass er das Papier einfach schnell auf den Tisch wirft.

Das ist in vielen Fällen der Auftakt zu einer Schlacht, in deren Verlauf die Köpfe der Beteiligten zinnoberrot werden, die Schläfenadern anschwellen und die Stimmen sich derart erheben, dass unwissende Fremde in der Folge nicht weniger als eine schwere Schlägerei, Verletzte und Polizeieinsatz erwarten. In der Tat reißen sich die Beteiligten an den Jacken und Hemden, stoßen den Gegner zurück und flehen den stoisch in sicherer Entfernung verharrenden Kellner um Hilfe an. Es geht bei diesem Hahnenkampf um nichts weniger als die Gunst, das Glück und die Ehre, eine besonders

FEIERTAGE

01.01.	Neujahr und Fest des Heiligen Vassilios
06.01.	Heilige Drei Könige
25.03.	Tag der Unabhängigkeit
01.05.	Tag der Arbeit
15.08.	Maria Himmelfahrt
28.10.	Ochi-Nationalfeiertag
09.11.	Kretischer Feiertag
25./26.12.	Weihnachten
Bewegliche Feiertage	
	Karfreitag, Ostermontag und Pfingstmontag

große Rechnung ganz alleine bezahlen zu dürfen.

Mit diesem Wissen im Hinterkopf ist es für den Reisenden leichter, an besagter langen Tafel Platz zu nehmen, sich unbeschwert der kretischen Gastfreundschaft zu ergeben, sich einladen zu lassen zu Schnaps, Wein, Bier und sogar zum Essen. Denn er wird erkennen und verstehen, dass er dem Gastgeber, mag der auch ein völlig Unbekannter sein, Ehre und Freude bereitet. Zum Abschluss dieses kleinen Fest-Knigges sei noch erwähnt, dass Fremde selbst an ganz normalen Werktagen nicht vor der Gastfreundschaft sicher sind. Beim Betreten eines Kaffeehauses kann es dem Touristen passieren, dass fünf der zehn dort versammelten Kreter dem Wirt sofort zurufen: »Kerasse ton«. Soll heißen: Gib ihm einen aus. »Oti thelei« – was er will. Es ist keine Schande, dieses Angebot anzunehmen, sondern ein Zeichen von Anerkennung und von Verständnis für die Bedürfnisse des Spenders, ein Gefallen, sozusagen.

Liveabende

Die Monate Juli und August sind die Zeit, in denen die Musiker der Insel, und seien es auch einige Tausend, nicht zur Ruhe kommen. In allen Dörfern gibt es zumindest eine größer angelegte »Kritiki Bradia«, einen kretischen Abend also, in dessen Verlauf viel gegessen und reichlich getrunken wird – Betrunkene sind allerdings selten zu sehen. Denn, wie erwähnt, auch volle Flaschen dürfen und sollen ruhig auf dem Tisch bleiben, ohne geleert werden zu müssen. Die Musiker, die mit viel Freude »Lyra«, »Laouto« und »Khitara« spielen, sind oft aus der Nachbarschaft, selten sind sie berühmt und kommen von weit her. Unzählige Traditionsvereine bilden Jungen und Mädchen von Kindesbeinen an im Tanz aus. Die später erwachsenen Tänzerinnen und Tänzer in traditionellen Kostümen sind an solchen Abenden immer dabei.

Kirchenfeste

Auf Kreta wird viel und aufwändig gefeiert. Das höchste Kirchenfest ist der 15. August – das Fest der Heiligen Jungfrau, der »Panagia«. In vielen Orten Kretas sind die Kirchen und Kapellen Maria gewidmet. Ganz sicher wird an diesem Tag morgens eine Liturgie in den zentralen Kirchen der Städte gesungen, ganz sicher gibt es ein Kirchweihfest in allen Kirchen und Kapellen, die den Namen der Jungfrau tragen. Der 15. August ist auch der Namenstag aller verheirateten Frauen, die Maria heißen. Das bedeutet, dass in so ziemlich allen griechischen Familien der Namenstag einer Mutter, Tochter, Tante oder Cousine zu feiern ist.

Ein Wort zum wichtigsten kirchlichen Ereignis des Jahres, zu Ostern. Es ist das Fest aller Feste für die orthodoxen Griechen. Die Karwoche wird begleitet von täglich gelesenen Liturgien in fast allen Kirchen der Insel.

Am Karfreitag wird der »Epitafiós«, der geschmückte Sarg Christi, durch das Dorf getragen.

Dem Osterfest geht eine Fastenzeit voran. Die Gläubigen fasten während der Karwoche, sie essen während dieser Zeit kein Fleisch, und auch in zahlreichen Restaurants wird darauf verzichtet. Im Angebot sind dann Hülsenfrüchte, Salate und Mehlspeisen – möglichst ohne Olivenöl. Alle Speisen, bei deren Vorbereitung »Blut« vergossen werden muss – das sind Fleisch und Fisch –, gehören nicht auf den Tisch. Kalamaris, Garnelen, Kraken oder Muscheln sind nach orthodoxem Verständnis »ohne Blut« und dürfen gegessen werden. Den mageren Tagen folgt ein »fetter« Ostersonntag. Die kleinen Böcke werden aus den Schaf- und Ziegenherden genommen, am Ostersamstag geschlachtet und am Tag darauf verspeist. Auf dem Spieß, über dem Feuer gedreht oder im Ofen gebacken, je nach Herkunft der Familie und ihrer Tradition. Eingeladen an den festlichen Tisch ist jeder, der sich näher als zehn Meter an das Geschehen heranwagt, egal ob Freund, Nachbar oder Tourist.

Den Osterhasen haben die Kreter sich nicht ausgedacht. Ihr Ostersonntag ist etwas feierlicher und wird andächtig am Frühstückstisch und nicht im Garten begonnen. Mit dem süßen Hefekuchen, bestreut mit feinen Mandeln, und den Eiern. Sie sind nicht bunt, sondern rot – ausschließlich rot. Ihre Farbe symbolisiert das Blut Christi. Die Frauen des Hauses färben sie am Vorabend, am Ostersonntag, noch bevor die Messe beginnt. Früher machten sie das mit ausgekochten Zwiebelschalen, inzwischen hat auch in dieser Tradition die Chemie Fuß gefasst, die rote Farbe gibt es als Pulver in den Lebensmittelläden zu kaufen.

FESTE – KONZERTE

Plakiás und Así Goniá:
Großes Kirchweih-Fest am 23. April, dem Tag des Heiligen Georg.

Chaniá und Réthimnon:
»Kultureller August«. Weinfest in Réthimnon im Stadtpark, letzte 14 Tage im Juli.

Anógia:
Großer Musik-, Tanz- und Lyra-Wettbewerb. Präsentation der besten kretischen Musikergruppen vom 10. bis 15. August.

Iráklion:
Sommer-Festivals von Mitte Juli bis Mitte September am Theater »Nikos Kazantzakis« auf der »Jesus-Bastion« des Stadtwalls. Konzerte, Ausstellungen, traditionelle Musik. Große Kirchenprozession am 25. August, dem »Titus-Tag«, zentrale Kirche hinter der venezianischen Loggia.

Pérama/Bezirk Réthimnon:
»Traubenfest« am letzten August-Wochenende.

Kloster Arkádi:
Jahresfeier zum Andenken an die Zerstörung des Klosters am 8. November.

Hinter der Hafenstadt Réthimnon erheben sich Lefká Óri und Ida-Gebirge. Zwischen Dezember und Mai sind die über 2000 Meter hohen Gipfel schneebedeckt.

BERGE UND MEHR

Keine Frage: Kreta ist ein beliebtes Urlaubsziel. Trotzdem hat die Insel familiären Charme bewahrt. Ferienanlagen mit »all inclusive« Angeboten muss man mit der Lupe suchen. Im Vordergrund steht Individualurlaub.

Erstaunt und erfreut sieht der Kreta-Liebhaber seit fast drei Jahrzehnten zu, wie der Tourismus an den langen Sandstränden im Norden der Insel sozusagen in der Familie bleibt. Große Hotelanlagen sind selten gebaut worden, die Küstenlinie nimmt sich mit ihren vielen kleinen Pensionen und einer schwach ausgebildeten Casting-Struktur bescheiden aus. Kreta ist weitgehend frei geblieben von braungebrannten, immer gut gelaunten Freizeitgestaltern, anderswo auch »Animateure« genannt. Das Leben am Meer ist selbst für den Gast einigermaßen ruhig und geruhsam geblieben. Eine wirklich gute Nachricht.

Die weniger gute Nachricht ist die, dass aktive, sportliche Menschen, die nicht gerne unter dem Sonnenschirm oder beim Ouzo in einer schilfgedeckten Strandtaverne sitzen, sich womöglich langweilen zwischen Kastélli, Sitía und Ierápetra. Wer auf Kreta individuell Urlaub macht, so heißt die Regel, muss sich sein Tagesprogramm selbst machen. Er muss den KTEL-Linienbus besteigen, oder im weniger abenteuerlichen Fall den Leihwagen, und hinausfahren in die Berg- und Küstenwelt.

Freilich gibt es in den größeren Städten Angebote, die verlockend klingen. Schnorchel- und Tauchkurse, das eine oder andere zu vermietende Segelboot, Motorroller und Motorräder mögen für ein Tagesprogramm reichen. Aber was macht der Urlauber, wenn ihn plötzlich 14 freie Tage oder gar drei Wochen am Stück zu überwältigen drohen? Die leichteste, aber auch am wenigsten interessante Lösung ist die, sich Club-Ferien zu verordnen. Hotelanlagen, die sich junge mehrsprachige Sensations- und Bewegungsexperten angeheuert haben, gibt es immerhin, wenn auch nicht viele. Die bessere Lösung ist, sich eine Wanderkarte aus Deutschland mitzubringen und die Schönheiten der Insel zu Fuß zu entdecken.

BADEN

Was niemandem schadet, ist das typische griechisch-kretische Strandleben. Ein längerer Küstenabschnitt, Sand oder auch feiner Kies, ein blaues, laues Meer, eine winzige Meltemi-Brise von Nordosten her, ein wenig Kinderlärm, doch nicht zu viel. Und eine Kantine. Wie vielleicht jene, die »Glaros« heißt und am westlichen Strand von Kalíves im Bezirk Chaniá steht. Dort brät die Wirtin Eleftheria Kalamaris, kleine Fische, Pommes frites und Würstchen. Dort schenkt sie kühles Bier aus und einen ordentlichen fruchtig-trockenen Weißwein vom Fass. Dort kennt eben diese Eleftheria ihre Gäste mit Namen, und dort ist es, na ja, ziemlich gemütlich.

Weiter auf S. 108

ZURÜCK ZU DEN UFERN

Unter alten Zedern Schatten finden, auf Dünen liegen, in abgeschiedenen Lagunen baden: die schönsten Strände Kretas.

Die schönsten Strände der Insel sind, als habe sich der Herrgott persönlich um Gleichgewicht und Gerechtigkeit gekümmert, fast geometrisch exakt verteilt auf Kretas 300 Kilometer Länge: Im Westen die Lagunen von Bálos und Elafoníssi, dazwischen Fálassarna. Ganz im Osten der Palmenstrand von Vaí und das vom minoischen Palast geschmückte Ufer von Káto Zákros. Im Südwesten Agía Rouméli am Ende der Samariá-Schlucht, im Südosten die der Kleinstadt Ierápetra vorgelagerte »Goldene Insel« Chríssi. In der Mitte des Nordens der lange, fast noch unbebaute Strand zwischen Georgioúpolis und Réthimnon sowie, der Wahrheit sei Tribut gezollt, sogar das turbulente, lärmende Mália.

AGÍA ROUMÉLI

Wenn die dramatische Landschaft hinter dem Strand den Ausschlag für die Reihenfolge auf der Liste der schönsten Ufer gäbe, dann wäre für Agía Rouméli zu entscheiden, wo das türkisblaue Wasser an den feinsten Kies der Südküste schlägt. Wo der badende Mensch vom Wasser aus direkt in den offenen Schlund der Samariá-Schlucht blickt, eingerahmt von den höchsten Bergen der Lefká Óri, die direkt hinter dem Ort mehr als 2000 Meter in die Höhe ragen.

GRAMVOÚSSA 4

Ein ganz anderes Bild bietet sich dem Besucher der Felseninsel Gramvoússa, der, von der westlichen Provinzhauptstadt auf dem Schiff sich nähernd, die herrlichsten Blau- und Türkisfarben auf dem flachen Wasser der Lagune Bálos leuchten sieht. Weißer Sand und rosaroter Muschelkies komponieren mit den Farben des Wassers ein Gemälde von einmaliger Schönheit. Es darf sie jeder entspannt genießen, der den Weg mit dem Schiff gekommen ist und auf das Auto verzichtet hat. Traurig ist nämlich, dass diese wunderbare Lagunenlandschaft den Preis zahlt, den der Öltransport in Tankern so vielen schönen Ufern des Mittelmeers abfordert: Große Teerplacken haben die pittoreske Felsenbrücke schwarz und schmierig verklebt.

ELAFONÍSSOS

Anderes Unbill hat die zweite Lagune der Westküste erfasst. In Elafónissos haben die Besucher und Bewunderer der kretischen Dünenlandschaften mit ihren eigenen Füßen die Natur breitgetreten. Wie in Bálos so leuchtet auch hier das Meer in seinen schönsten Farben. Doch die Sandburgen, die Wind und Meer im Winter aus weißem und rosigem Sand auf den Strand von Elafoníssos türmen, müssen im Sommer einigen hundert Liegestühlen und Sonnenschirmen Platz machen. Unter den alten Zedern und zwischen den Wacholdersträuchern belagern dann Autos, Motorräder, Wohnwagen und Reisebusse den wunderbaren Topos.

Karibisches Feeling: Mit einem Hauch von Exotik und einem guten Wassersportangebot lockt der berühmte Palmenstrand von Vaí.

MÁLIA

Zu Mália muss nicht viel gesagt werden, es ist so, wie es ist: erschlossen für den Massentourismus. Doch wen weder Lärm noch Lichtreklamen stören, der sollte es sich im warmen Sand der Bucht von Cherssónissos gemütlich machen. Ein kleines Opfer in den sehenswerten Strandkirchen »Metamórphosi« (Verklärung) und »Ágio Pnevma« (Heiliger Geist) mag dabei helfen, die wohlverdiente Urlaubsruhe selbst hier zu finden.

KÁTO ZÁKROS 10

Der Ort hat Ambiente, und der Strand muss nicht mit goldener Farbe glänzen. Die alte minoische Palastanlage (→ »Unterwegs«, S. 288) erzählt von den ersten Tagen der Zivilisation. Und am Ufer darf der Mensch, ganz unbedrängt, ein gutes Stück Fisch zu einem Glas Ouzo verspeisen. Ist er zu Fuß durch das »Tal der Toten« hierher gekommen, dann hat er sich diese Freude ganz besonders verdient.

CHRISSÍ

Im Süden schwimmt Chríssi, das goldene Inselchen, auf den Wellen der Libyschen See (→ Spezial, S. 264). Wer in Ierápetra auf eines der kleinen Schiffe steigt, den erwarten unvergessliche Stunden auf einem wunderbaren Fleckchen Erde. Hingestreckt auf eine der Dünen am Strand, beschattet von Zederngesträuch, blickt der Reisende auf den Weg, den er über das Wasser nommen hat. Und es mag ihm die Idee kommen, dass das Schiff einfach ohne ihn zurückfahren sollte.

Ein Besuch der venezianischen Festung Spinalónga lässt sich wunderbar mit einem entspannenden Bootsausflug kombinieren.

BOOTSAUSFLÜGE

Von Chaniá aus fahren täglich Boote zu der dem Golf vorgelagerten Insel Theodórou hinaus, deklariert als »Tauch- und Piratenfahrt«, mit Picknick und einem Blick auf die dort lebenden, ausgewilderten kretischen Wildziegen, auch Agrimis oder »Kri-Kris« genannt, deren eigentliche Heimat die Samariá-Schlucht ist. Ebenfalls von Chaniá fahren Glasboden-Schiffe in die nahen Buchten und zu den zahlreichen Grotten. Der Effekt ist nicht überwältigend – es gibt kaum Fische. Auch aus Georgioúpolis, Réthimnon, Kastélli, Iráklion und Ágios Nikólaos legen Boote ab und fahren ihre Passagiere an einige der naturbelassenen Strände.

Ágios Nikólaos: Täglich mehrmals (ab 10 Uhr) zur Festung Spinalónga und zur Bucht Kolokithía. Einschließlich Imbiss um die 15 €. Einmal wöchentlich nach Santorin, meist an Donnerstagen, Abfahrt gegen 7 Uhr morgens, Preis rund 60 € mit Frühstück.

Chaniá: Glasboden-Schiff »Evangelos«, dreimal täglich vom alten Hafen aus. Samstags Tagesausflug zur Halbinsel Rodópou (Tel. 69 45 87 42 83).

MS »Irini«, altes umgebautes Frachtschiff, täglich.

»Sonnenuntergang« – Ausflüge in Richtung Theodórou (Tel. 28 21 05 20 01).

Georgioúpolis: Tagesausflüge nach Soúda und zum Maráthi-Strand. Informationen direkt am Hafen.

Réthimnon: »Dolphin-Express«: Täglich Ausflüge nach Pánormos, Balí und Skaléta. »Captain Hook« und »Barbarossa«, als Segelboote getarnte Motorschiffe, die ähnliche Ausflüge wie der »Dolphin« anbieten. Preise inklusive Picknick um 35 €, Kinder zahlen die Hälfte.

JEEP-SAFARIS

Die häufig annoncierten Jeep-Safaris sind nicht nur teuer, sondern auch unbequem und staubig. Man stelle sich vor: 20 vierradgetriebene, hart gefederte Kleinwagen, in denen vier wirbelsäulengeschädigte Büromenschen kauern, holpern einige 20 Kilometer durch das steinige Bergland. Schon die Passagiere des zweiten Fahrzeugs sehen – des Staubes wegen – nicht einmal mehr den Wagen vor ihnen, geschweige denn die Natur, die Blumen oder eine einsame Kirche am Wegesrand. Dass eine Blechkarawane mitten in der Natur fehl am Platz ist, muss kaum erwähnt werden. Die Wege und Pisten, die solche »Safaris« nehmen, wurden für die Schäfer gebaut, die sie für den Futtermittel- und Milchtransport nutzen.

MOUNTAINBIKE

Schön, aber anstrengend sind organisierte Touren mit dem Mountainbike. Solange das Programm die Staubstraßen in den Bergen einbezieht, sind sie recht ungefährlich. Problematischer können aber die Bergabfahrten sein, deren zahlreiche Kurven und Begegnungen mit Lastwagen das Sturz- und Unfallrisiko enorm erhöhen.

Zwischen Eloúnda und Agíos Niklaos liegt das »Bike-Hotel Sunlight« an einer hübschen Felsenbucht. Es ist ganz auf Fahrrad fahrende Gäste eingestellt. Hier können auch Mountainbikes genau nach Maß und Ansprüchen gemietet werden. Es werden täglich geführte Touren in verschiedenen Schwierigkeitsgraden angeboten (März bis November: Tel. 28 41 02 66 22).

Im Westen der Insel bietet »Olympic Bike Travel« Mountainbike-Touren an.

In einem Farbenmeer von Ginster und Oleander erleben Mountainbiker im Sommer ihre Exkurse in die Bergwelt.

Das Angebot reicht von komfortablen Radwandertouren für die ganze Familie bis zu Programmen für anspruchsvolle Radprofis (Tel. 28 32 07 23 83).

SEGELN

Obwohl die Insel Kreta vom Meer umgeben ist, haben Segler es schwer in Kretas Gewässern. Die Winde sind lokal und meistens ungünstig. Mal sind es scharfe Fallwinde, mal ist es die totale Flaute. Segelclubs und Schulen sind daher mit der Lupe zu suchen. Der französische Veranstalter UCPA hat im nordwestkretischen Dorf Alimirída (Gemeinde Vámos) eine Schule, sie ist allerdings nur für seine eigenen Gäste zugänglich. Segelboote halten teilweise auch Luxushotels in Eloúnda und Agíos Nikólaos bereit.

TAUCHEN UND SCHNORCHELN

In den meisten Städten wird um die Taucher und Schnorchler regelrecht geworben. Wer also gerne die Unterwasserwelt erforscht, der muss auch in Kreta nicht auf sein Hobby verzichten. Einen Tauchurlaub sollte man allerdings an der kretischen Küste nicht planen, höchstens einen Urlaub mit dem einen oder anderen Tauchgang vielleicht. Denn es muss leider gesagt werden, dass das Meer um die Insel herum – auch in der Nähe der Städte – zwar kristallfarben, türkisblau und meistens angenehm warm ist. Nur – den Sinn des Tauchens und Schnorchelns wird dieses herrlich blaue Meer nicht leicht erfüllen können: Es gibt nicht viel zu sehen. Keine Fische, keine Schildkröten, keine Seeigel und auch keine Korallen. Der Mensch hat viel genommen und fast gar nichts beschützt.

»Blue Adventures Diving«, Daskalogiannis-Str. 69, Chaniá; Tauchen und Schnorcheln; Tel. 28 21 04 04 03;
»Fundive«, Akti Papanikoli 6. Chaniá; Tel. 28 21 09 36 16

WANDERN

Kreta ist ein wahres Paradies für alle, die gerne ihre festen Schuhe schnüren und stundenlang zu Fuß die Natur erkunden wollen. Besonders der Wechsel zwischen rauen Steinwüsten und grünen, kultivierten Landschaften ist sehr sehenswert. Es gibt zahlreiche Wanderwege in verschiedenen Schwierigkeitsgraden, die gut ausgeschildert sind. Alleine kann wandern, wer sich traut und genügend Erfahrung hat. Einem Führer anvertrauen sollte sich, wer sichergehen will, dass er abends ein ordentliches Quartier bekommt und beim Bauern etwas Anständiges zu essen.

Nicht nur die Berge sind auf Kreta besonders attraktiv für einen Marsch durch eine im Frühling prächtige Blumenlandschaft mit seltenen Orchideen und wilden Tulpen. Auch die unversehrten Küstenstreifen im Süden, zwischen Paleochóra und Chóra Sfakíon, sind ein paar wunderschöne Tagestouren wert. Der Vorteil der Landschaft im Süden: Meer und Berge liegen dicht beisammen. Der Wandersmann, der beides genießen will, kann beides haben und das an einem einzigen Tag.

Sprung ins klare Wasser: Tauchschulen ermöglichen auch Anfängern eine erste Erkundung der Unterwasserwelt.

UNTERWEGS AUF KRETA

Kretas Landschaften könnten unterschiedlicher nicht sein. Im Westen ragt das Gebirgsmassiv der Weißen Berge auf. Es sammelt den Regen, der die Ebenen in ein grünes Paradies verwandelt. Im landschaftlich kargen Osten muten Hügel, Täler und Dörfer eher afrikanisch als europäisch an. Die Inselmitte fungiert als optischer Übergang zwischen den Extremen.

Lesen Sie außerdem die Top-Empfehlungen unserer Autoren: Die guten Tipps von MERIAN ★, ab Seite 130.

Abendliche Heimkehr nach getaner Arbeit – heute noch wie vor hundert Jahren.

Angeblich scheint auf Kreta 300 Tage im Jahr die Sonne. Trotzdem bleiben die Gipfel des knapp 2500 Meter hohen Ida-Gebirges oft noch bis in den Sommer schneebedeckt.

WEISSE GIPFEL ÜBER GRÜNEM LAND

Chaniá ist mit 3500 Jahren Geschichte die älteste Stadt der Insel, das eigentliche Herz des Westens aber schlägt in den Lefká Óri, den Weißen Bergen, dort wo die Samaría-Schlucht die Landschaft teilt.

In seinen »Erinnerungen« berichtet der kretische Komponist Mikis Theodorakis, wie er sich im Oktober 1949 auf dem Meer der Insel seiner Väter näherte. Er schreibt, dass er Kreta riechen konnte, noch bevor er es vom Schiff aus sah. Eine kleine Bemerkung nur, aber eine große Wahrheit. Kreta duftet, vor allem im Westen. Eine »merkwürdige Zitrusnote«, die dem jungen Komponisten da im herbstlichen Morgennebel in die Nase stieg. Ein Aroma aus weiten Orangenplantagen, von blühenden Pampelmusen und Mandarinenbäumen.

Grünes Land öffnet sich dem Reisenden, der in Soúda an Land geht. Das silbern glänzende Laub aus vielen 1000 Olivenhainen leuchtet in der Morgensonne, geschätzte 25 Millionen Ölbäume wachsen auf Kreta. Vor den Kaffeehäusern spendet das dichte Laub der allgegenwärtigen Maulbeeren seinen dichten, kühlen Schatten. So sollte die Erkundung Kretas beginnen – mit dem Schiff am Hafen von Soúda anlegend.

Auf der Fahrt in den Westen passiert der Reisende die von venezianischer Architektur geprägte Stadt Chaniá und die kleine Provinzhauptstadt Kastélli. Von dort setzen Ausflugsdampfer zum schroffen Felsen Gramvoússa über. Auf dessen höchstem Punkt wacht eine prächtige Festung des Veroneser Renaissance-Baumeisters Michele Sanmicheli (1484–1559) über dem lautlosen Wasser der Lagune Bálos. Hügelketten charakterisieren das Hinterland und kleine Dörfer, von Oliven- und Gemüsebauern bevölkert. Kastanienwäldchen wechseln sich mit Platanenbeständen und Zwie-

ZUR ORIENTIERUNG

Übersichtskarte siehe Seite 116.
Die Reihenfolge der Orte und Regionen in diesem Kapitel ist nach dem Hauptort alphabetisch. Hier die wichtigsten auf einen Blick:

Hotels und Restaurants, die bei den Orten zu finden sind, sortieren wir nach Preiskategorien von •••• bis •. Die Aufschlüsselung unseres Preisklassensystems finden Sie auf Seite 5.

belfeldern ab. Eine bedrückend schöne Landschaft ist das, die im Spätsommer in Gelb- und Ockertönen schwelgt.

Das Herz des Westens aber schlägt in den Lefká Óri, den Weißen Bergen. Über alte Hirtenwege finden Wanderer von Ágios Ioánnis, Anópolis, Thérisso, Ágia Rouméli, Koustogérako und Melidóni Zugang zu den Hochalmen zwischen den rund 60 Gipfeln von mehr als 2000 Metern Höhe. Dort weiden von Juni bis Oktober fünf Familien ihre Herden, insgesamt wohl an die 1500 Schafe und Ziegen.

Mitten durch diese raue, steinige Bergwelt schneidet sich die Samariá-Schlucht in die Landschaft des Naturparks, dessen Pflanzen und Tiere seit Beginn der 1960er-Jahre unter Schutz stehen. Auf einer Länge von rund 15 Kilometern und gut 1200 Höhenmetern zieht sich der Canyon bis hinunter zur Libyschen See, bis zu 1000 Metern hoch sind seine steilen Flanken. Andere große Schluchten wie die unwegsamen Tripití, Dómata und Arádena begleiten die Samariá im Osten und Westen auf ihrem Weg zum Meer. Doch die Schönste unter ihren unwegsamen Schwestern bleibt die Samariá-Schlucht. Als einzige führt sie das ganze Jahr Wasser, und einzig dort hat es sich der Mensch selbst verboten, den Lauf der Natur zu stören. Nur ein schmaler, überwachter Pfad erlaubt Fußgängern, diese beeindruckende Landschaft in einem mehrstündigen Marsch in Ruhe zu genießen.

CHANIÁ 1

50 000 Einwohner, 10 m ü.d.M.

➤ Stadtplan, S. 118 ➤ [C/D 3]

Chaniá ist die zweitgrößte Stadt Kretas. Sie erinnert an die Heimat ihrer Eroberer – an Venedig. Und an die Türken natürlich (→ Geschichte, S. 50).

Der unvergleichlich elegante Schwung des Hafenbeckens, die bunte, pittoreske Silhouette der noblen Häuser und Bürgerpaläste lassen Chaniá als das erscheinen, was der Stadt nicht nur auf Kreta nachgesagt wird – dass sie die Ästhetischste sei vor allen anderen Schönheiten an den Ufern des »Mesogeio«, des Mittelmeers. Reisende, die Kreta zum ersten Mal betreten, sollten sich Chaniá möglichst morgens zwischen fünf und sechs Uhr anschauen, ohne die Touristenmasse, die sich schon am Vormittag über das betagte Pflaster der alten Quais schiebt und den Blick auf wunderbare architektonische Details verstellt. Sie sollten sich zum Beispiel jene Freitreppe ansehen, die sich genau in der geometrischen Mitte des Hafenrunds an eines der mächtigen Gebäude lehnt und dessen Bewohner über marmorne Stufen in den ersten Stock führt. Muselmanische Residenten hatten der Treppe an ihrem Sockel einst einen kleinen Brunnen beigefügt, in dem die Füße gewaschen wurden, bevor man sie ins Innere des Hauses setzte.

Andere griechische Städte – Athen und Iráklion zum Beispiel – haben die Katastrophe, die ihnen der Immobilienhandel und die Forderungen der Verkehrsplaner in den 1960er- und 1970er-Jahren bescherten, noch nicht überstanden. Aus Athen ist ein Moloch geworden, in dessen Smogglocke seine Bürger während der Sommertage zu ersticken drohen. Und Iráklion müht sich gegenwärtig, wenigstens die gröbsten städtebaulichen Unebenheiten seiner »Aufbruchsjahre» zu glätten.

Gerettet hat Chaniá, dass seine Bürger zu Beginn der 1970er-Jahre – als in Iráklion längst die Abrissbirne wütete – den »Tourismus« noch nicht kannten. Und vor allem, dass sie nicht wussten, was sich hinter dem Wort verbirgt: großes Geschäft. Insofern waren die Bewohner von Iráklion schneller, wie sie es immer

Venezianische und türkische Eroberer haben das Stadtbild Chaniás entscheidend geprägt.

waren und noch sind, wenn es um viel Geld, viel Subventionen und viel zu viel Ungewisses geht. Als die Chanioten begriffen, was »Tourismus« bedeutete, hatten sie – die Langsameren – auch realisiert, was sich außer Geschäft und Geld hinter dem Wort versteckte: Veränderung, verbunden mit einem erstaunlichen Verlust an Lebensqualität. Das ist, wie es heute scheint, der einzige Grund, warum die vielen Ruinen alter Stadtpaläste nicht eingerissen, sondern repariert und zu wunderbaren Residenzen ausgebaut wurden.

Die langsamen Chanioten verbanden zum richtigen Zeitpunkt, in den 1980er- und 1990er-Jahren, das Geschäftliche mit der »Poiótita soïs«, mit der Qualität des Alltagslebens. Ein einzigartiger Coup, der den Menschen dieser Stadt auf immer das Flair von Kultur- und Weltbürgern anheftete. Darauf sind sie zu Recht stolz.

Geblieben sind nicht nur die gewaltigen »Arsenali«, die Waffen- und Kleiderkammern der Venezianer, und das repräsentative Quartier direkt am alten Hafen, mit seinen hinter dem Nautischen Museum leicht ansteigenden Gassen und Treppen. Geblieben sind auch die schweren Mauern, die nach dem Sieg der Serenissima über die Genueser die kretischen Kolonien der Herren der Lagune schützen sollten. Und geblieben ist auch das Franziskanerkloster im Herzen der Altstadt, in dessen Kathedrale das besonders feine Archäologische Museum seine Schätze ausgebreitet hat (und die Privatsammlung des ehemaligen Ministerpräsidenten Konstantinos Mitsotakis dazu).

Zu bestaunen sind auch der »Faros«, der venezianische Leuchtturm auf der Hafenmauer, inzwischen Symbol der Stadt, ferner das Quartier »Splantzia«, in dem einstmals die weniger begüterten Leute in den kleineren Häusern wohnten – Dienstleute, einfache Militärränge, Händler und Arbeiter. Übrig geblieben, wenn auch etwas verloren in dieser mono-christlichen, orthodoxen Welt, sind die Janitscharen-Moschee am Hafen und zwei Minarette, auffälligste Erinnerungen an die Türkenzeit. Im kleineren Minarett hat sich eine Schreinerei eingerichtet, das andere ist zum Apendix der großen Nikólaos-Kirche und deren »christlichem« Glockenturm aus schlichtem Beton geworden.

Im Sommer ziehen sich die Chanioten zurück, sofern sie nicht direkt am Hafen ihr Geld verdienen, und überlassen das ganze mittelalterliche Gemäuer ihren vielen tausend Gästen. Sie schieben in stoischer Ruhe jeden Morgen eiserne Ständer auf das geschichtsträchtige Pflaster, beladen mit Krempel und Tand aus asiatischer Produktion. Archäologen und die überaus gebildeten amtlich-bauaufsichtlichen Bewahrer der Altstadt führen einen schweren Kampf an dieser Front, wo die Geschmacklosigkeiten der Souvenirindustrie das Empfinden jedes einigermaßen kultivierten Reisenden schwer zu verletzen drohen – ja, ihn in stillem Grauen und Melancholie zurücklassen könnten.

Fast schon eine Falle in diesem Sinn ist der Markt der Stadt. Eine kühle, kühne Halle, etwas mehr als hundert Jahre alt und so elegant wie die Alleen, die zu den neoklassizistischen Villen der ehemaligen Außenbezirke der Stadt führen. Die Markthalle also, ein hohes Gebäude mit zwei sich im Mittelpunkt rechtwinklig kreuzenden Verkaufsstraßen – früher klar aufgeteilt in die Abteilungen der Fischer, Metzger, Käser und Gemüsehändler. Der Massentourismus hat sie fast alle verdrängt, Geld wird mit Tand verdient und nicht mit frischen Meeresfrüchten.

Geblieben ist ein freier Blick zu den weit oben aufgehängten Glasabdeckungen, auch eine gewisse Hoffnung auf Erleuchtung und die Einsicht vielleicht, dass nicht Geld den Menschen ernährt, sondern Brot, Früchte und Honig.

Eine Reminiszenz an Klima und Geologie der Insel sind das Gerichtsgebäude und die Präfektur, einige hundert Meter in östlicher Richtung vom Zentrum entfernt. Mächtige Steinquader, aus dem Gebein der Insel geschnitten, schützen vor der drückenden Hitze des Sommers, die weite Eingangshalle und die breiten, hohen Flure lassen auch dann leichte Schritte zu, wenn sich der Bürger schweren Herzens den Abgründen des Verwaltungsgeschäfts nähern muss. Sogar die Ausfallstraße zum Hafen in Soúda hat immer noch Klasse: eine von alten Platanen und Eukalyptus beschattete Allee, kilometerlang, gesäumt von Orangenplatanen und Gärten.

Odysseus hat Soúda gesehen und bewundert, wenn man Homer glauben darf. Dessen »schwarze Flotte« ankerte im kretischen Golf, bevor sie nach Troja weiterfuhr. Der größte Naturhafen der Welt, sagen stolz die Agenten in den vielen Schifffahrtsbüros. Die beste »Navy-

und Airbase« konstatieren die knallharten Amerikaner, die – einmal dort angekommen – sich nie wieder vertreiben ließen. Nicht von Demonstranten und vom schwarzen Block, nicht vom früheren Ministerpräsidenten Andreas Papandreou, der 1981 unter anderem mit dem Versprechen die Wahl gewonnen hatte, er werde den Amis Beine machen.

Zurück in die Stadt Chaniá, zu den vielen Buchten und Stränden, an denen sich – gegen Osten hin – die großen Gerbereien angesiedelt hatten, um Millionen Schafs- und Ziegenhäute zu behandeln und zu konservieren. Zum Prominentenhügel »Haleppa«, wo sich die Reichen niederließen, als ihnen das Zentrum zu eng und zu laut geworden war. Die Familienvilla des griechischen Ministerpräsidenten Eleftherios Venizelos steht dort, deren Mauern und Tore immerhin einen scheuen Blick auf das stattliche Haus mit dem Palmenpark gestatten. Oder die Niederlassung des deutschen »Ambassadeurs« aus der kurzen Epoche der kretischen Autonomie zu Beginn des 20. Jahrhunderts, der seinen Namen in die schwere Steinplatte im Eingang der Botschaft meißeln ließ. Zurück zu den Restaurants, Bars und Kaffeehäusern, in denen der fremde Gast Ruhe findet oder Unterhaltung.

Von Chaniá aus gibt es viele Ausflugsmöglichkeiten, wie hier zur Halbinsel Gramvoússa (→ S. 164), wo totale Einsamkeit herrscht.

Hotels

Creta Paradise

Strandhotel der Luxusklasse, am Gerani-Strand, 14 Kilometer westlich von Chaniá an der Küstenstraße nach Máleme. Entworfen im Stil einer mediterranen Villa. 38 Bungalows und zwei Suiten.

➤ Stadtplan S. 118, [a 1] Gerani Beach, Postfach 89, Gerani Chanion; Tel. 28 21 06 13 15; www.cretaparadise.gr
●●●● CREDIT ♿

Casa Delfino

Schönes Haus in der Altstadt: Einst ein venezianischer Palast, den ein traditionsbewusster Erbe zur Nobelherberge umgebaut hat. Edle Apartments, Suiten, ein Penthouse und eine Honeymoon-Suite sind im Angebot für fürstliches Wohnen.

Kostenlose Parkmöglichkeit am Talos Platz, knapp 100 Meter zu Fuß bis zum Gepäck- und Boteneingang. Das ganze Jahr geöffnet.

➤ Stadtplan S. 118, [a 2] Theofanus 8; Tel. 28 21 08 74 00; www.casadelfino.com ●●●/●●●● AmEx MASTER VISA

Samaria

Modernes und komfortables Hotel in der Stadtmitte neben dem Busbahnhof. Alle Zimmer sind ausgestattet mit Klimaanlage, Minibar, Satellitenfernseher und High Speed Internet.

➤ Stadtplan S. 118, [a 3] Platia 1866; Tel. 28 21 07 12 71; info@samariahotel.gr ●●●● CREDIT

Doma

Galt immer als »das schönste Hotel« Chaniás. Zu Beginn des 20. Jahrhunderts als australische Botschaft und später als britisches Konsulat genutzt. Traditionell im Stil des späten 19. Jahrhunderts eingerichtet. An der Ausfallstraße zum Flughafen und der Straße ins »Haleppa«-Viertel gelegen. 28 Zimmer, 1 Suite.

➤ Stadtplan S. 118, [c 2] Venizelou 124; Tel. 28 21 05 17 72; www.hotel-doma.com ●●● MASTER VISA

Kriti Hotel

Großes, aber sehr freundliches Hotel am Rand der Altstadt, 50 Meter bis zur »Akti Miaouli«, der vor allem von den jungen Chanioten bevorzugten Strandpromenade. Direkt hinter dem östlichen Teil des großen Walls, 50 Meter zum samstäglichen Bauernmarkt (→ Der gute Tipp von MERIAN 1, S. 130).

➤ Stadtplan S. 118, [c 2] N. Foka und Kyprou; Tel. 28 21 05 18 81; www.kriti-hotel.gr; 98 DZ ●●● MASTER VISA

Casa del Amore

Pension in der Altstadt, in einem 600 Jahre alten venezianischen Palazzo. Gepflegte, geräumige Zimmer mit Fernseher, Kühlschrank und Klimaanlage, teilweise Balkone, es gibt eine Dachterrasse.

➤ Stadtplan S. 118, [a 1] Theotokopoulo 52; Tel. 28 21 08 62 06 ●●

Evgenia

In mehreren alten venezianischen Häusern hat der frühere Matrose Michalis schöne und geschmackvoll möblierte Pensionen eingerichtet – alle unter dem Namen »Evgenia« (Iphigenie).

Komfortabel wohnen mit venezianischem Flair: die liebevoll eingerichteten »Evgenia-Studios« in Chaniá

➤ **Stadtplan S. 118, [a 1] A. Gamba 21/ Angelou; Tel. 28 21 09 43 57; www.ifigeniastudios.gr ●●** MASTER VISA

Jason Studios

Kleines Familienunternehmen, das ansprechende, gemütlich eingerichtete Studios für zwei bis drei Personen vermietet. Alle fünf Studios haben Bad, Balkon, Küchenecke und Internetzugang. Eines der Studios ist behindertengeeignet. Ganzjährig geöffnet, im Winter mit Zentralheizung.

➤ **Stadtplan S. 118, [a 1] Angelou 32; Tel. 28 21 08 71 02, Handy 69 32 72 73 44; www.iasonstudios.com ●●** MASTER VISA

Lena

Pension in der Altstadt mit sehr gemütlich ausgestatteten Zimmern mit Stuckdecken. Hier bekommt man auch Familienzimmer für fünf bis sechs Personen. Die Pension ist das ganze Jahr über geöffnet, Heizungen sind vorhanden. Der besondere Clou ist ein Griechischlehrer, der bei Bedarf im Haus zur Verfügung steht. Außerdem gibt es ein kleines renoviertes Steinhaus für zwei bis drei Personen, das ebenfalls vermietet wird.

➤ **Stadtplan S. 118, [a 1]**
Ritsou 5 / Theotokopoulou; Tel. 28 21 08 68 60, Handy 69 32 82 97 88; www.lenachania.gr ●● CREDIT

Thereza

Der Arzt Georgios Nikitas hat die sehr schöne türkisch-venezianische Pension in der Altstadt vor rund 25 Jahren wieder hergerichtet. Im Empfang sitzt die freundliche und gebildete Frau Katerina. Geschmackvolle Zimmer, das beste hat eine Dachterrasse mit kleiner Küche und Blick über den Hafen.

➤ **Stadtplan S. 118, [a 1] Angelou 8, direkt neben dem Kaffeehaus »Meltemi«; Tel. 28 21 09 27 98 ●**

Essen und Trinken

Apostolis

Diese Taverne an der Hafenpromenade gilt unter den Einheimischen als das beste Fischrestaurant der Stadt. Im Angebot

Weiter auf S. 126

ORTE DER STILLE 2

Auf den ersten Blick wirkt die Halbinsel Akrotíri uninteressant und öde. Doch hier stehen drei der schönsten Klöster Kretas.

Die Halbinsel Akrotíri nordöstlich der Stadt Chaniá besteht aus zwei Extremen: Den Südosten haben der zivile und der militärische Flugverkehr belegt – Lärm und Geschwindigkeit sind dort charakteristisch. Bald wird es dort außerdem auch eine Müllverbrennungsanlage geben und eine Fabrik, in der die Abfälle aus den touristisch besetzten Strandzonen des Bezirks sortiert und vielleicht in den Warenkreislauf zurückgeschickt werden sollen.

Die andere Hälfte des fast kreisrunden Kaps ist Stille. Zwei noch bewirtschaftete Klöster und eine Klosterruine haben die wilde Schönheit dieses Teils der Halbinsel bisher bewahren können (→ Übersichtskarte S. 116).

MÓNI AGÍA TRIÁDA

Das Móni Agía Triáda (auch Aágios Triádos Tsangarólon) wurde im Jahre 1631 am südlichen Rand des nordöstlichen Gebirgszuges von Akrotíri erbaut. Es ist ein der Heiligen Dreifaltigkeit geweihtes Kloster. Zwei venezianische Mönche, die Brüder Zangarola, die der orthodoxen Kirche beigetreten waren, hatten sich zu der Gründung entschlossen. Sie renovierten ein älteres kleineres Kloster, das ihnen die Familie Mourtari überschrieben hatte. Die Bauten sind wunderschön in Oliven- und Orangenhaine eingebettet. Die Rundbögen und Säulen sind Stilmerkmale der venezianischen Renaissance. Die Gebäude wurden im Jahre 1830 wieder aufgebaut, nachdem das Kloster 1821 von den Türken niedergebrannt worden war. Ein hübsches Museum im Eingangsportal zeigt eine erstaunliche Ikone des Jüngsten Gerichts aus dem 18. Jahrhundert. Wahrscheinlich stammt sie von dem ausgewanderten kretischen Maler Emanuel Skordilis. Schon auf das 17. Jahrhundert wird die Ikone des Heiligen Johannes des Theologen datiert, die in der Tradition früherer Vertreter der Kretischen Schule steht.

Die Kirche Móni Agía Triáda überragt mit ihrem Glockenturm den Toreingang.

Die Bärenhöhle in der Katholikó-Schlucht war in der Antike eine Kultstätte. Die Kapelle stammt aus dem 16. Jahrhundert.

MÓNI GOUVERNÉTO

Das Móni Gouvernéto – auch Agíou Ioánnou Gouvernétou oder Theotókos Gouvernéto genannt – liegt vier Kilometer nördlich der Agía Triáda in den Bergen und ist mit dem Fahrzeug oder einem schönen Spaziergang durch die lichten Olivenhaine und eine kleine Schlucht zu erreichen.

Das Marienkloster Gouvernéto ist mit seinen hohen Mauern und Ecktürmen als Wehranlage, vermutlich gegen Piratenüberfälle, im 16. Jahrhundert errichtet worden. Ein großes Gebäude ist rund um einen zentralen Innenhof gebaut. Mittelpunkt der Klosteranlage ist die der Panagia geweihte Renaissancekirche. Das Kloster wurde nach mehreren Bränden, bei denen die meisten Mönche ums Leben kamen, wieder aufgebaut. Es beherbergt heute eine Bibliothek und eine interessante Sammlung von Sakral-Instrumenten.

MÓNI KATHOLÍKÓ

Das Móni Katholikó aus dem 15. Jahrhundert verließen die Mönche zu Beginn des 16. Jahrhunderts; es war wegen seiner Nähe zum felsigen Nordstrand ständigen Piratenüberfällen ausgesetzt. Stattdessen bauten sie rund 600 Meter weiter nördlich auf einem Hochplateau das leichter zu verteidigende Gouvernéto. Das Katholikó schmückt eine filigrane, zur Hälfte in eine Felsgrotte gebaute Klosterkirche. In den Höhlen rund um die Ruine lebten bis in die Neuzeit Eremiten. Die wichtigste Höhle einige Meter oberhalb der Kirche am steilen Fußpfad war der Wallfahrtsort des Heiligen Johannes von Gouvernéto (um 1100), auf dessen Initiative die Gründung der früheren Kloster und Eremitagen auf der Halbinsel zurückgehen soll. Johannes sei einst mit 98 Gleichgesinnten aus Nordafrika nach Kreta gesegelt, den Verlust ihres Bootes auf See hätten die heiligen Männer auf dem ausgebreiteten Mantel ihres geistlichen Führers überlebt. Die beiden Johannes-Ikonen in Gouvernéto zeigen aber auch den tragischen Tod des Heiligen: Ein Jäger, der den nach langem Höhlendasein behaarten Alten für einen Bären hielt, erschoss Johannes mit Pfeil und Bogen.

Auf dem Weg in die Katholikó-Schlucht streift der Wanderer daher die »Bärenhöhle«. Ein altes Demeter-Heiligtum, das seinen Namen von einem Stalagmiten erhielt, der im Profil einem aufgerichteten Bären ähnelt.

sind verschiedene Gerichte mit Meeresfrüchten und frischen Fischen. Ordentlicher Wein vom Fass. Die Preise sind der Qualität entsprechend hoch.

➤ Stadtplan S. 118, [b 1] **Akti Enoseos 6 und 10 (am Ende des alten Hafens); Tel. 28 21 04 34 70 ••••**

Akrogiali

Am Strand gelegene und vor allem von Einheimischen besuchte Fischtaverne, vom alten Hafen etwa 15 Minuten in Richtung Westen am Meer entlang im Stadtteil Néa Chóra. Viele ausgezeichnete Fischgerichte. Typisch griechisch sind die »Soupies mit Maratho«, Tintenfisch in Fenchelkraut, und das Muschelpilafi.

➤ Stadtplan S. 118, [a 2] **Akti Papanikolaou 19; Tel. 28 21 07 31 10; tgl. 12–1 Uhr ••• CREDIT**

Anaplus

Das Restaurant liegt ruhig und malerisch nahe der alten Stadtmauer in einem nach oben offenen antiken venezianischen Gemäuer. Hier sitzt man wunderschön auf verschiedenen Ebenen, und das Essen ist hervorragend. Fein ist das Filet in Rahmsauce oder »ofto«, Fleisch im Tongefäß gekocht.

➤ Stadtplan S. 118, [b 2] **Odos Sifaka 34, (in der Altstadt) ••**

Faka

Restaurant im venezianischen Hafen, etwas zurückgesetzt von der Strandpromenade neben dem großen Arsenal gelegen. Gute traditionelle Küche, hübsch präsentiert mit Stofftischdecken und echten Servietten.

➤ Stadtplan S. 118, [b 1] **Strandpromenade beim Arsenal, (in der Altstadt); Tel. 28 21 04 23 41; tgl. 9–1 Uhr •• MASTER VISA**

Kipos

Kaffeehaus im Stadtpark, umgeben von alten Bäumen. Hier sitzt man in Ruhe mitten in der Stadt. Im Winter gibt es ein gemütliches Kaminfeuer, im Sommer stehen die Tische und Stühle draußen unter den Bäumen. Zum Stadtpark gehört noch ein kleiner Zoo.

➤ Stadtplan S. 118, [b3/c4] **Im Stadtpark, zwischen Tzanakaki und Dimokratias; Tel. 28 21 05 45 20 ••**

Konaki

Nur wenige Minuten vom Hafen entfernt in der Altstadt. Hier wird noch nach authentischen Chaniá-Rezepten gekocht, aber auch traditionelle kretische und internationale Küche wird angeboten. Regelmäßig Livemusik.

➤ Stadtplan S. 118, [a 2] **Kondiláki Str. 40 (in der Altstadt); Tel. 28 21 09 71 30, Handy 6944 83 10 15; •• MASTER VISA**

Platanos

Kafeneion unter der großen Platane vor der einzigen griechischen Kirche, die auch ein Minarett hat. Ouzo mit »mezédes«. Fast nur griechisches Publikum.

➤ Stadtplan S. 118, [b 2] **Platia 1821 (in der Altstadt) ••**

Tamam

Das originellste Restaurant der Stadt lässt seine Gäste in einem ehemaligen türkischen Dampfbad speisen. Serviert wird die berühmte »politikí kousína«, bürgerliche Küche nach Rezepten aus Smyrni (Izmir) und dem alten Konstantinopel.

➤ Stadtplan S. 118, [a 2] **Zambeliou 49 (in der Altstadt); Tel. 28 21 09 60 80; tgl. 12.30–1 Uhr •• MASTER VISA**

To Pigadi tou Tourkou – The Well of The Turk

Im Herzen des ehemaligen türkischen Viertels Splantzia in einem historischen Gebäude. Zu finden in einer schmalen Seitengasse, die von der breiten Daskalogiannis-Straße abgeht. Tische draußen in einem ruhigen Hof neben der Gasse. Die Küche ist exzellent, mediterran und orientalisch. Gelegentlich Livemusik. Keine unmittelbare Parkgelegenheit.

➤ Stadtplan S. 118 [b 2] **Sarpaki 1-3, (südwestl. der Platia 1821); Tel. 28 21 05 45 47; Mi–So 19–24 Uhr ••**

To Steki tou Giabasi

Der Name »To steki« – Treffpunkt – weist bereits auf das Ambiente hin: ein kleines gemütliches Lokal mit einfachen und guten Kleinigkeiten aus Mutters kretischer Küche. Zum Beispiel grüne Bohnen in Tomatensoße, die Riesenbohnen »gigantes«, fein im Backofen geröstet. Besonders empfehlenswert: das Lamm »avgolemono« – in einer mit Ei legierten Zitronensoße.

➤ Stadtplan S. 118, [b 2] **Potie 8 (in der Altstadt); Handy 69 4 91 36 78 ••**

Machalas

»Machalas« heißt auf Türkisch »Nachbarschaft«. Viele gute und günstige Vorspeisenteller rund um den Fisch und die Meeresfrüchte.

➤ Stadtplan S. 118, [c 2] **Odos Spartis 2 (Ecke Akti Miauli); Tel. 28 21 05 54 92; •**

Ausgefallenes Design und große Klunker: Die Schmuckstücke im »Anatolia« sind ein Blickfang.

Einkaufen

Anatolia

Der schönste und von seinem Angebot her beste Schmuckladen der Stadt. Besitzer »Babou« Fabre und sein Vater erwerben ihre zum Teil einzigartigen Stücke in Asien und Afrika. Ihre Boutique im marokkanischen Stil ist mehr als ein Kaufladen, sie ist eher ein Museum, in dem die ausgestellten Objekte ausnahmsweise käuflich erworben werden können.

➤ Stadtplan S. 118, [a 2] **Ecke Chalidon Straße und Hafenplatz**

IM HAUS DER WEBERINNEN

Der Laden des Teppichhändlers Kostas Liapakis ist ein Handelsplatz und ein Museum, das die Kunst des Webens ehrt.

Wäre das alte deutsche Kinderlied über die Farben noch in aller Munde, dann könnten in dessen vielen bunten Strophen auch die Kreter ihren Platz beanspruchen. »Schwarz, schwarz, schwarz sind alle meine Farben…« – das wäre ein Hirte aus der Landschaft Sfakià. »Rot, rot, rot…« – das könnte eine der Weberinnen sein, eine der ganz normalen Hausfrauen, die der Insel in den vergangenen Jahrhunderten einen ungeheuren Schatz an Teppichen, Wandbehängen und Kelims schenkten. Denn leuchtendes Zinnoberrot war und ist die Grundfläche, auf der all die wunderbaren, meist schwarzen Muster dieser Kunst aufbauen. Hätten sich die Kreter Nationalfarben gegeben, sie wären wohl Schwarz und Rot.

Wahre Schatztruhen

Die Webkunst, die zu Zeiten »nichts« als eine gute Arbeit war, ein Handwerk wie das des Zimmermanns, des Schneiders und des Maurers, ist fast verloren auf Kreta. Wer sie sehen und fühlen möchte, muss normalerweise über die Dörfer gehen, sich in die alten Steinhäuser wagen und dort die Dame des Hauses bescheiden darum bitten, eine der großen Truhen zu öffnen – auch sie eine Kunst aus Tagen vergangener Handwerkskultur. Diese Kästen aus haltbarem Kastanienholz enthielten bis vor zwei Generationen noch die »proika« (sprich: prika), den Schatz des weiblichen Teils der Familie. Gewebte Kleidung, gewebte Gardinen und Überwürfe, gewebte Läufer und Teppiche – die Lebensarbeit einer in die Jahre gekommenen Mutter und ihrer heiratsfähigen Töchter. Zur Hochzeit wurden sie leer, das enthaltene Gut ging mit den Mädchen in die Familie des jeweiligen Bräutigams.

Leichter und unterhaltsamer ist es, wegen der schwer zu erlernenden griechischen Sprache vor allem, den Teppichhändler Konstantinos Liapakis in Chaniá aufzusuchen, der die Geheimnisse des kretischen Kelims in Englisch und Französisch gesten- und kenntnisreich erklären kann. Es ist ein

Besuch im kühlen Erdgeschoss eines früheren Stadtpalastes, in dem uralte, schwarzdunkle Balken und fein gefügtes Mauerwerk den Rahmen für eine ungewöhnliche Ausstellung bilden. Kostas, der begeisternde Experte, erzählt hier jedem, der noch ein wenig Zeit findet im hastigen Kurztouristenalltag, wie er vor 30 Jahren begann, in die Berge zu fahren und Kreta zu erkunden, die Insel, die seine Heimat ist. Wie er genau das oben Beschriebene tat – nämlich die Damen, die »Kyries«, bat, die Truhen zu öffnen und ihm das erstaunliche Werk eines harten Frauenlebens vorzuführen. Und wie viele später einwilligten, ihm zumindest einen Teil davon für gute Bezahlung zu überlassen.
Kostas füllte seine venezianische Halle in der kleinen Gasse neben dem Nautischen Museum; sie wurde zu einem Museum und Monument der schwarz-roten kretischen Weberinnen. Liapakis ist einer der wenigen Kenner, der aus den traditionellen Mustern und Farbtönen der Kelims den Namen bestimmter Familien und Regionen herauslesen kann, der zu beschreiben vermag, wie sich im Gerüst des zypressenhölzernen Webstuhls unter den flinken Händen der Künstlerin Kett- und Schussfäden kreuzten und daraus Bilder eines Landes voller Lebenslust und Melancholie entstanden.

Internationale Webkunst

Seit einigen Jahren reist Kostas auch in ferne Länder. Nicht weil sich sein kretischer Vorrat an Teppichen erschöpft hätte, sondern weil ihm der Sinn danach steht. Es war an der Zeit, andere Heiligtümer der Weberei zu suchen und ihnen zu huldigen, bevor auch sie von der Flut industriellen Machwerks aus den Dörfern geschwemmt werden. Nach Afghanistan reist er im Winter, nach Pakistan und in die Türkei. Was er mitbringt, ist wertvoll, aber nicht zu teuer. Es hat sein ganz privates Lebensmuseum bereichert und auch die Gasse, in der er mit Freunden im Schatten sitzt und Tavli spielt, während er auf Kundschaft wartet.

➤ **Stadtplan S. 118, [a 1]** **Angelou-Gasse, neben Nautischem Museum**

Raritäten und Einzelstücke: Kostas ist stolz auf seine Sammlung alter kretischer Teppiche und Decken.

MÄRKTE

1 ARME, REICHE KÜCHE KRETAS

Augenweide und Gaumenfreude: das erntefrische Angebot auf den Bauernmärkten

Es gibt kaum etwas Schöneres als den Gemüse- und Fischmarkt auf der Mínoos-Straße in Chaniá. Direkt unter dem großen venezianischen Wall stellen sich jeden Samstagvormittag die Bauern und Fischer des gesamten kretischen Westens dem Urteil ihrer Kundschaft. Kein besonderes Wagnis, denn was dort angeboten wird, ist immer frisch, gut und preiswert. Entstanden aus dem Mangel, betört einen regelrecht die Vielfalt und Qualität der Produkte. Die Produzenten selbst bringen aus ihren Gärten, dem Meer, ihren Olivenhainen, Weinbergen und Schnapsbrennereien in die Stadt, was sieben Tage lang – ganz sicher bis zum nächsten Markt – Hunderte von Familien ernähren wird.

WEGWEISER 1

Gemüse- und Fischmarkt

➤ Chaniá, S. 118, [b 3] ➤ [C 3]

Minoos-Straße in Chaniá; Sa 7–14 Uhr

Die Kreter haben nach der Befreiung von der türkischen Besatzung nicht gezögert, die politische Vereinigung mit dem Festland zu fordern und zu vollenden. Die Türken verließen die Insel 1898, der Anschluss an Griechenland kam 15 Jahre später. Eleftherios Venizelos, Kreter und Ministerpräsident Griechenlands, wusste, warum. Seine Heimat ist, zählte man nur die Rohstoffe, die Früchte und das

Gemüse, die Fische und das Fleisch, vollkommen autark. Kreta könnte sich selbst ernähren, Handel treiben und dabei prächtig leben. Doch Venizelos und seine Landsleute begriffen, dass Kreta nur in der Gemeinschaft mit dem griechischen Festland auch politisch überleben konnte. 400 Jahre venezianischer und türkischer Fremdherrschaft hatten es bewiesen.

AUTORENTIPP In allen Städten und größeren Ortschaften gibt es mindestens einmal in der Woche eine «Laïki Agorá», einen offenen Straßenmarkt mit Gemüse, Obst, Fisch und oft auch Kleidern. Der offizielle Straßenmarkt in Iráklion ist täglich geöffnet außer Sonntag, ebenso die große Markthalle in Chaniá, ein anmutiges neoklassizistisches Bauwerk. Die Markttage in anderen Orten wechseln von Jahr zu Jahr und können in jedem Kaffeehaus erfragt werden.

Die Bauernmärkte aber sind Zeugnis eines unverwässert kretischen Rituals, fern der Athener Regierungsbehörden, ein Beweis der Fruchtbarkeit und Lebensfreude dieser Insel, ihrer satten Böden in den Ebenen am Fuß der drei Gebirge. Tomaten, Gurken, Zucchini, Zwiebeln, Kartoffeln, Mohrrüben, Knoblauch, Auberginen, Kräuter und Wildpflanzen schmücken die Verkaufsstände, in denen bärtige Männer und ihre kräftigen Frauen Nachbarn, Gästen oder Fremden aus schwieligen Händen Kostproben reichen.

Orangen, Zitronen, Trauben, Feigen, Nüsse, Tresterschnaps, Wein und frischer Schafskäse ergänzen die üppige Landschaft der Speisenvielfalt. Hühner, Kaninchen, Fisch und Würste vollenden das farbige Bild vom Schlaraffenland.

Die Düfte lassen jedem sofort das Wasser im Mund zusammenlaufen. Wer nicht nur einkaufen möchte, möge probieren: von den gebratenen Innereien, Souvlaki und Bier. Der Markt ist das perfekte Forum für alles und sei es für das schlichte Wiedersehen mit alten Freunden. Wozu soll einer da noch in den Supermarkt gehen, wo doch die echte Welt so einfach zu erreichen ist?

Schafe und Ziegen liefern die Milch für den geschmackvollen kretischen Käse.

Carmella

Carmella ist eine Töpferin von hohen Graden. Sie formt nicht nur ungewöhnlich ästhetische Gebrauchs- und Präsentationsware, sondern brennt sie auch nach traditioneller Methode im Lehmofen. Ihr Mann Dimitris ist ein beachtenswerter Maler, der seine Miniaturen und einige seiner größeren Bilder bisweilen in Carmellas wunderbar dekoriertem Laden zeigt.

➤ Stadtplan S. 118, [a 1] **Angelou-Gasse, gegenüber der Pension Stella**

Lederstraße

In vielen Reiseführern wird die Odos Skridlof noch als Handwerker- und Schuhmacherzeile geführt. Nichts ist davon übrig geblieben, denn: Die angebotenen Lederwaren kommen ebenso wie die Webereien oder die Strickwaren zu 90 Prozent aus Asien. Obwohl Griechenland noch immer Baumwolle produziert, die im Norden in Strickereien zu guter Kleidung verarbeitet wird, ist auf Kreta wenig davon zu finden. In die alten Schuhmacherwerkstätten der Lederstraße sind inzwischen hauptsächlich Schmuckhändler eingezogen.

➤ Stadtplan S. 118, [a/b 2] **Odos Skridlof**

Märkte

Gemüse- und Fischmarkt in Chaniá ⭐1

(→ Der gute Tipp von MERIAN, S. 130)

➤ Stadtplan S. 118, [b 1]

Markthalle

Wunderbare Architektur, mittelmäßige Atmosphäre. In der Verkaufsstraße war früher das lautstarke Schreikonzert der Fischhändler zu hören. Seit das Meer leer gefischt ist, schreit niemand mehr. Die schöne Halle ist nun weitgehend in der Hand des Souvenirhandels. Interessant sind allenfalls die dort angebotenen getrockneten Feigen, Ouzo-Sorten und Nüsse. Beachtenswert sind jedoch nach wie vor die kleinen Garküchen, die vor allem im Winter den aus den Dörfern in die Stadt kommenden Bauern und Schäfern als Rastplatz dienen. Dort gibt es feine Fleischsuppen, Lammkoteletts und Wein vom Fass – zu Niedrigstpreisen.

➤ Stadtplan S. 118, [b 2] **Platia El. Venizelou; normale Ladenöffnungszeiten**

Sehenswertes

Ágii Anárgyri

Die Kirche ist den Ärzten Damianos und Kosmas geweiht, die Ende des 3. Jahrhunderts in Kleinasien als Heiler bekannt waren. Da sie ihre Patienten kostenlos behandelten – »Anárgyroi« bedeutet die »Bargeldlosen« –, fielen sie alsbald der Rache der Kollegen zum Opfer: Sie wurden als Magier entlarvt und enthauptet. Die von außen unscheinbare Kirche war zeitweise das einzige Gotteshaus, das die türkische Besatzungsmacht den Christen der Stadt noch gelassen hatte. Die anderen Kirchen waren kurzerhand in Moscheen umgewandelt worden. Im Inneren der Ágii Anárgyri entdeckt der Besucher eine monumentale Ikone, Werk eines chaniotischen Mönches, die detailgenau das Strafgericht Gottes am »Jüngsten Tag« zeigt.

➤ Stadtplan S. 118, [b 2] **In einer engen Gasse östlich der Daskalogiannis-Straße und südlich der Platia 1821**

Nach einem Erdbeben in Schieflage geraten: Inzwischen wurde der Leuchtturm von Chaniá restauriert und steht wieder aufrecht.

Arsenali

Alte Zeughäuser und Waffenspeicher aus venezianischer Zeit. Sie dienen heute den Fischern im östlichen Teil als Lager für ihr Fangzeug – Netze, Bojen und Fischkisten. In den westlichen Tonnengewölben fanden die Chanioten einen idealen Raum für Kunstausstellungen und Landwirtschaftsmessen.

➤ Stadtplan S. 118, [b 1] **Platia Katehaki; Tel. 28 21 04 01 01; www.kam-arsenali.gr**

Busbahnhof

Der Busbahnhof ist nicht nur ein Ort der Abfahrt und der Ankunft, er ist ein Treffpunkt für Reisende, die sich gerne echte Folklore anschauen, das tägliche kretische Durcheinander: schreiende, gestikulierende Busfahrer und ihre Schaffner, Bauern in traditioneller Kleidung, ratlose Touristen, Kompoloï-Verkäufer, Teppichhändler, Hotelzimmer-Schlepper. In der Bahnhofskneipe nebenan sind die Mahlzeiten aus der Garküche essbar und billig.

➤ Stadtplan S. 118, [a 3] **Kydonias 73–77; Tel. 28 21 09 30 52**

Faros

Der venezianische Leuchtturm aus dem 16. Jahrhundert auf der äußeren Hafenmauer ist nur nach einem kleinen Fußmarsch auf der Mole rund um das Hafenbecken zu erreichen. Ein Erdbeben in den 1990er-Jahren brachte den Turm für Jahre in eine bedrohliche Schieflage. Inzwischen wurde er repariert.

➤ Stadtplan S. 118, [a 1]

Janitscharen-Moschee

Das älteste ottomanische Bauwerk der Insel am alten Hafen wurde unmittelbar nach dem Fall von Chaniá im Jahr 1645 erbaut. Wie sein Name sagt, war hier der Ort, an dem die »Janitscharen«, die osmanische Elitetruppe der Infanterie, betete, zusammen mit den hohen Offizieren und dem Pascha, der in den ersten Jahren der Türkenherrschaft noch in Chaniá residierte. Das Minarett fiel im Weltkrieg einer Bombe zum Opfer. An der Wasserfront befindet sich noch das »Mihrab«: eine Nische im Mauerwerk, in der auf einer mit Koransuren beschrifteten Steintafel die Richtung nach Mekka angezeigt wird. Die Moschee diente zwischenzeitlich als Fremdenverkehrsbüro und wird heute von der Stadt als kostenloser Ausstellungsraum für Künstler zur Verfügung gestellt.

➤ Stadtplan S. 118, [a 1]

Minoische Ausgrabungen

Vom Hafenbogen bis auf den Kastélli-Hügel hinauf sind minoische Ausgrabungen zu finden – nur so weit wie nötig erläutert und dürftig abgezäunt, gut sichtbar aus der Höhe der Gehwege. Hier lag das alte »Kydonia«, das ein Großbrand nach Angaben der Archäologen

Einst Gebetsstätte, heute Raum für Kunstausstellungen: die Janitscharen-Moschee in Chaniá aus osmanischer Zeit

rund 1450 vor Christus ähnlich wie Knossós vernichtete. Fundstelle für zahlreiche Tontafeln mit Linear A Schrift (→ Geschichte, S. 33).

➤ Stadtplan S. 118, [b 1]

Museen

Archäologisches Museum

In der ehemaligen Franziskaner-Kathedrale gegenüber dem Bischofssitz am Metropoliten-Platz. Ein umwerfendes Entree, eine gepflegte, feine Stätte antiker Kultur und Kunst. Im Mittelpunkt der Ausstellung stehen die auf dem Kastélli-Hügel gefundenen Tontafeln mit Linear-A-Schrift, die sonst nur noch in Iráklion bestaunt werden können. Die in den Bezirken Kíssamos und Chaniá gefundenen Tongefäße und Figurinen umgeben diesen Mittelpunkt, desgleichen sehr schöne »Píthoi«, hohe Tonkrüge, in denen vor allem Nahrung konserviert wurde. Im außergewöhnlich schönen Garten ist noch das Fundament des Minaretts zu sehen und ein herrlicher Brunnen für die rituellen Reinigungen vor dem Gebet – beides bauten die Türken an die Kathedrale, um sie in eine Moschee zu verwandeln. Einen Sonderraum beansprucht die »Sammlung Mitsotakis«. Der ehemalige konservative griechische Ministerpräsident Konstantinos Mitsotakis hatte dem Museum wertvolle Teile seiner Sammlung übergeben, nachdem er wegen des in Griechenland verbotenen privaten Besitzes antiker Kunst mit dem Gesetz in Konflikt geraten war.

➤ Stadtplan S. 118, [a 2] **Chalidon 30; Tel. 28 21 09 03 34; Di–So 8.30–15 Uhr; Eintritt 2 €**

Am Abend

Fagotto

Das Fagotto ist eine der ältesten Musikbars der Stadt. Zu hören ist Jazz, im Sommer auch als Livemusik.

➤ Stadtplan S. 118, [a 1] **Angelou 16, (in der Altstadt, 20 m vom Nautischen Museum entfernt); Tel. 28 21 07 18 77; Juli–Mai tgl. 19–2 Uhr**

Lyrakia

Auch »Café Crete« genannt. Einzigartige Wein- und Musikbar. Der Ort, an dem abends Musiker aus Chania und Umgebung zusammenkommen, gemeinsam singen, tanzen und spielen. Direkt hinter den Arsenali und dem Zollhaus.

➤ Stadtplan S. 118, [b 1] **Kalergon 22 (Parallelstraße südlich der Akti Enosseos); Tel. 28 21 05 86 61; tgl. ab 21 Uhr; Eintritt frei**

Meltemi

Kaffeehaus und Bar. Der Wirt Ioannis gehört praktisch zum Inventar der Hafenpromenade. Sein Lokal neben dem Nautischen Museum ist für Kreta-Besucher und Chaniá-Liebhaber seit Jahrzehnten Anlauf- und Treffpunkt. Sehr gutes Frühstück mit wunderbarem Blick über den Hafen.

➤ Stadtplan S. 118, [a 1] **Angelou 2; Tel. 28 21 09 28 02**

Metropolitan

Bei Livemusik von Piano sitzt man in diesem Musikcafé in der Altstadt. Drinnen und auch draußen vor der Tür.

➤ Stadtplan S. 118, [a 2] **Betolo 28 (auf der Platía Metropoleos); Tel. 28 21 04 09 20**

Remezzo

Café am alten Hafen, hier lassen sich die Sonnenuntergänge genießen und das quirlende Leben beobachten, die »Volta«, wie die Kreter ihren Abendspaziergang nennen. Im Remezzo sitzen nicht nur junge Leute, auch die älteren Herrschaften nehmen hier hin und wieder Platz, um ein Geschäft zu besprechen.

➤ Stadtplan S. 118, [b 2] **El. Venizelou 16A; Tel. 28 21 05 20 01**

Synagogi

Kaffeehaus und Bar, das – wie der Name sagt – neben der seit einigen Jahren restaurierten und für Besucher geöffneten Synagoge liegt. In der kleinen Gasse ist es ungewöhnlich ruhig. Ideal, um bei gutem Kaffee und guten Getränken eine Stunde zu verweilen – oder gerne auch ein bisschen länger.

➤ Stadtplan S. 118, [a 2] **Skoufou 15 (Parallelstraße westlich der Kondilaki); Tel. 28 21 09 67 97**

Zacharoplastíon 13

Kaffeehaus mit besonders gutem Frühstück. Von der Terrasse aus beobachtet der Gast in Ruhe das betriebsame griechische Leben um sich herum.

➤ Stadtplan S. 118, [a 3] **Platia 1866 (an der Ecke gegenüber vom Taxistand)**

AGÍA IRÍNI

250 Einwohner, 650 m ü.d.M. ➤ [B 4]

Grünes Bergdorf mit Kastanienbeständen. Die Agía-Iríni-Schlucht nimmt im Osten des Dorfes ihren Ausgang. Die bis zu 500 Meter hohen Felswände spenden angenehmen Schatten an heißen Tagen. Die sieben Kilometer lange Schlucht ist eines der weniger frequentierten Ausflugsziele. Manchmal begegnet man auf der Wanderung nur den Schmetterlingen.

Eine Wanderung durch die Schatten spendende Agía-Iríni-Schlucht ist ein Tipp für heiße Sommertage.

AGÍA ROUMÉLI

120 Einwohner, 5 m ü.d.M. ➤ [C 4]

Der Ankunftsort der Samariá-Wanderer. Das alte Dorf liegt im Inneren der Schlucht, etwa zwei Kilometer schluchtaufwärts. Fast alle Häuser stehen leer und wurden zugunsten der neuen Siedlung direkt am Strand aufgegeben. Das Stranddorf verfügt inzwischen über rund 800 Betten - ausreichend Platz also für jeden Touristen, der das Meer nach fünf Stunden Abstieg durch den Canyon endlich erreicht hat. Die meisten fahren trotzdem mit dem Schiff weiter in Richtung Osten bis nach Chóra Sfakíon. Von dort kehren sie noch am selben Tag mit dem Bus in ihr Pauschalhotel zurück. Der besonders schöne Strand ist dann ein ruhiger, erholsamer Platz; in den zahlreichen Tavernen beginnt ab 18 Uhr ein gemütliches Dorfleben fern jeder Hektik. Die Lage des Dorfes ist außergewöhnlich. Agía Rouméli ist nicht über eine Fahrstraße erreichbar, sondern nur mit dem Schiff. Die Bergriesen der »Lefká Óri«, der Weißen Berge, reichen fast bis an die Häuser heran, im Osten des Dorfes fließt der Wildbach, und im Westen breitet sich unberührte Natur aus - das letzte Stück übrigens, das Kreta geblieben ist.

Hotels / Essen und Trinken

Samariá

Der Wirt Prokopis Tzatzimakis und seine beiden jungen Partner Elias und Manolis waren die Ersten, die vor fast einem Leben in Rouméli ein Gasthaus eröffneten. Klimatisierte, saubere Zimmer. Ruhiges, unauffälliges Ambiente. Das gleichnamige Restaurant fällt durch seinen freundlichen und humorvollen Service auf. Manolis und seine Frau Kaithi machen die besten gefüllten Weinblätter und Zucchini-Blüten.

Im Zentrum gegenüber vom Verkaufsstand für die Schiffskarten; Tel. 28 25 09 12 15; www.samaria-prokopis.gr •••

Farangi – The Gorge

Neben dem »Samariá«, mit Blick auf die Libysche See. Die Brüder Nektarios und Manolis Tzatzimakis sind wunderbare Gastgeber. Ihre Mutter macht die berühmten »sfakanies pittes«, mit Frischkäse gefüllte Pfannkuchen, die zusammen mit einer Karaffe guten Rakí besser schmecken als jeder Käsekuchen mit Kaffee. Über der Taverne gibt es gemütliche Zimmer, zum Teil mit Meeresblick.

Im Zentrum; Tel. 28 25 09 12 25 •••

Tara

»Tara«, so lautete einst der Name des alten Agía Rouméli. Die Brüder Mateos und Andreas führen das gleichnamige Restaurant in der Dorfmitte. Sie bieten gutes, traditionelles Essen und ruhige Zimmer zu vernünftigen Preisen an.

Im Zentrum; Tel. 28 25 09 12 31 •••

Agía Rouméli

Ioannis Tzatzmakis und sein Gehilfe servieren auf ihrer schönen Terrasse direkt über dem Strand gute kretische Küche und Mezédes. Das geräumige Haus bietet Zimmer mit Blick auf das Meer oder die Berge.

An der westlichen Strandpromenade; Tel. 28 21 09 12 32 • Restaurant •••

Livikon

Ruhige Pension im hinteren Teil des Ortes. Schöner Garten und sehr freundlicher Empfang und Service.

Aus der Samariá-Schlucht kommend am Hang unter dem Kastelli; Tel. 28 25 09 13 63 • ✉

Sehenswertes

Nur eine Viertelstunde Fußweg entfernt, thront hoch über dem Dorf eine alte venezianische Burg aus dem 16. Jahrhundert. Es lohnt sich, den Berg hinaufzusteigen und den Blick über Ort, Hafen und Flussdelta zu genießen. Der Weg beginnt hinter der Kirche an einer Kiefer. Von der antiken Stadt Tara ist leider nichts mehr zu sehen. Sand und Staub haben die wenigen noch erhaltenen Mauern zugedeckt.

Info

Tägliche Schiffsverbindungen von Chóra Sfakíon, Soúgia und Paleochóra. Uhrzeiten wechseln je nach Saison. Die Abfahrtzeiten sollten vor Ort im Hafen oder bei den Gastwirten erfragt werden.

ÁGIOS IOÁNNIS

20 Einwohner, 800 m ü.d.M. ➤ [C 4]

Wenn man von Anópolis in Richtung Berge fährt, überquert nach drei bis vier Kilometern die Straße auf der Arádena-Brücke eine Schlucht. Nach etwa fünf Kilometern endet die Autostraße, und der Blick über die Libysche See ist unvergleichlich: Hier liegt das Dorf Ágios Ioánnis auf einem wunderschönen kleineren Hochplateau. Von hier führen alte Hirtenwege hinunter nach Agía Rouméli und hinauf zu den Almen im oberen Abschnitt der Iligias-Schlucht und am Berg Melindáou. Wenige alte Häuser, verstreut unter Olivenbäumen, vermitteln den Eindruck eines geruhsamen, aber einsamen Lebens der fünf übrig gebliebenen Hirtenfamilien.

AUTORENTIPP Der »Heilige Ioannis der Theologe« wird in Ágios Ioánnis am 8. Mai in seiner Kirche mit einem großen Hirtenfest gefeiert. Für alle Anwesenden wird im Anschluss an die Messe das traditionelle »wrasto me pilafi« – gekochtes Schaffleisch und Reispilaf – serviert. Dazu gibt es natürlich schwersten Rotwein vom Fass.

Hotels / Essen und Trinken

Georgedakis

Ioannis Georgedakis und seine Söhne Antonis und Stelios haben das Dorf für Bergtouristen bewohnbar gemacht. Den großen Salon eines ehemaligen Bauernhauses mit fantastischem Blick zur Samariá-Schlucht und auf das Meer hat Ioannis in ein Dormitorium verwandelt, wo rund 20 müde Wanderer nächtigen können. Die zwei Toiletten und die Waschgelegenheiten vor der Tür entsprechen ungefähr dem Standard einer rustikalen Alpenhütte. Ioannis' Sohn Antonis hat ein zweites Haus mit einigen Zimmern und einer hübschen Taverne veredelt.

Am Ende des Dorfes auf der linken Straßenseite; Tel. 28 25 09 14 80 • ✉ Restaurant ••

Ioanni

Heute Kaffeehaus, ursprünglich die Schule des Dorfes. Der Schäfer Ioannis und seine sympathische Frau Charoula (»Kleine Freude«) können nicht immer selbst hinter der Theke stehen. Deshalb haben sie eine Getränke-Selbstbedienung mit Bezahlung auf Vertrauensbasis eingerichtet. Die Dorfbewohner behaupten, dass der Wirt seither besser verdient, weil die Gäste das Wechselgeld in der Kasse lassen.

Am Dorfeingang in der alten Schule • ▭

Sehenswertes

Die beiden alten Kirchen des Dorfes liegen rund 300 Meter vom Ortsausgang entfernt in südlicher Richtung am Fußweg nach Agía Rouméli. Beide haben sehr schöne Wandmalereien im Inneren. Die »Panagia« liegt gut sichtbar auf einem Hügel, die Kirche des Heiligen Ioannis steht ihr gegenüber, hinter uralten Olivenbäumen versteckt.

Die Weinkellerei »Logari« in Alíkampos (→ S. 142) lädt zur Verkostung ein.

ALÍKAMPOS

200 Einwohner, 400 m ü.d.M. ➤ [D 4]

Das Dorf liegt wunderbar ruhig nur zwei Kilometer vom Abzweig der Nord-Süd-Landstraße entfernt. 500 Meter vor dem Ortseingang steht die berühmte Kapelle der »Panagia« mit Fresken des Künstlers Ioannis Pagomenos (→ Der gute Tipp von MERIAN 2, S. 140). Den zuständigen Pfarrer – Papa Ioannis – findet der interessierte Kunstliebhaber normalerweise im Kaffeehaus am Dorfplatz. Zumindest wissen die Leute dort, wo er und der Kirchenschlüssel sich gerade befinden. Der

Weiter auf S. 142

SEHENSWERTES

2 AUF DER NASENSPITZE DES ZEUS

Es ergab sich, dass zu Beginn des 14. Jahrhunderts der Dominikanermönch Bernard Gui die erfolgreichsten Jahre seines für damalige Verhältnisse ziemlich langen Berufslebens verbrachte. Als Großinquisitor von Toulouse gab er 1324 nicht nur ein aufschlussreiches und anspruchsvolles Handbuch für Foltermeister heraus, sondern sprach auch fast 1000 vernichtende Urteile gegen Aufsässige, Ketzer und Teufelsanbeter.

Die griechisch-orthodoxen Gläubigen hatten zu dem Zeitpunkt, als der von Umberto Eco zum bloßen Fanatiker verkleinerte Gui das Kreuz gegen die Feinde der katholischen Kirche erhob, ihr schlimmstes Ungemach schon hinter sich. Im brutalen Streit zwischen Ikonoklasten und Ikonodulen, Bilderstürmern und Bilderverehrern, waren 150 Jahre lang Kirchen, Fresken und Beziehungen zwischen verschiedenen Glaubensrichtungen zu Bruch gegangen. Erst eine Frau, Theodora von Byzanz, war 843 fähig, das Theater zu beenden. Sie erlaubte nun ein zweites Mal, was schon vorher bei Katholiken und Orthodoxen ganz selbstverständlich ein grundlegendes Bedürfnis ihrer Klientel gestillt hatte: sich den verehrten Märtyrern und Heiligen mithilfe von Ikonen und Wandmalereien bis auf Kussdistanz zu nähern.

Während also Bernard Gui in Toulouse an seinem ordnenden Werk schrieb, hatten zwischen Kastélli und Sitía die Kreativen der orthodoxen Gemeinschaft längst wieder Oberwasser. Künstler wie Ioannis Pagomenos verwandelten grobes Mauerwerk im Kircheninneren in herrliche Bildertafeln, die das Leben Christi und seine Wunder bezeugten. Selbst kleinste Kapellen wie die **Panagía** in Alíkampos (1328, Apokóronas) oder die des Heiligen Georg in Anydri (1323, Sélino) gerieten in den Zwanzigerjahren zu stilvollen Ausstellungsräumen der Jesuslegende. Als Konstantinopel 1453 fiel, blieb Kreta am Ende einzige Zuflucht für malende und studierende Gottessucher des Alten Reichs. Die »Kretische Schule«, eine Melange aus byzantinischen und Renaissancetechniken, galt im östlichen Mittelmeer fortan als Modell für zeitgemäße Wandmalerei. Kennzeichnend für diesen Stil waren vor allem erkennbar menschliche Regungen in den Gesichtern der Abgebildeten und Kleider, die gewisse Körperformen zumindest erahnen ließen.

Eine Pilgerfahrt zu den wichtigsten byzantinischen Kirchen kann sich für einen einzigen Urlaub nur auf einen Teil der Insel beschränken, im gewählten Fall auf die Bezirke Sélino, Apokóronas und Sfakiá. Wollte ein Reisender auch nur die ausgemalten Kirchen (und nicht die vielen anderen) der Insel Kreta anschauen, er benötigte wohl Monate. In den westlichen Bezirken seien daher noch die Tempel des Erzengels Michael in Váthi (Sélino) und Arádena (Sfakiá) sowie der Heilige Antonius in Moní (Sélino) und der Heilige Ioánnis in Ágios Ioánnis (Sfakiá) erwähnt.

WEGWEISER 2

Panagía-Kirche

➤ Alíkampos, S. 8/9, [b 4] ➤ [D 4]

Den Dorfpriester nach dem Schlüssel fragen. Weitere byzantinische Kirchen im Westen Kretas: Ágios Geórgios in Ánídri; Ágios Michaelís in Váthi (Sélino); Ágios Andónios in Moní (Sélino); Ágios Ioánnis in Ágios Ioánnis (Sfakiá).

Kulturschatz: die Fresken des kretischen Malers Ioannis Pagomenos in der Kirche Ágios Géorgios wichtigste Arbeitsplatz des Dorfes ist die inzwischen auch in der Fremde bekannte Weinkellerei »Logari«, die der Enologe Andreas Dourakis am Ortsrand von Alíkampos, Landstraße zwischen Vrísses und Askífou, betreibt. Dourakis' feinster Wein ist ohne Zweifel der trockene Weiße, dessen feine Säure durchaus an einen guten Riesling erinnert. Andreas spricht sehr gut Deutsch (auch Englisch und Französisch). Er absolvierte sein Studium in Deutschland (Stuttgart) und Frankreich. Weinproben können mit ihm vereinbart werden **(Tel. 28 25 05 17 61).**

ALMIRÍDA

130 Einwohner, 0 m ü.d.M. ➤ [D 3]

Die ehemalige Fischersiedlung ist heute ein kleiner Touristen-Flecken. Die drei großen Hotelanlagen arbeiten hauptsächlich mit ausländischen Agenturen und sind normalerweise für Pauschalreisende gebucht. Sauberer Sandstrand mit familiärer Atmosphäre.

Hotel

Marilena

Nette, familiäre Pension in einem hübschen kleinen Haus. Von einigen Balkonen aus genießt der Gast Meerblick.

In einer Seitenstraße am hinteren Strandende; Tel. 28 25 03 16 08 •

Essen und Trinken

Dimitris

Dimitris ist auf Fischgerichte spezialisiert, bietet aber auch eine gute traditionelle kretische Küche. Besonders freundlicher Service in diesem Familienbetrieb.

Am westlichen Ende der Strandpromenade; Tel. 28 25 03 13 03 •••

Thalmai

Ebenfalls eine der typischen einheimische Familientavernen, das heißt gutes kretisches Essen zu erschwinglichen Preisen.

Mitte der Strandpromenade •••

ANÓPOLIS

370 Einwohner, 500 M ü.d.M. ➤ [D 4]

Kretischer geht es nicht mehr. Noch immer gehen die alten Männer in Reithosen und Schaftstiefeln durch das Dorf, noch immer schießen sie, wenn der eine dem anderen ein Schaf, eine Weide oder die Ehre gestohlen hat. Touristen haben die Besatzer ersetzt, da langweilt sich der Schäfer. Seit einem Jahrhundert keine Türken mehr, dafür weißhäutige Menschen in Tennissocken und kurzen Hosen. Anópolis' Frauen und Männer sitzen vor ihren klobigen Häusern und betrachten erstaunt die seltsamen Wesen aus der Parallelwelt Mitteleuropa. Doch verändert hat sich auch Anópolis. Die Teerstraße, die von Chóra Sfakíon heraufkommt, wurde breiter und belebter. Die Anópoliten suchen auf ihr die Verbindung zu jenem hektischen Leben im Tal und an den Küsten, mit dem sie freilich noch immer wenig anfangen können. Die Sommerweiden liegen weit oben, versteckt zwischen Gipfeln und Schluchten auf mehr als 1000 Metern Höhe. Die Augen und Ferngläser der Schäfer richten sich am Morgen nach oben, während sie mit dem Rücken zum Meer sitzen. Dem Meer, das ihnen fremd scheint und gefährlich. Wanderer sind bis heute die einzigen Dauergäste in dem von Bergketten und Kiefernwäldern umstellten Ort, von ihnen leben die wenigen Pensionen und das einzige Hotel. Eine Nacht oder zwei in Anópolis reichen nicht aus, um diese archaisch anmutende Welt auch nur im Ansatz zu begreifen. Aber es lohnt sich, einen längeren Blick auf sie zu werfen.

Hotels

Platanos

Einfache Zimmer mit Dusche, im Winter beheizt. Idealer Ausgangspunkt für den Aufstieg ins Hochgebirge. Die Hotelwirte, Theodoris und Poppi Kopasis, unterhalten auch die gleichnamige Taverne im Erdgeschoss des Hauses. Beide sprechen gut Englisch.

Dorfplatz, gegenüber vom Daskalogiannis-Denkmal; Tel. 28 25 09 11 69; www.west-crete.com/platanos • ✉

Panorama

Echt sfakiotischer, gastfreundlicher Service. Schöne Zimmer mit Blick zum Meer und zu den Bergen. In der angeschlossenen Taverne kann man sich von der Wanderung erholen.

Von Chóra Sfakíon kommend am Eingang des Dorfes; Tel. 28 25 09 11 00 • ✉

Essen und Trinken

Nikos

Nikos Glymenakis ist einer der gar nicht so selten anzutreffenden Berg-Kreter mit rotem Haarschopf (vielleicht keltischen Ursprungs). Sein Gasthaus ist ein erstklassiger Beobachtungspunkt auf das Leben im Dorf – auf die mit ein bis zwei Hunden auf der Ladefläche heranbrausenden und abfahrenden Pritschenwagen der Schäfer, auf durchziehende Schafherden, auf staunende Touristen, erschöpfte Fußgänger und natürlich auf die letzten alten Männer in traditioneller sfakiotischer Kleidung.

50 m nach dem Dorfplatz, gegenüber der Krankenstation; Tel. 28 25 09 11 76 •• ✉

AUTORENTIPP Nikos ist Organisator des »Pachnes«-Taxis. Auf Wunsch fährt er Gäste und Wandersleute bis ans Ende der holprigen Piste, die zu den fast 2000 Meter hoch gelegenen Hochalmen am Fuß von Páchnes und Trocháris führt. Der Preis für die eineinhalb Stunden und länger dauernde Fahrt nach oben muss ausgehandelt werden.

ARÁDENA

4 Einwohner, 550 m ü.d.M. ➤ [D 4]

Das Dorf ist, abgesehen vom Haus der Hirtenfamilie Nikoloudakis, unbewohnt. Arádena war vor einigen Generationen Opfer einer größeren »Vendetta«, einer blutigen Auseinandersetzung um Weidegründe und »Ehre«, vor der die Bewohner flohen und ihr Dorf letztlich aufgaben. Von seiner geografischen Lage her, am Abgrund der großen Arádena-Schlucht, ist es sicher eine der schönsten Siedlungen in Westkreta. Der alte Hirtenpfad, auf dem die Bewohner in die Schlucht absteigen mussten, ist von der eisernen Autobrücke gut zu sehen und ohne Gefahr begehbar.

Malerisch eingebettet in die zerklüftete Felslandschaft der Lefká Óri: die Kirche auf der Anhöhe von Arádena (→ S. 143)

Sehenswertes

Michaelis Archangelos 3

Die Kirche ist ein mit herrlichen Fresken bemaltes byzantinisches Bauwerk aus dem 14. Jahrhundert. Sie steht auf den Grundmauern einer frühchristlichen Bischofs-Basilika, eine Felsklippe direkt über der Schlucht dient als Basis. Die damalige Stadt Aradin soll zusammen mit den heutigen Siedlungen Anópolis und Livaninaná oberhalb des Lykos-Strandes an die 60000 Einwohner gezählt haben. (→ Der gute Tipp von MERIAN 4, S. 146)

ASÍ GONÍA

250 Einwohner, 400 m ü.d.M. ➤ [E 4]

Ein wildes Nest voller schwarz gekleideter Schäfer am Ende des Koufara-Tales. Zum Namensfest des Heiligen Georg am 23. April wird zuerst reichlich Schafsmilch und dann Rotwein verteilt. Die Hirten des Dorfes treiben ihre Herden im Sommer auf die Kallikratis-Hochebene. Gastfreundliche Menschen in einem bemerkenswert schönen Talkessel, umgeben von einigen mehr als 1000 Meter hohen Gipfeln.

Ausflüge

Ein schöner Hirtenweg führt von Así Gonía hinauf auf die Ebene nach Kallikrátis, wo ein sehr guter Wein wächst und einige Hirtenfrauen noch am Webstuhl arbeiten. Es gibt zwei Kaffeehäuser, die nicht immer geöffnet sind. Von der Ebene können Wanderer auf der Südseite durch die Kallikrátis-Schlucht nach Frangokástello absteigen.

ASKÍFOU

6600 Einwohner, 750 m ü.d.M. ➤ [D 4]

Askífou ist nach Lassíthi im Osten und Omalós im Westen die drittgrößte Hochebene Kretas. In den vier Dörfern Ammoudári, Karés, Petrés und Goni siedeln seit Jahrhunderten Bauern und Hirten, die im fruchtbaren Schwemmboden hauptsächlich erstklassige Kartoffeln und guten Wein produzieren. Diese Dörfer haben einiges zu bieten: Das Hauptdorf **Ammoudári** hält einige Pensionen und kleinere Tavernen und Kaffeehäuser bereit. Die Gäste sind Wanderer, die von hier aus in die umliegenden Berge und

Weiter auf S. 149

ESSEN UND TRINKEN

SPEISEN IN DER »WARTEHALLE« 3

Wem das Interieur eines Restaurants eigentlich egal ist, weil er Wert auf die Qualität der angebotenen Speisen legt, der sollte in einer der »Wartehallen« Kretas einkehren. In den oftmals eher kargen Häusern kommt mit etwas Glück das allerbeste Essen direkt aus erster Hand auf die resopalverkleideten Tische. Hier sitzt man gemeinsam mit den Einheimischen und lässt sich »kalitsoúnia« (gefüllte Teigtaschen mit Frischkäse von Schaf oder Ziege), »arní kokinistó« (Lamm in Tomatensoße) oder »kotopoúlo piláfi« (gekochtes Huhn mit Reispilaf) schmecken. Dazu ein munteres Gespräch mit dem Tischnachbarn, ein oder zwei Glas Wein und danach ein Rakí. Die Besitzer der echten »Wartehallen« sind fast immer gleichzeitig Olivenbauern, Gemüsegärtner oder Hirten, deren Brüder, Söhne und der Onkel Fischer sind. Das garantiert frische und traditionell zubereitete Ware aus Mutters Küche.

Hervorragende traditionelle Speisen serviert in Karés auf der Askífou-Hochebene die Familie Lentari. Ihre Taverne **To Panórama**, eine Stahlbeton-Konstruktion auf Stelzen, haben sie vor ein paar Jahren gleich hinter dem Gebirgspass gebaut, der auf rund 800 Metern Höhe die nördlichen Tiefebenen zwischen Chaniá und Réthimnon mit den Bergdörfern der Sfakiá und der Südküste verbindet.

Aus der Küche kommen Leckerbissen, die in anderen Gegenden kaum noch zu finden sind, denn ihre Zubereitung braucht Zeit und die Zutaten sind nicht immer erhältlich. Doch die fremden Gäste sind schwer einzuschätzen: Wie soll der Wirt Besuchern erklären, dass »Singlina« besonders mageres Schweinefleisch ist, das er in mit dem Geäst der großen Salbeisträucher aus den Bergen geräuchert hat? Eine Köstlichkeit, wahrhaftig! Dazu ein paar große Löffel »staka«? Auch die ist nicht leicht zu erklären, denn auf dem Teller erinnert die von der fettigen Schafsmilch abgeschöpfte Sahne eher an Tapetenkleister - und ist doch ein Leckerbissen, der seinesgleichen sucht. Von den nahen Hochweiden schließlich kommt die kretische Löwenzahnart »stamnangáthi«. Im rohen Zustand ein bitteres Kraut, ist sie gekocht, mit Zitrone sowie Olivenöl verfeinert, eine echten Delikatesse. Und befragt man betagte Männer dazu, lächeln sie: das Kraut hilft auch bei klassischen Altherrenleiden.

WEGWEISER 3

To Panórama

➤ Karés, Sfakiá S. 8/9, [b 3] ➤ [D 4]

Von Chaniá kommend das erste Lokal hinter dem Bergpass; Tel. 28 25 09 54 92 ••/•••

BESONDERE FESTE

4 IM NAMEN DER HEILIGEN

Am 8. November läuten die Glocken in den Lefka Óri das Fest des Heiligen Michael ein.

KALENDER

Die wichtigsten religiösen und politischen Feste auf Kreta:

25.3. Paraden in Volkstrachten zu Gedenken des Freiheitskampfes 1821 gegen die Türken
15.8. Mariä Himmelfahrt
25.8. große Prozession in Iráklion
29.8. zweitägiges Fest auf der Halbinsel Rodópou
4.9. Feste in den Dörfern um das Ída-Gebirge
25.3. Mariä Verkündung

Der 8. November ist fast immer ein strahlender Herbsttag in den Lefká Óri. Die Sonne steht am Morgen noch tief, und der mächtige Trocharis, ein 2300 Meter hoher Geröllhaufen, wirft seinen Schatten auf das Dorf Arádena. Eines der schönsten Hirtenfeste Kretas beginnt am Rand des tiefen Canyons.

7.30 Uhr in der Kirche des Heiligen Michael, des Gottgleichen, des Prinzen des Lichts, den sie hier »Ágios Stratigós« nennen, den Heiligen General. Der Pope Georgios bereitet die heilige Messe vor. Sie wird dreieinhalb Stunden dauern. Die ersten Sonnenstrahlen brechen durch das Bogenfenster der Apsis, tauchen die blütenumkränzte Ikone des Heiligen in weißes Feuer. »Gott sei gelobt«, flüstert der weißbärtige Pope und bekreuzigt sich.

Auf einer Felsklippe hoch über der gewaltigen Schlucht erhebt sich die Kirche des Erzengels. Das Gotteshaus ist uralt. Die herrlichen Fresken aus dem 14. Jahrhundert wurden vor einigen Jahren restauriert. Doch schon hat die feuchte Luft, die vom Libyschen Meer aufsteigt, sie wieder mit Salz und Mineralen überzogen.

10.30 Uhr: Der Papás hat das Brot geweiht, jetzt beginnt seine Predigt über Heidentum, Politik und Kommunismus. Normalerweise dauert das lange. Doch am **Tag des Heiligen Michael** müssen 250 Kilogramm Fleisch gegessen und 300 Liter Wein getrun-

WEGWEISER 4

Fest des Erzengels Michaelís

➤ Arádena, S. 8/9, [b 3] ➤ [D 4]

Kirche Ágios Michaelís; von Anópolis Richtung Arádena, nach der Brücke über der Schlucht; jährlich 8. November, ab 8 Uhr

ken werden. 200 lauernden Leuten läuft schon seit geraumer Zeit das Wasser im Mund zusammen. Endlich, um 11 Uhr, atmet die Gemeinde auf. In langer Reihe schlurfen die alten Frauen am Papás vorbei, der hält ihnen das Heilige Buch zum Kuss vor die Lippen. Die Männer brechen das Brot, in die Becher ergießt sich der Wein. Die Deckel der Körben werden geöffnet, es wartet zartes gekochtes Hammelfleisch.

Die Feste der Kreter gehören den Heiligen – und Heilige gibt es viele. Jedes Dorf hat mindestens einen, und einmal im Jahr bekommt er seine Kirchweih. Der wichtigste Tag der orthodoxen Kirche ist der Ostersamstag. In allen Kirchen endet die Messe mit dem Freudenfest der Auferstehung. Am Sonntag drehen sich die Spieße über der Glut, Tausende von Schafen und Ziegen werden geschlachtet. Eingeladen ist jeder, der an einem Holzkohlegrill vorbeikommt, ob Nachbar oder Fremder. Die Spezialitäten sind mit Kräutern und Frischkäse gefüllte Teigtaschen, die vom Saft vieler Zitronen geprägte Innereiensuppe »magirítza«, gebratene Leber, frische Kräutersalate und natürlich die rot bemalten Ostereier.

Erst beten, dann feiern: Zur »Panigiria«, der Kirchweih, kommen alle zusammen.

LAND UND LEUTE

5 WEISHEITEN FÜR DEN WEG

Die Lieblingsgeschichte des betagten Schuhmachers **Nikos Gialedakis** im Dorf Ammoúdari ist jene von dem 100-jährigen Dorfältesten: Ein großer Dichter erreicht eines Tages den Ort, er will diesen Mann sprechen, der eine ganze Äone hinter sich gebracht hat. »Wie war es, dein Leben?« fragt er ihn. Der Alte denkt nicht lange nach. »Wie ein Glas Wasser. Ich trank es aus und habe immer noch Durst.«

WEGWEISER 5

Schuhmacher Nikolaos Gialedakis

➤ Ammoúdari ➤ S. 8/9, [b 3] ➤ [D 4]

Sfakiá; Tel. 28 25 09 53 58

Der Schuster lehnt sich zurück, wenn er geendet hat, und lächelt. Er schaut auf die Regale, die Leisten und Stiefel. Zählte man die Leben ihrer Besitzer zusammen, dann wären mehr als 2000 Jahre in der winzigen Werkstatt versammelt. Seine Nachbarn und Kunden nennen Nikos Gialedakis einen Philosophen – einen »Freund der Weisheit«. Im Winter versammelt er sie alle um seinen Kanonenofen, während er arbeitet. Mancher schließt auf dem hölzernen Kanapee zufrieden die Augen, während der Meister erzählt.

AUTORENTIPP Der Neffe schustert nur selten Arbeitsschuhe für die Nachbarn. Er hat sich aus diesen Fesseln befreit und stellt Wanderstiefel her. Für Bergsteiger aus ziemlich vieler Herren Länder. Die sitzen dann auf der Bank des Alten und hören zu, was ihnen der Junge auf Englisch übersetzt.

Kreta war einst ein Land der Schuhmacher, Nikos ist der letzte seiner Zunft. Seit einigen Jahren sitzt nun der Neffe neben ihm. Ein junger Mann, über Kabel und Ohrstöpsel mit dem iPod verbunden, der dennoch ein wenig von der Weisheit des Alten begriffen hat. Dass nämlich dessen Schuhe nicht dem schnellen Leben dienen, sondern dem bedächtigen. Nikos Schuhe mögen 20 Jahre halten, wenn sie die richtige Pflege bekommen. So wie der Mensch durchaus 100 Jahre alt werden kann, wenn er Ruhe bewahrt.

Nikos Gialedakis: Der kretische Schuhmacher ist der Letzte seiner Zunft.

zum Gipfel des Kastro (2218 m) aufbrechen. Außerdem stellen in Ammoudári der Schuhmacher Nikos Gialedakis und sein Neffe Stiefel und Arbeitsschuhe her (→ Der gute Tipp von MERIAN 5, S. 148). In **Karés** ist die Taverne »To Panorama« zu empfehlen. Die Familie Lentari serviert hervorragende kretische Gerichte (→ Der gute Tipp von MERIAN 3, S. 145).

Sehenswertes

War Museum

In seinem »Weltkriegsmuseum« in Karés stellt der alte Ioannis alles aus, was er seit 50 Jahren gefunden und präpariert hat: Von der Pistole bis zum Maschinengewehr, vom Feldkäppi bis zum Wehrmachthelm – alles ist da und riecht nach feinem Waffenöl. Damit den Besucher die Sammlung nicht zu sehr auf den Magen schlägt, tischt der stolze Museumsdirektor guten Rakí auf und reicht »mezédes«, ganz wie es sich gehört. Eintrittsgeld wird nicht erhoben, aber wer etwas in die Kriegskasse stecken möchte, wird nicht abgewiesen.

Karés; handgemalte Hinweisschilder finden sich am Ortsausgang Ammoudári Richtung Chaniá; Tel. 28 25 09 52 89; tgl. 7–19 Uhr

BÁLOS

0 m ü.d.M. ➤ [A 2/3]

Sehr schöne, oft fotografierte Lagune zwischen dem Nordwestzipfel Kretas und der Insel Gramvoússa (→ Zu Gast, S. 106). Herrliche Strände, tiefblaues und türkisfarbenes Wasser. Die Lagune kann inzwischen mit dem Fahrzeug erreicht werden. Ein kleiner Fußmarsch vom Parkplatz aus bringt Badegäste bis an das Ufer, wo rosaroter Muschelsand auf sie wartet

CHÓRA SFAKÍON

250 Einwohner, 0 m ü.d.M. ➤ [D 4]

Ausgangshafen für die Fährverbindungen nach Westen. Von hier gehen täglich Schiffe nach Loutró, Agía Rouméli, Soúgia und Paleochóra. Wer sich die anstrengende Autofahrt über die halbe Insel sparen will, sollte das Schiff nutzen und dabei die fantastische Landschaft der kretischen Südküste betrachten.

Chóra Sfakíon ist die »Hauptstadt« der Region Sfakiá, mit Schulen, einem ambulanten Krankenhaus, Mülldeponie, Gemeindeverwaltung und kleinem Hafen. Der früher relativ ruhige Ort hat durch den Tourismus leider viel von seinem ursprünglichen Charme verloren und ist inzwischen eine laute, lärmende Durchgangsstation für Hunderte Wanderer pro Tag. Der große Parkplatz, den die Sfakioten genau vor ihre Restaurants platzierten, und die hohe Betonmauer direkt am Strand haben die Situation noch verschärft. An der Ufermauer reihen sich zahlreiche Restaurants und Kaffeehäuser aneinander.

DOULIANÁ

30 Einwohner, 150 m ü.d.M. ➤ [D 3]

Sehr hübsches kleines Dorf auf einem Hügel oberhalb der Bucht von Almirída. Schönes altes Kaffeehaus, in dem der Wirt Georgios Benakis und seine Frau Georgia auf Wunsch auch kleine Häppchen zum Wein oder Bier zubereiten. Der ehemals nur rund 30 Häuser zählende Ort ist seit 2003 Opfer des Baubooms in der Landschaft Apokóronas. Ein Baulöwe aus Iráklion halste dem Dorf 70 neue Wohneinheiten auf, die den zum Meer hin liegenden Teil der Ortschaft atmosphärisch weitgehend zerstört haben. Das Dorf ist dennoch relativ ruhig, da es bisher keine Durchgangsstraße hat.

Hotels

Manolis' House

Kleine Pension an der Schreinerei. Schreinermeister Manolis hat in einem Zypressenwäldchen hinter seiner Werkstatt zwei hübsche Steinhäuser mit weitem Blick ins Tal und aufs Meer gebaut. Manolis ist ein aufmerksamer und gastfreundlicher Kreter mit herzerfrischendem Lachen.

An der Schreinerei im Dorfeingang; Tel. 28 25 02 23 97 ••

Natalias House

Überaus freundliche Pension der Familie Lourakis, mit Mini-Market zum schnellen Einkaufen von Kleinigkeiten.

In der Nähe des Dorfplatzes; Tel. 28 25 02 33 56 ••

Iliakis

Zwei einfache Bettenhäuser für insgesamt sechs Personen, die der Schäfer und Bauer Georgios Iliakis mit seiner charmanten Frau Sina unterhält. Spezialität des Hauses: Georgios' Frischkäse aus Ziegenmilch ist der beste in der Gegend.

Am kleinen Dorfplatz 50 m hinter dem Kaffeehaus; Tel. 28 25 02 27 35 •

Kretisches Nationaltier: Obwohl sie die Insel kahl fressen, lieben die Kreter ihre Ziegen.

Essen und Trinken

Taverna Doulianá

Ritsa, die Wirtin des Doulianá, beherrscht die Kräuterküche wie keine andere. Vormittags sammelt sie die frischen »chorta«, um sie anschließend zu duftenden und wohlschmeckenden Speisen zu verarbeiten (→ Spezial, S. 94).

ELAFÓNISSOS

0 m ü.d.M. ➤ [A 4]

Die Lagune von Elafónissos mit dem von nur 80 Zentimeter hohem Wasser abgetrennten Inselchen Elafónissi ist seit einigen Jahren einer der meistbesuchten Strände Westkretas. Zahlreiche Busse bringen im Sommer jeden Tag Hunderte von Gästen aus den Hotelanlagen der Nordküste an das früher von Sanddünen und uralten Zedern gesäumte Wasser. Die Dünen wurden planiert, die Zedern stehen noch. Leider wurde dieser besonders schöne Fleck Natur nicht unter Schutz gestellt, sondern radikal touristisch erschlossen und ausgebeutet.

ÉLOS

150 Einwohner, 600 m ü.d.M. ➤ [B 4]

Das Dorf Élos ist eines der wenigen Dörfer Kretas, dessen Bauern noch in der vergangenen Generation von der Kastanienernte lebten. Der Wasserreichtum der Gegend ließ an den Hängen der umliegenden Berge und Hügel Maroni-Wäldchen wachsen. Die berühmten, wohlschmeckenden Esskastanien erzielten auf den Märkten in Kastélli, Chaniá und Réthymnon gute Preise. Eine rätselhafte Krankheit, deren Ursachen bis heute nicht geklärt werden konnten, befiel die Bäume vor rund 20 Jahren und ließ vor allem die alten Bestände von den Wipfeln her vertrocknen. Das auch im Sommer wunderbar kühle und schattige Dorf hält für seine Gäste einige Zimmer und mehrere Restaurants bereit. Am ersten Sonntag nach dem 20. Oktober feiert es das Kastanienfest.

EPANOCHÓRI

200 Einwohner, 650 m ü.d.M. ➤ [B/C 4]

Nachbardorf von Agía Iríni. Der Gastwirt Odysseas nimmt gerne Gäste über Nacht auf, die früh am nächsten Morgen in die Schlucht absteigen wollen. Er ist auch noch ein guter Koch und dafür bekannt, den Bauern aus der Nachbarschaft unvergessliche Mahlzeiten zuzubereiten.

FALASSARNÁ

0 m ü.d.M. ➤ [A 3]

Am Nordende des Strandes wurde vor einigen Jahrzehnten mit archäologischen Grabungen begonnen. Auch heute noch finden die Wissenschaftler Überreste von griechisch-römischen Hafenanlagen, die im Lauf der vielen Jahrhunderte versandeten. In Falassarná ist leicht zu erkennen, dass sich die Insel im Süden und äußersten Westen um rund acht Meter gehoben hat. Die Gründungszeit des antiken Hafens wird auf 600 Jahre vor Christus datiert. So kurios wie eindrucksvoll sind die gut erhaltenen Terrakotta-Badebecken. Endlos langer wunderschöner Sandstrand am Westufer der Insel Kreta. Kleine Felsformationen aus Konglomeratgesteinen lockern die Uferlandschaft auf. Klares Wasser in wunderbaren Farben.

FRANGOKÁSTELLO

50 Einwohner, 0 m ü.d.M. ➤ [D 4/5]

Am windigsten Abschnitt der sfakiotischen Küste steht unmittelbar am Meeresufer das venezianische Frangokástello; eine Feste, die 1371 zum Schutz gegen Piraten gebaut wurde, welche vom rund 300 Kilometer entfernten Nordafrika in die Ägäis vordrangen und Kreta im ersten Jahrtausend zeitweise unter ihre Kontrolle gebracht hatten, bis sie der spätere byzantinische Kaiser Nikeforos

Fokas 961 von der Insel vertrieb (→ Geschichte, S. 47).

Der berühmte kretische Widerstandsheld Hadzimichalis Dalianakis hatte sich 1828 mit seinen Rebellen im Kastell verschanzt – er wollte die erfolgreiche Revolution der Festlandgriechen (1821) gegen die Ottomanen nach Kreta tragen. Sie wurden am 17. Mai desselben Jahres von einem weit überlegenen türkischen Heer besiegt und massakriert. Seither – so will es die Legende – stürmen die Geisterreiter des Hadzimichalis im Morgengrauen des fraglichen Maitages als Fata Morgana über die Mauerreste und Klippen des Forts.

Hotels

Ein Dutzend Hotels und Pensionen bieten um das alte Kastell herum Zimmer und Apartments an. Zu günstigen Preisen übrigens, weil der feine Sandstrand für Sonnenanbeter wegen der vom Gebirge herabsausenden Fallwinde oft nicht besonders beliebt ist.

GAVALOCHÓRI

800 Einwohner, 50 m ü.d.M.

➤ [D 3]

Das besonders reizvolle Dorf leidet unter ähnlichen Problemen wie der Nachbarort Doulianá– es ist aufgrund seiner besonderen Lage und seiner wunderbaren Steinhäuser wegen Ziel und Objekt des Immobilienhandels. In den Hanglagen mit Blick auf den Golf von Soúda haben sich britische Rentner niedergelassen, die vor allem an der Sonne Kretas, nicht aber an dessen Kultur und Eigenarten interessiert zu sein scheinen. Der Ortskern ist seither von sehr englischem Wesen.

Essen und Trinken

Drei Kaffeehäuser am zentralen Dorfplatz, die auch »mezédes« zum Getränk servieren. Im Kaffeehaus der Frauen-Kooperative von Gavalochóri werden traditionellen Eigenprodukte des Dorfes verkauft: Klöpplerarbeiten, Konfitüre, Schnaps, Kräuter.

Sehenswertes

Dorfmuseum

Gavalochóri verfügt über ein besonders schönes Dorfmuseum, in dem die alte Kunst des Klöppelns und der Seidenraupenzucht vorgestellt wird. Es zeigt alle Gerätschaften und Einrichtungen eines traditionellen kretischen Bauernhauses.

Vom Dorfplatz in die kleine Gasse neben dem Kafénion einbiegen, Hinweistafeln folgen; Tel. 2 82 50 23 22; Mo–Fr 9–20 Uhr, Sa 9–19 Uhr, So 10–13:30 und 17–20 Uhr; Eintritt 1,50 €

GEORGIOÚPOLIS

500 Einwohner, 0 m ü.d.M.

➤ [D/E 4]

Wichtigster Badeort der Landschaft Apokóronas, benannt nach Georg von Griechenland, der nach dem Abzug der Ottomanen als erster Prinz und König die Insel betrat. Die Bewohner entstammen der Sfakiá, die sie als Verbannte oder Flüchtlinge vor der ewigen Blutrache verließen. Die Sumpflandschaft, die sie an den Ufern der kleinen Seen, Flüsse und Quellen vorfanden, war malariaver-

Essen und tanzen: In dieser Taverne scheint es beides zu geben.

seucht und wurde von keinem der Nachbardörfer beansprucht. König Georg ließ die feuchten Wiesen trockenlegen und Eukalyptusbäume pflanzen, die den Malaria-Fliegen die Eiablage erschweren sollten. Endgültig verschwand die Fliege – und mit ihr die Krankheit – erst nach dem Einsatz von DDT, das die Alliierten über dem Flussdelta des Dorfes versprühten. Der kalte Süßwasserfluss ist heute die Attraktion des Ortes. An seiner Mündung ins Meer haben die Georgioupoliten einen kleinen Hafen gebaut, der Fischereistützpunkt und Marina für Touristendampfer ist. Hier an der Flussmündung und auf dem von Eukalyptusbäumen beschatteten Dorfplatz kann man gut das Treiben beobachten – und es gibt einiges zu sehen, denn Georgioúpolis ist mittlerweile zum populären Urlaubsziel geworden. Der kilometerlange breite Sandstrand, der sich in Richtung Osten bis in den Bezirk Réthimnon ausdehnt, steht zum Teil unter Naturschutz. Zahlreiche Hotels, Pensionen, Strandcafés und Bars ziehen hauptsächlich Pauschaltouristen an. Autoverleiher, Banken, Apotheken, Fahrradvermieter und Internetcafés bieten eine flächendeckende touristische Infrastruktur. Die meisten Hotels und Pensionen leiden inzwischen unter dem Lärm des Autoverkehrs, der von der nahen Autobahn herüberweht.

Hotels

Pilot Beach Hotel

Eine der älteren Anlagen auf einem weitläufigen Areal und gleichwohl das Aushängeschild der wenigen Luxusklasse-Häuser. Die Apartments und Bungalows am Strand sind durch die Nationalstraße von der weniger attraktiven Hälfte des Hotels getrennt. Ein Tunnel verbindet die beiden Gebäudekomplexe.

2 km östlich von Georgiupolis, auf der Nationalstraße Richtung Réthimnon; Tel. 28 25 06 19 01; www.pilot-beach.gr ••• MASTER VISA

Georgioúpolis Beach Hotel

Gut ausgestattetes Haus am Meer. Angenehme Zimmer mit Satellitenfernsehen und Minibar. Ein hauseigener Swimmingpool bietet Abkühlung nach anstrengenden Ausflügen. Wichtig hier wie auch in allen anderen Hotels: Mückenschutz mitbringen.

Nördlich des Dorfplatzes; Tel. 28 25 06 10 56; geobehot@otenet.gr •

BESONDERE ORTE

6 FLUCHT ANS ENDE DER WELT

Ist das nun eine wundervoll freie Aussicht auf die grandiose Weite der Ägäis – oder doch nur ein banger Blick in den Abgrund? Die erstaunliche »Platía« des kleinen Ortes **Likotinareá**, dieser kühnste aller Dorfplätze Mittelkretas, hoch oben auf einer steilen Klippe über dem Meer, lässt beide Antworten zu. Dort, wo die aus dem Tal heraufkommende schmale Teerstraße jäh ihr Ende findet, bleibt dem Reisenden nur durch ein eisernes Geländer vor wilder Naturschönheit gesichert Zeit für vielerlei Betrachtungen. Das Ende der Welt hat er hier vor sich, einen klaffenden, schrundigen Riss im steilsten Felshang, hohe Baumwolfsmilch in leuchtendem Grün und Orange und ganz tief unten – hundert Meter oder mehr – das dunkle, fast schwarze Blau der kretischen See. Die weiße Kuppe des Psiloritis leuchtet im Südosten. Davor, im milchigen Dunst des Horizonts, schweben die Mauern der Feste Réthimnon zwischen Himmel und Meer.

Das Auge kehrt zurück aus der Ferne und schweift nun wieder über diesen seltsamen Platz. In einer Ecke, wie in einem kleinen Garten, erhebt sich still ein schlanker Mast aus Eisen. Wind kommt auf, die hohe Stange klingt, die rote Fahne mit Hammer und Sichel flattert. Daneben ein schwerer Stein, geglättet und beschriftet: ein Mahnmal, fast unbeachtet seit Jahrzehnten. Ein Monument und dunkle Erinnerungen.

WEGWEISER 6

Dorfplatz in Likotinareá

➤ Likotinareá, S. 8/9, [b 3] ➤ [D 3]

David Moore Cornwell aus Britannien, Lesern bestens bekannt als der Kriminalschriftsteller John le Carré, ist ein Kenner Griechenlands und seiner ewigen Schönheit. Ein Kryptologe der englischen Botschaft im Bonn der Sechzigerjahre träumt in le Carrés Roman »Eine kleine Stadt in Deutschland« davon – und wer tut das nicht? –, auf eine griechische Insel zu flüchten, nach Kreta.

»Es war ganz natürlich, dass man sich der Linken anschloss«, schreibt le Carré in »Schatten von gestern« über die Intellektuellen seines Landes in den Jahren vor dem Krieg. »Es war die große Blütezeit des Kommunismus an den Universitäten.« Und die Gründe konnte er, »bei Gott«, verstehen: der Aufstieg des Faschismus, der Einmarsch Japans in die Mandschurei, der Aufstand Francos in Spanien, der Antisemitismus in Europa.

Es mag den Griechen ähnlich gegangen sein – angesichts der Diktatur des Generals Ioannis Metaxas (1936–1941), des Überfalls der faschistischen Truppen aus Italien und Deutschland, der Deportation von 70 000 sephardischen Juden. Es mag ihnen logisch vorgekommen sein, sich revolutionären Kräften anzuschließen, die den wüsten Morden des Militärs und der Sicherheitskräfte an den streikenden Arbeitern der Tabakindustrie in Thessaloniki entgegentraten. Wie der Dichter Ioannis Ritsos, der den Toten sein erstes großes Werk, den »Epitáphios«, widmete. Oder wie Mikis Theodorakis, der viele Jahre später die Musik dazu schrieb.

Die Sieger politischer Auseinandersetzungen schickten ihre Gegner nicht selten in die Verbannung. Das Land mit seinen vielen Inseln und – bis vor Kurzem – unwegsamen Berglandschaften bot dafür Gelegenheit. Nach dem furchtbaren Weltkrieg, nach dem noch schlimmeren Bürgerkrieg, hatten die griechischen Kommunisten die geistige Schlacht um die Macht im Lande ebenso verloren wie den Kampf mit der Waffe in der Hand. Wer von ihnen überlebt hatte, ging nicht selten diesen letzten Weg: fort aus dem heimatlichen Dorf. Nach Russland, nach Polen, in die ehemalige DDR – oder auf eine Insel. Nach Ikaria, Chios, Samos, Kreta. In die kleinsten Dörfer mit den steinigsten Äckern, auf Felsenklippen wie die von Likotinareá. Fast ans Ende der Welt.

Marika Studio Apartments

Größere Anlage auf dem drei Kilometer entfernten Hügel im Hinterland. Fantastischer Blick auf die Bucht und den langen Strand. Eigenes Kaffeehaus und Restaurant.

Kleine Ausfallstraße über den Fluss nehmen, nach 3 km bergauf auf der linken Straßenseite; Tel. 28 25 06 15 00 • VISA

Rooms Eleftheria

Eines der ruhiger gelegenen Häuser am Flussufer. Ein hübscher Platz, vor allem der Blick vom Balkon über den Hafen. Mit Kücheneinrichtungen.

Vom Dorfplatz 200 m in Richtung Fluss; Tel. 28 25 06 14 03 •

River House

Schöne, freundlich geführte Pension am anderen Flussufer. Ein Teil der oberen Apartments ist mit Seeblick. Schöner Garten. Im Sommer spenden die Eukalyptusbäume Schatten.

Hinter der Flussbrücke; Tel. 28 25 06 15 31 •

Essen und Trinken

Arkadi

Gastfreundliches Wirtshaus, in dem man nach Spezialitäten wie frischer Fisch und Meeresfrüchte fragen sollte. Die Wirtsleute haben viele Jahre in Deutschland verbracht.

Hinter der Brücke rechts, direkt am Felsen an der Flussmündung •••

Sirtaki

Sehr gute Ouzeri, wo man ein bisschen die Seele baumeln lassen und von den guten »mezédes« probieren kann.

Auf dem Weg vom Dorfplatz zur Brücke •••

Taverna Georgis

Bei dem schmackhaften Essen – oft gibt es Fisch und würziges Fleisch vom Holzkohlegrill und aus dem Backofen – gerät der Straßenlärm fast in Vergessenheit. Der Eingang zum Lokal ist von der Nationalstraße zurückversetzt und etwas versteckt. Er sollte nicht mit dem Nach-

Belohnung für den schweißtreibenden Aufstieg zum Gingilós: traumhafter Blick in die Tripití-Schlucht und bis zur Insel Gávdos

bar-Etablissement verwechselt werden.
Vom Dorfausgang Richtung Bushaltestelle, auf der Nationalstraße nach 200 m
●●● ✉

Taverna Poseidon
Die vielleicht beste Taverne mit frischem Fisch, der vom eigenen Boot eingebracht wird. Nur abends geöffnet.
Südwestlich des Dorfplatzes gelegen
●●● ✉

Einkaufen

Der Ort Georgioúpolis verfügt über allerlei Souvenir- und Kitschläden, die das verkaufen, was es überall gibt. Wichtiger sind die Apotheke, der Kiosk und der Supermarkt, der sogar die internationale Presse bereithält.

GINGILÓS

2000 m ü.d.M. ➤ [C 4]
Eine schöne, aber anstrengende Tagestour ist der Aufstieg zum Gingilós-Gipfel auf rund 2000 Meter Höhe. Ungewöhnliche Steinformationen und Felstore begleiten den Wanderer auf den ersten 1700 Höhenmetern. Vom Sattel zwischen Gingilós und Psiláfi gibt es herrliche

Ausblicke in die Tripití-Schlucht und zur Insel Gávdos.

Der ausgebaute Wanderweg endet hier. Die restlichen 300 Höhenmeter sind mit kleinen Kletterpartien verbunden, der Steig ist jedoch bis zum Gipfel gut gekennzeichnet.

ÍMBROS

820 m ü.d.M. ➤ [D 4]

Das höchstgelegene Dorf der Sfakiá. Ursprünglich ein reines Sommerdorf, in dem die Schäfer der Küstendörfer Kommitádes, Chóra Sfakíon und Livanianá während der heißen Jahreszeit ihre Herden auf den benachbarten immergrünen Bergweiden hielten. Heute Ausgangsort für Wanderer der Ímbros-Schlucht. Einige nette Tavernen und Kaffeehäuser. Auch im Juli und August ein angenehm kühler Platz für eine echt sfakiotische Fleischmahlzeit oder »Sfakianes Pittes«, Mehlspeisen mit Honig.

AUTORENTIPP Giorgos Deligiannakis ist Veteran des Zypern-Krieges (1974) und betreibt mit seiner deutschen Frau die sympathische »Taverna Giorgos« in Kommitádes. Große Zimmer mit Blick auf das Meer.

Von Chóra Sfakíon kommend gleich auf der linken Straßenseite; Tel. 28 25 09 10 05; www.taverna-giorgos-komitades.com ••

Aktiv

Ímbros-Schlucht: Im Frühjahr, wenn die Samariá-Schlucht wegen der hohen Steinschlaggefahr gesperrt ist, bietet sich die Ímbros-Schlucht als schöne Ersatzwanderung an. Sie ist nur etwa zwei bis drei Wegstunden lang, und die reizvolle Pflanzenwelt ist sehenswert. Im Dorf Kommitádes am Ende dieses Spaziergangs befinden sich Übernachtungsmöglichkeiten und große Tavernen.

KALÍVES

829 Einwohner, 0 m ü.d.M. ➤ [D 3]

Größerer Küstenort mit zwei Sandstränden, der bessere davon liegt in Richtung Westen. Zahlreiche Tavernen, Souvenirläden, zwei Banken, Auto- und Motorradverleiher, Supermärkte, Metzger und Bäcker.

Hotels

Kalyves Beach Hotel

Das größte und teuerste Hotel wurde mitten in das Delta des durch das Dorf fließenden Quellflusses gebaut und kämpft daher im Winter bisweilen mit Überschwemmungen sowie gelegentlich auch mit Feuchtigkeit in den Erdgeschosszimmern. Ansonsten hervorragender Platz mit eigenem Strand auf einer schönen Sandbank, die ins Meer hinausragt.

Kalyves Apokoronou;
Tel. 28 25 03 12 85 (Sommer),
Tel. 28 25 05 82 21 (Winter);
www.kalyvesbeach.com •••• MASTER VISA

Asteria

Neues, an den Hang gebautes Haus mit schönem Blick auf das Meer, in einer der ruhigeren Zonen des Dorfes gelegen. Gemütliche Zimmer.

Am Dorfausgang Richtung Vamos;
Tel. 28 25 03 13 30 •

Monument des Grauens: Die Stadt Kándanos wurde von der deutschen Besatzungsmacht im Zweiten Weltkrieg komplett zerstört.

Essen und Trinken

Taverna Manolis

Die Taverne lockt mit guten Fischgerichte auf ihrer Karte, allerdings zu entsprechenden Preisen. Bisweilen gibt es auch eine Fischsuppe im Angebot.

Am Ende des Dorfstrandes •••/••••

Elena

Die Taverne serviert traditionelle kretische Küche zu erschwinglichen Preisen. Im Programm sind die feinen gefüllten Teigtaschen »kalizounia« und Rote Beete aus dem Garten.

Am Dorfstrand •••

Zorbas

Eines der ältesten Restaurants des Ortes, der Wirt spricht Deutsch. Ordentliche Hausmannskost und offener heimischer Wein. Schöne Terrasse, von der aus das Treiben auf dem belebten Dorfplatz beobachtet werden kann.

Am zentralen Dorfplatz •••

O Mitsos

Eine der besten Souvlaki-Buden der Region. Mitsos' Vater und Bruder betreiben den Metzgerladen nebenan und liefern die frische Ware für den Drehspieß. Hervorragender Platz, um ins kretische Alltagsleben einzutauchen.

Im Dorfzentrum •

Einkaufen

An der Kreuzung zur Autobahn gibt es den Küfer Stavros, der nicht nur wunderbare Weinfässer aus Kastanienholz nach alter Tradition fertigt, sondern in seiner Boutique nebenan die wichtigsten griechischen Weine – offen und in Flaschen – bereithält.

KÁNDANOS

300 Einwohner, 400 m ü.d.M. ➤ [B 4]
Kleines Dorf rund 58 Kilometer südwestlich von Chaniá und Verwaltungssitz der Gemeinde Kándanos. Es wurde im Zweiten Weltkrieg von Soldaten der deutschen Wehrmacht im Rahmen der von General Kurt Student befohlenen umfassenden »Vergeltungsmaßnahmen« vollständig niedergebrannt und abgerissen. Die Einwohner, soweit die »Soldeska« ihrer habhaft werden konnten, wurden umgebracht. Das Mahnmal der Deutschen – wer gegen die Wehrmacht vorgeht, dem wird es so ergehen wie Kándanos, wo nie wieder Menschen wohnen werden – ließen die Überlebenden stehen. Sie setzten aber ihr eigenes dazu: Hier steht das neue Kándanos, voller Leben.

In Kándanos gibt es ein »Kentro Ygeias«, eine Station zur ambulanten Verletzten- und Krankenversorgung.

Für die Einheimischen ein Arbeitsmittel, für die Touristen ein nettes Fotomotiv: Fischerboote an der Küste nahe Kissámos

KAP DRÁPANOS

0–527 m ü.d.M. ➤ [D 3]
Einem riesigen steilen Höcker gleich ragt das Kap nördlich der Autobahn in den Golf von Soúda hinein und gibt Platz für ein gutes Dutzend in traditioneller Bauweise errichteter Dörfer. Einige der Häuser sind mehr als 300 Jahre alt, einige Siedlungen wurden vermutlich auf türkische Initiative hin gebaut.

Seit der von der Europäischen Gemeinschaft Mitte der 1990er-Jahre erzwungenen Öffnung des Grundstücksmarktes für Nicht-Griechen ist das Kap bevorzugtes Operationsgebiet englischer und holländischer Immobilienhändler und Bodenspekulanten. Auf dem Kap wurden in kürzestem Zeitraum mehrere tausend Baugenehmigungen erteilt, und ein erheblicher Teil der alten Bausubstanz ging zu erstklassigen Preisen in fremde Hände.

KASTÉLLI (KISSAMOS)

3800 Einwohner, 15 m ü.d.M. ➤ [B 3]
Kastélli, auch Kíssamos genannt, ist die westlichste Provinzhauptstadt Kretas. Ein Ort hellenistisch-römischen Ursprungs und mit einigen venezianischen Mauerresten, ansonsten ein Nest von fast verschlafener Beschaulichkeit. Kastélli glänzt nicht mit großer Architektur, nur die sehr kleine Altstadt ist von den Ende des 19. Jahrhunderts in neoklassizistischem Stil erbauten Häusern geprägt worden. Kastélli ist dafür besonders für Reisende geeignet, die einen ruhigen Urlaub verbringen möchten. Viele der alten Kaufläden und Werkstätten arbeiten noch wie in den 1950er- oder 1960er-Jahren. Nur etwa 100 Meter östlich der Platía Kastellioú ist ein herrlicher venezianischer Brunnen zu bewundern.

Wichtig ist die Stadt vor allem wegen ihres Hafens, der rund drei Kilometer außerhalb in Richtung Westen an der »Akrotíri Kavónisi« liegt. Von hier aus fahren Passagier- und Autofähren zur Peloponnes hinüber, nach Neapoli, Gythion und Kalamata, sie passieren dabei die Inseln Antikithira und Kithira. Mehrere Touristenschiffe fahren außerdem täglich hinüber zur venezianischen Festung auf der Felseninsel Gramvoússa (rund eine Stunde Fahrzeit) und in die Lagune Bálos mit ihren wunderschönen goldgelben und rosafarbenen Sandstränden, die allerdings zunehmend von Teerklumpen verunreinigt werden, die mit der Strömung vom offenen Meer herangetragen werden.

Hotels

Christina-Beach-Hotel
Das Haus lockt mit Ein- bis Zwei-Zimmer-Apartments, die um einen Pool gruppiert sind; Balkone mit Meeresblick.
Am westlichen Ende des Ortes;
Tel. 28 22 08 33 33;
www.christina-beach.gr •• MASTER VISA

Maria-Beach
Liegt am einzigen Sandstrand im östlichen Teil der Stadt. Voll ausgerüstete Apartments mit Seeblick.
Vom zentralen Platz der Stadt 200 m in Richtung Osten; Tel. 28 22 02 26 10
•/••

Andreas Tsompanakis und sein osteuropäischer Glasbläser sind »Exoten« auf der Insel der Hirten und Bauern.

Bikakis

In dem Familienhotel von Ioannis Bikakis und seiner Mutter fühlt man sich sofort wohl. Der unscheinbare Eingang von der engen Skalidi-Straße her verbirgt die Tatsache, dass das Haus viel Platz hat. Einige der Zimmer im hinteren Teil des Hauses haben einen herrlichen Blick auf die Gärten der Stadt und das Meer.

Odos Polemiston 1941; Tel. 28 22 02 42 57; www.familybikakis.gr •

Gallini-Beach-Hotel

Erfreut mit sehr freundlichem Empfang und Service. Sehr gutes Frühstück (nicht im Zimmerpreis enthalten), gute Parkmöglichkeiten.

Am östlichen Teil der Strandpromenade; Tel. 28 22 02 32 88 •

Essen und Trinken

Papadakis

Gutes traditionelles Essen zu angemessenen Preisen. Besonders zu empfehlen sind die frischen knackigen Salate und die Grillgerichte. Andere Spezialitäten gibt es auf Bestellung.

Am Strand gegenüber der Zimmervermittlung; Tel. 28 22 02 23 40 •••

Poseidonas

Gemütliche Ouzeri mit schmackhaften »mezédes« und besonders gutem Weißwein, der in der Gegend ausgezeichnet ist. Zum Ouzo werden kleine Fisch- und Fleischhäppchen sowie eingelegte Oliven aus eigener Produktion gereicht.

An der Tombazi-Straße, die zum Strand hinunterführt ••• ✉

Captain

Fischtaverne auf halbem Weg zum Hafen. Ordentliche Fischgerichte in pittoresker Umgebung direkt am »Mikró Limáni«, dem hübschen kleinen Hafen der Fischkutter.

Ausfahrtstraße Richtung Hafen; Tel. 28 22 02 28 57 •• ✉

Aktiv

An der zentralen Hauptstraße »Skalídi« verkaufen mehrere Agenturen Tickets sowohl für die Überfahrt zur Peloponnes wie auch nach Gramvoússa 4. Die Insel Gramvoússa ist eine nur mit dem Boot von Kastélli aus zu erreichende Insel mit venezianischer Festung aus dem 16. Jahrhundert (→ Zu Gast, S. 106). Abfahrt vom Hafen nach Gramvoússa zwischen 9.30 und 11 Uhr vormittags. Vom zentralen Platz der Stadt, der Platía Tzanakáki, fahren Busse nach Chaniá oder über die Berge an die Südküste nach Paleochóra. Die grün-beigefarbenen KTEL-Busse fahren im Sommer außerdem mehrmals täglich zur Lagune von Elafónissos.

KÓKKINO CHORIÓ

150 Einwohner, 200 m ü.d.M. ➤ [D 3]

Ist vor allem als Dorf des »Alexis Sorbas« bekannt geworden, weil der amerikanisch-griechische Regisseur Michalis Kakogiannis dort 1964 den gleichnamigen Film mit Anthony Quinn, Alan Bates, Irene Papas und Lila Kedrova drehte.

Sehenswertes

Glasbläserei

Die Glasbläserei des Dorfbewohners Andreas Tsompanakis ist besonders für Kinder eine interessante Sache. Andreas und seine aus Osteuropa stammenden Glasbläser zeigen den Besuchern gerne ihr Können, für das langer Atem und eine ruhige Hand nötig sind. Nehmen Sie sich Zeit, durch die enorme Auswahl an allen möglichen Glasprodukten zu stöbern. Wer danach Appetit hat, dem sei das dem Handwerksbetrieb angeschlossene biologische Restaurant empfohlen. Dort kommt auf den Tisch, was Andreas' Sohn auf der eigenen Farm erwirtschaftet: Ziegen- und Schaffleisch, Käse, Gemüse, Schnaps und Wein.

Am Ortseingang; tgl. 7–18 Uhr

KOLIMBÁRI

1200 Einwohner, 20 m ü.d.M. ➤ [B 3]

Großes, leider auch zeitweise sehr lautes Dorf an der Nordküste. Nach sechs Kilometern Fahrt an der Ostküste der sich bei Kolimbári nach Norden erstreckenden Halbinsel Rodópou erreicht man das **Kloster Goniá** oder auch Odigitria (einer der zahlreichen Namen der Heiligen Jungfrau), dem die orthodoxe Akademie von Kreta angegliedert ist. Hier werden junge Priester ausgebildet und ökumenische Seminare veranstaltet. Es gibt seit vielen Jahren eine akademische Partnerschaft mit der katholischen Diözese von Köln. Im Kloster beheimatet ist unter anderem eine große Bibliothek und eine recht umfangreiche Ikonensammlung.

Weiter auf S. 166

BASTION IN DER BRANDUNG 4

Gramvoússa, die schöne venezianische Festung, ist Zeuge des kretischen Widerstands und ein Symbol für Raum und Ewigkeit.

Kastélli im äußersten Nordwesten der Insel ist eine verschlafene Provinzhauptstadt. In der Blütezeit des venezianischen Mittelmeer-Kolonialismus war sie ein Vorposten, ein Heerlager, das den kretischen Besitz gegen die Peloponnes hin absicherte. Gegen nordafrikanische Piraten, vor allem aber gegen die Türken. Kreta war wertvoll. Der Honig von den Hängen der Hochgebirge verkaufte sich so teuer wie Seide.

Auf dem östlichen Mittelmeer war in jener Zeit ein ständiges Kommen und Gehen, ein polyethnisches Gewirr auf all den Inseln und Halbinseln, mit raffinierten Festungsanlagen, die sich die schlauesten Baumeister des 16. Jahrhunderts ausgedacht hatten.

Symbol des Widerstandes

Zum Beispiel Michele Sanmicheli, dessen Bollwerke nicht nur aus militärischer, son-

dern auch aus architektonischer Sicht Meisterwerke waren. Die venezianischen Festungen waren ästhetisch. Die schönste von allen klebt noch heute auf einem Felsenhöcker vor der Küste Kastéllis, auf einem kahlen Felsen namens Gramvoússa. Sie wurde zum Symbol. Wenn die Venezianer damals von Widerstand sprachen, meinten sie Gramvoússa, den Stein im kretischen Meer. Der Ort wurde auch zum Freiheitssymbol, weil kein Türke es je geschafft hatte, den Felsen zu betreten. Gramvoússa mit seiner schönen Festung auf dem hohen Sockel aus Stein strahlte selbst dann noch in der Morgensonne, als die Janitscharen vor der kretischen Hauptstadt Iráklion einige zehntausend christliche Verteidiger niedergemetzelt und nach einem 20 Jahre andauernden Blutbad die Insel endlich im Griff hatten. Außer Gramvoússa, das nun – wie die andere Festung, Spinalónga bei Ágios Nikólaos – mitten in türkischen Gewässern lag und immer noch Widerstand leistete hinter seiner Brustwehr aus glashartem Gramvoússa-Kalkstein. Die verlorene Macht Venedigs aber dokumentiert Gramvoússas 400 Jahre alter San-Marco-Löwe aus schneeweißem Carrara-Marmor, den die Venezianer aus Italien mitgebracht hatten: Er liegt heute, zerbrochen in vier Stücke, vor dem Portal der Festung.

Signale aus ferner Zeit

Es ist ein unvergleichlicher Ausblick, der sich dem Reisenden von der Brustwehr auf das offene Meer hinaus bietet, ein Gefühl von unendlichem Raum und Ewigkeit. Falken, Sperber und Habichte wohnen in den Felsnischen am Westrand der Bastion, und ihre schrillen, hohen Schreie hallen von den senkrecht abfallenden Klippen wider wie Trompetensignale aus einer fernen Zeit. 1590 waren die Arbeiten an dem Kastell beendet worden, die Festung fiel rund 100 Jahre später beim vergeblichen Versuch der Venezianer, die Stadt Chaniá zurückzuerobern, die 1645 dem Angriff des osmanischen Heeres erlegen war.

Die Bucht von Bálos (→ Zu Gast, S.106) auf der Halbinsel Gramvoússa ist am besten mit dem Boot zu erreichen.

Die wertvollste Ikone ist die des Jüngsten Gerichts aus dem Jahre 1792. Die älteste Ikone des Museums stammt aus dem Jahr 1300. Darüber hinaus lohnt sich auch, die alten Fresken in der Marienkirche zu besuchen.

KOURNÁS

500 Einwohner, 200 m ü.d.M. ➤ [E 4]

Das Bergdorf glänzt mit einem freundlichen Bäcker, der gutes kretisches Brot, Zwieback und Trockengebäck herstellt. Den Ertrag seiner Bienenvölker stellt er bisweilen im Laden zum Kauf aus.

Hotel

Artemis Bouzounieraki

Nette Zimmer mit Blick auf das Tal und die Nordküste. Ruhige Lage in einem ziemlich lebendigen Dorf.

150 m nördlich des Dorfplatzes; Tel. 28 25 06 17 82 • ✉

Essen und Trinken

Kali Kardia

In dieser Taverne sollte man die Würstchen probieren und die in Öl eingelegten Paprikaschoten. Das Fleisch wird auf einem großen Grill draußen vor der Taverne zubereitet.

Am Dorfplatz; Tel. 28 25 09 62 78; ab mittags geöffnet ••• ✉

Ausflüge

Wenige Kilometer entfernt liegt Kretas einziges stehendes Süßwasser, der See Kournás. Er wird von Bergen eingerahmt und soll rund 45 Meter tief sein. Der See hat einen steinigen, schlammigen Untergrund und ist Biotop für einige Schildkröten und Ringelnattern. Er ist aber zum Baden geeignet, denn aus den Karstquellen strömt ständig viel frisches Wasser nach. Tretboote und einige Tavernen runden das touristische Ambiente dieses großen Tümpels ab.

KOUSTOGÉRAKO

30 Einwohner, 600 m ü.d.M. ➤ [B/C 4]

Bergdorf auf dem Weg in die Wälder oberhalb der Tripití-Schlucht. Sehr malerisch auf einem Felsplateau gelegen. Schöne alte Häuser in Kubus-Bauweise. Die betagte und quicklebendige Kaffeehaus-Wirtin Sophia hat ihr Gasthaus vor einiger Zeit geschlossen. Sie bietet aber nach wie vor Getränke an, kocht Kaffee und lagert in ihrem großen Kühlschrank die Zutaten für viele kleine Imbiss-Happen. Einer ihrer Nachbarn ist der alte Antonis Paterakis, der zur Equipe des Regisseurs Michalis Kakogiannis gehörte, als der 1964 »Alexis Sorbas«, den gleichnamigen Roman von Nikos Kazantzakis, verfilmte.

LÁKKI

150 Einwohner, 650 m ü.d.M. ➤ [C 3]

Lákki, eines der wichtigsten kretischen Bergdörfer, liegt auf dem Weg zur Omalós-Hochebene. Von der aus dem Tal heraufkommenden Landstraße hat man eine sehr schöne Ansicht auf den Ort. Die Hirten und Bauern aus Lákki organisierten und führten den Widerstand gegen die deutschen Besatzer auf der strate-

Bequem: Wer im »Small Paradise« (→ S. 168) absteigen möchte, wird mit dem Boot abgeholt.

gisch wichtigen Hochebene. Sie stellen heute einen Teil der Waldhüter im Naturschutzgebiet Samariá-Schlucht.

LOUTRÓ

50 Einwohner, 0 m ü.d.M. ➤ [D 4]

Gute fünf Stunden Fußweg von Agía Rouméli entfernt liegt Loutró in einer nach Südosten offenen Bucht. Die ehemalige Fischersiedlung und Dependance des Bergdorfes Anópolis ist in den vergangenen zwei Jahrzehnten zu einem der beliebtesten Ziele für Individualreisende geworden. Loutró hat, genau wie Agía Rouméli, keinen Straßenanschluss, seine Bewohner und Gastwirte wollen – zumindest bisher – auch keinen. Sie mögen das Gefühl, wie bei dem großen Vorbild Venedig ausschließlich am Ufer und auf dem Wasser zu leben und zu arbeiten. Aus den wenigen kleinen Steinhäusern ist inzwischen eine stattliche Anzahl weiß getünchter Hotels und Pensionen mit blauen Fensterläden geworden. Im Erdgeschoss, direkt am Wasser, betreiben die rund 30 Familien Restaurants, Tavernen, Bars und Kaffeehäuser.

Hotels

Porto Loutró

Dieses Haus gilt als nobles Mittelstück des Dorfes. Kapitän Stavros und seine schottische Frau Alison haben es sehr geschmackvoll im britischen Stil

AUTORENTIPP Das venezianische Kastell oberhalb von Loutró ist ein perfekter Platz zum Meditieren. Die Venezianer benutzten beide Seiten der Halbinsel als Hafen – je nach Wetter und Windrichtung. Der abseits stehende alte Turm ist der Rest einer Windmühle.
Hinter dem Dorf den Fußweg ungefähr 10 Minuten lang hinaufsteigen.

gestaltet und eingerichtet. Zu den Gästen zählen ältere, gesetzte Herrschaften, die das gepflegte Ambiente zu schätzen wissen, und weniger die jungen Familien.

In der Dorfmitte am Strand; Tel. 28 25 09 14 33; portoloutro@otenet.gr ••• MASTER VISA

Notos

»Notos« heißt »Süden«: Die Bar blickt aber in Richtung Osten, was der Wirt so erklärt, dass »Notos« eben ein schönes Wort sei, jedenfalls schöner als »Anatoli«, was »Osten« hieße. So oder so gibt es hier guten »mezédes« und ordentliche Drinks.

50 m vom Schiffsanleger entfernt •••

Daskalogiánnis

Vor dem Hotel sitzt der Papagai des Dorfes, in der Bar gibt es Internetanschlüsse, Wirt Petros spricht fast besser Englisch als Griechisch. Die üblichen Standardzimmer haben alle Meeresblick. Mit Bootsanleger direkt vor dem Haus.

Am Bootsanleger • MASTER VISA

Essen und Trinken

Kyma

Eine Taverne, in der die Gäste ihren Hunger hauptsächlich mit Lamm- und Ziegenfleisch vom Spieß stillen können. Die Brüder Georgios und Nikos Kriaras haben das vorher als »Kri-Kri« bekannte Lokal 2007 übernommen und den Stil in etwa beibehalten.

Am östlichen Ende der Promenade; Tel. 28 25 09 16 00 •••

Blue House

Im Lokal, das zur gleichnamigen Pension gehört, servieren die Brüder Evangelis und Georgios seit vielen Jahren – immer besonders freundlich und hilfsbereit – beste hausgemachte kretische Küche.

Im Dorfzentrum; Tel. 28 25 09 11 27 •

Ílios

Eine der ältesten Tavernen des Ortes. Stavros Androulakis hat sie vor vielen Jahren von seiner Mutter Stella übernommen, die einst für die mit dem Rucksack anreisende 1968er-Generation in ihrer winzigen Küche Moussakas und Tintenfische in den Backofen schob. Meeresfrüchte und Tintenfisch gibt es auch heute noch: Stavros fährt noch immer, genau wie sein Vater Georgios, hinaus zum Fischen. Wer länger in Loutró bleiben möchte, kann bei Stavros auch ein Zimmer oder ein Apartment mieten.

Am östlichen Ende des Strandabschnittes; Tel. 28 25 09 11 60 •

Info

Täglich Schiffsverbindungen ab 9.30 Uhr von Loutró nach Chóra Sfakíon und ab 10.30 Uhr von Chóra Sfakíon nach Loutró und Agía Rouméli.

LYKOS

15 Einwohner, 0 m ü.d.M. ➤ [D 4]

Am Strand von Lykos bieten zwei Familien aus dem 45 Wegminuten oberhalb von Loutró gelegenen Dorf Livanianá Zimmer und Mahlzeiten an.

Hotels

Small Paradise

Das Hotel und Restaurant der Großfamilie Nikoloudakis ist seit fast 20 Jahren ein

Geheimtipp und daher keiner mehr. Die vier Brüder Nikos, Theodoros, Georgios und Michalis sind einer ganzen Generation von ehemals jungen Rucksacktouristen behilflich gewesen, einmal im Jahr so zu leben, wie das Leben eigentlich sein müsste – entspannt, ohne Armbanduhr, ohne Telefon, ohne Terminkalender. Chef Nikos produziert und verkauft, was sein Leben bestimmt: Ziegen, Schafe, Joghurt und Linsen.

Von Loutró 20 Minuten zu Fuß in Richtung Mármara-Bucht, die Hotelbesitzer holen ihre Gäste mit dem Boot ab (Preis wird ausgehandelt); Tel. 28 25 09 11 25 • (Taverne •••)

Essen und Trinken

Lykos

Das Restaurant des Nachbarn Georgios und seiner Frau Maria. Die Familie bewirtschaftet ihren Platz mit ihren charmanten drei Kindern. Sehr hübsche Zimmer, mit Blumen dekorierte, aber naturbelassene Terrasse.

Von Loutró 20 Minuten zu Fuß in Richtung Mármara-Bucht; Tel. 28 25 09 14 46 •••

MARMARA

0 m ü.d.M. ➤ [C/D 4]

Eine kleine zauberhafte Bucht am Ende der von Norden aus den Bergen herabstürzenden Arádena-Schlucht. Weiße Marmorfelsen grenzen den Kiesstrand ein, daher der Name. Auf einer der Klippen hat der junge Chrisostomos Orfanoudakis vor Jahren eine nette Kantine eingerichtet, die mit kühlen Getränken und erstaunlich guter Fleisch- und Fischküche die Badegäste und vorbeiziehende Wanderer versorgt. Hinter der Kantine hält Chrisostomos einige wenige Betten bereit (**Tel. 28 25 09 13 87**).

Die Omalós-Ebene (→ S. 170) ist beliebtes Ziel für ausgedehnte Wanderungen.

Das Käsemachen hat in der Omalós-Ebene Tradition. »Topfgucker« sind in der Käserei herzlich willkommen.

MAZA

50 Einwohner, 200 m ü.d.M. ➤ [D 4]

Ein winzig kleiner, wunderschöner Ort einige Kilometer vom »grünen Dorf« Vrísses entfernt. Der Wirt des Kaffeehauses am Dorfplatz bereitet gerne kleine Speisen und Salate vor, während der Gast sich die wunderbare Einraum-Kapelle zum Heiligen Nikolaos mitten auf der Platia anschauen kann. Auch hier wirkte der Maler Ioannis Pagomenos, die Fresken sind auf 1325 datiert. In der Apsiswölbung ist Christus als »Pantokratoras Phodotis« – als lichtspendender Weltherrscher – zu bewundern.

MONÍ

200 m ü.d.M. ➤ [B 4]

Die Kirche des Heiligen Nikólaos ist eine der interessantesten und schönsten in Westkreta. Die herrlichen Fresken im Inneren malte Ioánnis Pagoménos im Jahr 1315. Der Dorfgastwirt Wassilis kann in seinen ordentlichen Zimmern 20 Gäste aufnehmen.

OMALÓS

30 Einwohner, 1000 m ü.d.M. ➤ [C 4]

Die Omalós-Ebene ist eine Legende, ihren Namen kennt in Griechenland jedes Kind. Als Ort des Kampfes und des Heldentums wird sie in der kretischen Hymne besungen. Sie ist Ausgangspunkt für alle Wanderungen durch die ebenso legendäre Samariá-Schlucht, die hier auf 1200 Metern Höhe ihren Einstieg hat. Wanderer, die am Morgen in die Schlucht absteigen wollen, können im Ort übernachten. Die freundlichen Wirte bringen ihre Gäste nach dem Frühstück mit dem Fahrzeug an den rund vier Kilometer entfernten Schluchteingang »Xyloskála«.

Hotels

Exari

Evangelia und Charalambis Koutroulis sind herzerfrischend freundliche und unermüdliche Gastgeber. Gute, im Chalet-Stil eingerichtete Zimmer. Im Restaurant gibt es hervorragendes Ziegen- und Lammfleisch sowie Wildkräuter von den umliegenden Berghängen. Mit seinen Söhnen Ioannis und Georgios betreibt Charalambis außerdem die einzig verbliebene große Käserei der Omalós-Ebene. Hergestellt werden »Graviera«, ein Hartkäse aus Schafsmilch, Frischkäse, Joghurt und ein wenig Feta für den Hausgebrauch. Gäste sind zur Besichtigung der Käserei willkommen.

Am Ortseingang links; Tel. 28 21 06 71 80

• ☒

Neo Omalós

Georgios Drakoulakis und sein Vater Charalambis sind bekannt für einen ungewöhnlich effektiven und pünktlichen Service, die Zimmer sind geräumig und ruhig. Im Restaurant werden die zahlreichen Wandersleute das ganze Jahr über bestens versorgt.

Am Ortseingang; Tel. 28 21 06 72 69

• MASTER VISA

Aktiv

Kallérgi

Eine Tagestour ist der Aufstieg zur Kallérgi-Schutzhütte auf 1700 Metern Höhe, die seit Jahrzehnten von der Alpinschule Innsbruck bewirtschaftet wird. Die Berghütte bietet einen fantastischen Blick auf die Gipfel der umliegenden Berge Melindaou, Psari und Mavri. Wer nicht mehr am gleichen Tag absteigen möchte, kann dort – zu etwas höheren Preisen als im Tal – übernachten und essen.

AUTORENTIPP Eine Wanderung über die mehrere Kilometer breite Omalós-Ebene ist vor allem im Frühjahr attraktiv: Dann blühen Anemonen, wilde Tulpen, Hyazinthen und Gladiolen in ihrer ganzen Pracht.

PALEOCHÓRA

2000 Einwohner, 1200 m ü.d.M. ➤ [B 4]

Kleinstädtische Siedlung an der Südwestküste, erbaut auf einer wie ein Finger ins Meer ragenden Sand- und Felsenbank. Die Einwohner lebten früher vom Fischfang und Gemüseanbau. Heute ernähren sie sich vor allem vom Tourismus und von sich nach Westen hin ausdehnenden Gewächshäusern, in denen hauptsächlich Tomaten und Gurken angebaut werden.

Die Einwohner sperren im Sommer jeden Tag die Hauptstraße für den Autoverkehr und stellen dafür die Stühle der zahlreichen Kaffeehäuser und Restaurants auf den Asphalt. Eine gute Idee, die dem Dorf die ungeteilte Sympathie seiner Gäste gesichert hat.

Vom Schiffsanleger legen jeden Morgen kleine Passagier- und Autofähren in Richtung Osten nach Soúgia, Agía Rouméli und Chóra Sfakíon ab. Unregelmäßige Schiffsverbindung besteht außerdem zur südlichsten griechischen Insel Gávdos. Anfahrt von Kastélli und Chaniá aus mit dem KTEL-Linienbus.

Hotels

Aris

Sehr ruhige Lage mit schöner Gartenanlage, fast am Ende der Halbinsel, etwa 200 Meter vom Fischereihafen entfernt. Gutes Frühstücksbuffet. Fast alle Zimmer mit schönem Meeresblick. Fünf Gehminuten zum Zentrum.

Am Ende der Strandpromenade;
Tel. 28 23 04 15 02;
Arishotel@cha.forthnet.gr •

Kyma

Einfache, aber gute Zimmer mit Balkon zum Meer. Zum Haus gehört eine nett geführte Taverne gleichen Namens mit täglich wechselndem Menü und frischem Fisch. »Kyma« bedeutet übersetzt Welle – der Name weist auf die Lage der Pension direkt am Strand hin.

Am Kiesstrand nah am alten Friedhof;
Tel. 28 23 04 15 50 • (Taverne •••)

Rea

Freundliches kleines Familienhotel in zentraler Lage mit bestem Zimmer- und Frühstücksservice. Ganz in der Nähe gibt es einen Sandstrand. Die Wirtsleute und ihre Kinder sprechen Deutsch und sind überdies an Charme kaum zu überbieten.
Mitten im Ort hinter dem Tourist Office;
Tel. 28 23 04 13 07 •

Third Eye

Hotel und Taverne. Vermietet werden Apartments mit Kücheneinrichtung. Der Wirt Eftichis ist Südostasien-Liebhaber und kocht im angeschlossenen Restaurant vegetarische Speisen, die von der Rezeptur des indischen Subkontinents inspiriert sind. Ruhiger Standort mit einem von Bäumen beschatteten Hof.
Auf dem Weg zum Sandstrand 50 m vor dem Strand links abbiegen;
Tel. 28 23 04 12 34 • (Taverne •••)

Essen und Trinken

Caravella

Gute Küche, prima Service, erstklassiger Weißwein vom Fass aus den Weißweindörfern der Gegend von Kastélli. Eines der besseren Lokale, das seinen Gästen nicht nur Essen, sondern auch guten Service bieten möchte. Besonders der Fisch ist sehr empfehlenswert.
Direkt hinter dem Bootsanleger;
Tel. 28 23 04 11 31 •••/••••

Galaxy

Große Fischtaverne an der Kieselstrand-Promenade, in der man sogar eine wirklich gute Fischsuppe zu kochen weiß. Die Besitzer, die Brüder Grigoris und Menelaos Pentaris, sind freundlich und hilfsbereit, sie beschäftigen in ihrem typisch kretischen Bahnhofshallen-Ambiente die gesamte Familie in Küche und Service.
In der Mitte der Hafenpromenade;
Tel. 28 23 04 10 59 •••

Das alte Schulhaus von Ánidri ist jetzt eine hübsche Taverne (→ S. 180) mit einfacher, guter Küche.

BESONDERE ORTE

7 DIE INSEL DER NYMPHE

Es ist einiges über die herbe Schönheit dieser kleinen Insel zu berichten. Über die kniehohen Stauden des Kopf-Thymians, die üppig rund in den hohen Dünen der feinen Strände wachsen, über die grauen, knorrigen Zedernbäume, deren unzerstörbares Hartholz die Lehmdecken der wenigen alten Bauernhäuser trägt. Und über den leichten, fast zärtlichen Wind, der in den Sommermonaten Kühle in die kalkweiß getünchten Stuben der Menschen bringt. Die Einheimischen sagen auch, Homer habe **Gávdos** gemeint, als er Odysseus die Insel der zauberhaften Nymphe Kalypso finden ließ. Dass er es dort sieben Jahre ausgehalten haben soll, nicht nur der schönen Verführerin wegen, kann jeder Reisende nachempfinden, sobald er dem Hafengebilde von Karés den Rücken gekehrt und sein Antlitz auf die duftenden Kiefernwäldchen des Eilands gerichtet hat.

Gávdos, das sind neun Kilometer Insel in der Länge, fünf in der Breite, 100 gemeldete Bürger, 50 ständige Einwohner, einige Kinder, eine Schule

Der südlichste Punkt Europas: die Insel Gávdos

mit Basketballplatz in voller Größe, Hafen, Strände und Dünen aus goldfarbenem Sand, bunte Felsen in Rot, Gelb und Blau, 50 kleine Kapellen oder mehr und eine eigene Radiostation (FM 88.8), deren Programm an großen Teilen der Südküste Kretas empfangen werden kann und dort recht bekannt ist.

Keiner kann sich hier verlaufen, dafür ist die Insel zu klein. Niemand sollte jedoch ohne Wasser losziehen, dafür sind die Schotterwege zu heiß und zu trocken. Vier bewohnte Orte, seit neuestem einige Kilometer Beton- und Asphaltstraßen, zahlreiche enge Fußwege, um die Ruhe zu entdecken. Um hinabzusteigen von dem acht Einwohner zählenden, großartigen Ort Vatsianá zum Kap Tripiti an den südlichsten Strand des Kontinents Europa und sich vorzustellen, dass Afrika näher ist als das ferne Athen – nur 250 Kilometer vielleicht. Die anderen Orte heißen Kastri, die »Hauptstadt« mit Krankenstation, Kaufladen und Gemeindebüro. Karavé, wie schon erwähnt, der Hafen mit seinen beiden Kneipen, und Ambelos, auf dem höchsten Punkt der Insel, ungefähr 360 Meter über dem Meer, bisweilen in Wolken aus feuchter Meeresluft verschwindend, selbst im Sommer.

WEGWEISER 7

Insel Gávdos

➤ Gávdos ➤ S. 8/9, [b 4] ➤ [C/D 6]

Auskunft über Wetter, Wind und den aktuellen Schiffsverkehr geben die Hafenmeistereien (Paleochóra: Tel. 28 23 04 12 14; Chóra Sfakíon: Tel. 28 25 09 12 92)

Schöne Strände gibt es natürlich auch: Sie heißen Sarakiniko, Agios Ioannis und Korfos. Alle sind leicht zu erreichen. Am Schiffsanleger warten freundliche Wirte der vielen kleinen Tavernen, Kantinen und Herbergen. Sie bieten Transportmittel wie Trecker mit zweirädrigen Hängern, luftige, holprige Wägen, vielleicht auch Minibusse an. Der Fremde steigt ein, bei wem er will, und lässt sich führen, wohin er will. Die meisten zieht es freilich nach Sarakiniko: Sandstrand, fein wie Gold, eine türkisblaue, flache Bucht dazu. Dazu ein Dutzend Tavernen direkt am Wasser.

Die Verbindung nach Gavdós ist heutzutage sicher, die Boote fahren in der Saison regelmäßig, fünf Tage in der Woche, von Paleochóra aus und von Chóra Sfakíon. Reisedauer eineinhalb bis zwei Stunden. Ein Vergnügen, das immer noch kleine Herden von Delfinen begleiten; wer Glück hat, sieht auch mal einen Zwergwal, eine Mönchsrobbe oder fliegende Fische. Trinkwasser kommt nun per Schiff, in Behältern und Flaschen, auf dem Rückweg nehmen die Matrosen den Müll mit. Wo er dann auf Kreta verschwindet, das weiß bisher keiner so genau.

ERHOLUNG UND SPORT

8 BIS ZUM HÖCHSTEN GIPFEL

Sport sei den Kretern eine bis zum heutigen Tag eher unbekannte Beschäftigung geblieben. Das Wort »Sport« habe sich für sie mit der Kälte in den Ländern des mittleren und nördlichen Europa verbunden – und mit deren allemal zu bedauernden Menschen, die sich letztlich mithilfe der Körperertüchtigung auf umständliche und anstrengende Weise aufwärmen mussten. So geht die Legende, die sprachkundigen Reisenden gerne beim Rakí in den Kaffeehäusern angeboten wird. Wahr ist, dass es in Kreta auch im Winter meist so warm bleibt, dass bis vor nicht allzu langer Zeit sogar Heizungen unbekannt waren. Richtig ist, dass die Menschen arm waren und nach der Arbeit in den Weinbergen, den Olivenplantagen und bei der Herde müde genug, um auch ohne Sport problemlos einschlafen zu können.

Kreta hält daher für den in Europa vor allem als Kunde bedeutungsvollen Freizeitsportler nicht besonders viel bereit: Das Segeln ist schwierig vor seinen Küsten – entweder herrscht Windstille oder der Wind ist zu stark, die gewaltigen Schluchten und Steilküsten im Süden bescheren fast täglich unberechenbare Fallwinde. Das Tauchen im kristallklaren Wasser der vielen wunderschönen Buchten schien eine Möglichkeit zu sein. Doch wonach soll der von den Küsten der Karibik oder den Inseln des Pazifiks verwöhnte Gast tauchen? Es gibt kaum noch Fische, die Unterwasserwelt des kretischen Archipels ist arm geworden. So bleibt das Wandern auf einer Insel, deren drei Gebirge fast alles bieten, was anspruchsvollen Bergwanderern und Bergsteigern genügen mag.

WEGWEISER 8

Weiße Berge »Lefká Óri«
➤ S. 8/9, [a/b 3] ➤ [C/D 4]

Das größte Bergmassiv, die **Lefká Óri** (Weiße Berge) mit mehr als 50 über die 2000 Meter hinausragenden Gipfeln, ist die Heimat zahlreicher Raubvogelarten – Lämmergeier, Bartgeier, Mönchsgeier, Adler und Falken, um nur einige zu nennen. Wilde Tulpen, Alpenrosen und Krokus folgen mit ihrer Blüte im April und Mai den in der Sonne schmelzenden Schneefeldern. Auf den Hochalmen zwischen den Gipfeln von Melindáou, Páchnes und Ágio Pnévma (Heiliger Geist) freuen sich im Sommer die Hirten in ihren Steinhütten über jeden Besuch aus der Fremde.

Der 2456 Meter hohe Psiloritis ist der Gipfel des Ídi-Massivs und wohl höchster Berg der Insel. Ganz sicher war das bisher nie, die Schäfer der Weißen Berge im Westen liegen seit Generationen im Wettstreit mit den Hirten des Ídi, die – jeder fest überzeugt – entweder Páchnes (offiziell 2453 Meter) oder eben Psiloritis für das Höchste halten.

Wie dem auch sei – vom Letzteren aus blickt der glückliche Wanderer über die Insel, und niemand hat diesen Blick besser beschrieben als Nikos Kazantzakis: »Ganz Kreta von einem Ende bis zum anderen strahlte in seiner Nacktheit weiß, grün, rosig, inmitten von vier Meeren. Ein Schiff mit drei Masten war Kreta, mit seinen drei großen Berggipfeln, den Weißen Bergen, dem Psiloritis, dem Díkti, und es fuhr dahin von Meerschaum umspült. Ein Meeresungeheuer war es, eine Meerjungfrau mit vielen Brüsten, und sie sonnte sich, auf den Wellen ausgestreckt.«

Doch aufgepasst: Wer bislang nur im Schwarzwald oder auf den Brocken ging, der sollte sich mit Respekt in die kretische Gebirgswelt wagen. Besser noch mit einem Führer. Die Hitze des Sommers, der Mangel an Wasserstellen, das kantige Geröll und die doch ziemlich großen Entfernungen haben schon manchen Touristen das Leben gekostet. Das Land ist zerklüftet von tiefen Tälern und unwegsamen Schluchten. Nur wer auch die kleinen, manchmal kaum sichtbaren Hirtenwege kennt, darf sich, mit einem gehörigen Wasservorrat, ohne einen ortskundigen Führer auf den Weg machen.

Wanderparadies mit Gipfeln über 2000 Meter

AUTORENTIPP Georgios Antonakakis, ein junger kräftiger Kreter, zu Hause in den Weißen Bergen, hat sich mit seiner hervorragend geführten Agentur für viele Wanderer aus ganz Europa seit Jahren unentbehrlich gemacht. Er organisiert und führt sowohl mehrtägige als auch eintägige Wanderungen.

Alpine Travel Chanià

Tel. 28 21 05 09 39, Handy 69 32 25 28 90; george@alpine.gr

ESSEN UND TRINKEN

9 GUTER FISCH UND EINE GESCHICHTE

Die Metamorphose des Ioannis Paterakis vom hageren Fischer zum behäbigen Besitzer eines Restaurants im Dorf Soúgia im Südwesten Kretas begann unerwartet. Man schrieb den 22. Februar 1991. Der erste Golfkrieg tobte, in Kretas Häfen röhrten die schweren Maschinen der Versorgungsschiffe, die auf dem Weg in den Orient Station machten. Kanonenboote und Fregatten fuhren Patrouille, passten auf ihren wertvollen Marinestützpunkt Kreta auf. Auch die US »Virginia« gab acht, nur leider nicht auf ihren Kurs. Sie fuhr dem Fischer Ioannis Paterakis in der Nacht mitten durch sein schönes Holzboot »Vassilis I«. Er jagte gerade Schwertfische vor der Insel Antykíthira, als die Amerikaner ihn furchtbar erwischten. Um ein Haar verlor er ein Bein – ein toter Matrose war zu beklagen, zwei Schwerverletzte dazu, das Boot futsch, die Psyche kaputt, aus der Traum. Er konnte nicht einmal mehr in ein Ruderboot steigen, ohne zu verzweifeln.

WEGWEISER 9

To Kyma

➤ Soúgia, S. 8/9, [a 3] ➤ [B 4]

Am östlichen Ende des Strandes;

Tel. 28 23 05 16 88 ••• ✉

Aus dem braungebrannten Piraten mit dem roten Bart, der kühn in libyschen Gewässern gewildert hatte, wurde der Wirt des Fischlokals **To Kyma**, was übersetzt »Welle« bedeutet. Echte Wellen sind dem Kapitän seither nicht mehr gefährlich, und ohnehin steht er nun in der Kombüse statt im Ruderhaus. Zusammen mit seiner Frau Argyro und dem Sohn Vassilis. Vor der Tür lockt ein Seewasser-Aquarium die Kunden, daneben wartet verheißungsvoll der Kescher. Für die großen Barsche und Langusten, die hinter den Glaswänden glotzen und arglos ihrem Verzehr entgegendümpeln.

Den anderen Part des Unternehmens »Kyma« hat Ioannis' Bruder Georgios übernommen. Mit seinem kleinen Kaïki sucht er in den Gewässern vor der heimischen Steilküste, was die großen Schleppnetz-Trawler den bescheiden gewordenen kretischen Fischern übrig gelassen haben. Und das ist nicht eben viel. Dennoch – die zinnoberroten »Barbounias«, den einen oder anderen Kalamaren oder Kraken und selbst einen feisten Suppenfisch bringen die Paterakis' immer noch auf den Tisch des Hauses. Frisch und erstklassig zubereitet. Gegrillt, gekocht, gesotten – je nach Art und Geschmack.

Und wer keinen Fisch mag, dem sei ein guter Ziegenbraten empfohlen. Im Rahmen seiner Metamorphose ist Ioannis Paterakis auch Hirte geworden. In der Wildnis, die sich hinter Soúgia nach Osten zur großen Tripití-Schlucht hin ausbreitet, grasen friedlich seine langhaarigen Tiere.

Speisen unter dem alten Tamariskenbaum im Restaurant Polyphimos

ESSEN UND TRINKEN

KRÄUTER AUS TANTCHENS GARTEN 10

Eine der aufregendsten traditionellen Kräuterküchen der Insel findet der Reisende im Restaurant **Polyphimos**. Obwohl es dem Zyklopen, einem ziemlich brutalen Sohn des Poseidon, sicher nie eingefallen wäre, Salat anstelle schiffbrüchiger Matrosen zu verspeisen, hat Ioannis Marnelakis sein Lokal nach ihm benannt. Serviert werden im Frühling Gerichte aus Wildpflanzen, im Sommer Salate und Gemüse, die Ioannis' überaus liebenswürdige Tante in ihrem Garten zieht. Natürlich gibt es auch Fleisch, gebraten auf einem Spieß unter einem eindrucksvollen Tamariskenbaum, dessen mächtige Krone die Terrasse des Lokals angenehm beschattet. Besonders zu empfehlen sind die »Kalitsounia«, die mit jungem Spinat, Minze und Schafskäse gefüllt sind. Diese Mahlzeit sollten auch Vegetarier versuchsweise mit einem guten Schnaps beenden, den der Wirt zum Nachtisch auf den Tisch stellt.

WEGWEISER 10

Polyphimos

➤ Soúgia, S. 8/9, [a 3] ➤ [B 4]

Durchgang links hinter der Polizeiwache; Tel. 28 23 05 13 43; polifimos@gmx.net ••• ✉

Oriental Bay
Das Restaurant im Erdgeschoss des gleichnamigen Hotels besticht durch seine ruhige, abgeschiedene Lage am nördlichen Ende des Kieselstrandes. Die Gäste sitzen unter den großen Tamariskenbäumen und hören dem Wellenschlag zu, während sie traditionelle kretische Küche genießen; gutes Frühstück.

Am Strand direkt gegenüber vom Friedhof; Tel. 28 23 04 13 22 ••• ✉

Pizzeria Niki
Der Besitzer Manolis stammt aus Asougirés, wo seine Eltern seit Jahrzehnten das alte Kaffeehaus betreiben. Prima Pizza aus dem holzbeheizten Backofen. Gute Abwechslung für Dauergäste, die hier mal vom griechischen Souvlaki-Alltag in die italienische »cucina povera« wechseln können.

In der Mitte der Hafenpromenade ••• ✉

Almyrída
Das Café ist ein allerliebstes Plätzchen, im Grunde genommen ein großer Balkon mit Entree durch das Haus des Besitzers. Unter einer großen Tamariske (griechisch: »Almyrída«) sitzt der Gast und schaut hinaus aufs türkisblaue endlose Meer. Und trinkt dabei still und von aller Welt verstanden seinen Ouzo, Kaffee, Rakí – probiert immer wieder eines der kleinen »mezédes«, und wenn er will, vertieft er sich in eine angenehme Unterhaltung mit dem Wirt Stelios oder seiner Frau Katarina, die ihm auf Wunsch auch die Welt erklären.

Am südlichen Ende der Hafenpromenade ••/••• ✉

Agios
Kaffeehaus. Nektarios und sein Bruder Georgios sind die mit Abstand bestaussehenden und freundlichsten Barmänner des Orts. Sehr gute Musik, sehr gute Unterhaltung, sehr gute Drinks. Nektarios ist ein echter Kreter, der ziemlich oft darauf besteht, ein Glas auf Kosten des Hauses zu spendieren, und gerne für gute Atmosphäre sorgt.

Kreuzung Venizélos/ Kontekáki •• ✉

Aktiv
Im Sommer fährt jeden Morgen ein Ausflugsdampfer zur Lagune von Elafónissos, Abfahrtszeit gegen 9 Uhr, Rückkehr am Nachmittag.

Ausflüge
Ánídri
➤ [B 4]

Bergdorf mit einer sehr hübschen Taverne im Schulhaus. Sehr gutes Essen mit Blick auf das Meer und die Ánídri-Schlucht. Reisende, die einen kleinen Wanderausflug nicht scheuen, sollten von Paleochóra aus am Strand entlang Richtung Osten gehen und an der Strandkantine (drei Kilometer) links in die Ánídri-Schlucht abbiegen. Sie kommen nach etwa zwei bis drei Stunden Marsch automatisch im Ort an. 50 Meter vom Schulhaus entfernt befindet sich die byzantinische Kirche Ágios Geórgios mit Fresken des Malers Ioannis Pagomenos aus dem 14. Jahrhundert (→ Der gute Tipp von MERIAN 2, S. 140). Ein eindrucksvolles Kunstwerk auf ewig feuchten Wänden, das den Heiligen auf seinem weißen Pferd abbildet.

Insel Gávdos

(→ Der gute Tipp von MERIAN, S. 174)

Azogirés

➤ [B 4]

Das idyllische Bergdorf liegt neun Kilometer in nordwestlicher Richtung von Ánídri. Am Ortseingang empfängt den Gast das sehr traditionelle und pittoreske Kaffeehaus des alten Michalis. Wasserspiele, frei laufende Enten und viele Blumen geben dem Haus sein besonderes Ambiente. Michalis ist ein etwas verwegen aussehender typischer Kreter, der sein Wollsakko und seinen Stoppelbart seit Jahrzehnten zu tragen pflegt. In der Höhle, die über den Pfad hinter Michalis' Haus zu erreichen ist, sollen einst Eremiten gelebt haben.

Temenía

➤ [B 4]

Zehn Kilometer nordöstlich von Azogirés in den Bergen versteckt braute man noch bis vor rund zwei Jahrzehnten aus klarem Quellwasser die beste einheimische Zitronenlimonade Westkretas. Seitdem die Coca-Cola-Schlepper über die Insel zogen und die kleinen Limonaden-Fabriken eine nach der anderen aufkauften, ist von der kretischen Getränkeherstellung nicht mehr viel übrig geblieben. Temenía-Limo ist aus den Kaffeehäusern verschwunden.

Im Oberdorf von Temenía steht, mit wunderbaren Fresken im Inneren, die Kirche Sotíros Christoú aus byzantinischer Zeit. Oberhalb des Nachbardorfes Papadianá sind Reste des antiken Chyrdakina zu entdecken.

Info

Für Informationen sorgt in Paleochóra nicht die Gemeinde mit einem entsprechenden Büro. Zuständig sind die zahlreichen kleinen Reisebüros an den beiden Hauptstraßen im Zentrum und am Hafen. Hier werden Zimmer, Bootsfahrten und Ausflüge vermittelt. Die Gebühren sind korrekt und in allen Büros die gleichen.

PHINIX

6 Einwohner, 0 m ü.d.M. ➤ [D 4]

Aus dem alten Hafen an der Phinix-Bucht wurde ein ruhiges Hotel mit Restaurant, das die Familie Athitakis aus Anópolis zu Beginn der Achtzigerjahre mit eigener Hand baute, damals noch ohne Telefon und Stromanschluss. Schöne Zimmer, gute Küche. Katerina und ihre erwachsenen Söhne sind mindestens 20 Stunden am Tag für ihre Gäste im Einsatz (von Loutró 15 Minuten zu Fuß; Sohn Tassos holt seine Gäste mit dem Boot von Loutró ab).

Tel. 28 25 09 12 57 • ▭ (Taverne •••)

PLATANIÁS – AGÍA MARÍNA

380 Einwohner, 0 m ü.d.M. ➤ [C 3]

Aus den beiden ursprünglich weiter im Inselinneren bewohnten Siedlungen wuchs in den vergangenen 20 Jahren eine Massentourismus-Meile, die fast schon an das bei Chersónissos im Bezirk Iráklion tobende Mália erinnert. Zwischen der alten Nationalstraße Kastélli-Chaniá und dem langen sandigen Strand gegenüber der kleinen Insel Agii Theódori ist auf rund 15 Kilometern Länge ein Konglomerat aus Hotels, Pensionen, Apartmentanlagen, Tavernen, Souvenirläden, Supermärkten, Leihauto-Agenturen, Bars und Diskotheken entstanden, das in den Bezirken Chaniá und Réthimnon seinesgleichen sucht. Geschäfte machen die Hotel- und Gastwirte in erster Linie mit den großen europäischen Reiseveranstaltern, die ihre Pauschaltouristen gerne hier einquartieren. Wer will, kann hier jederzeit ohne lange zu suchen ein Zimmer finden, denn es gibt genügend. Es gibt jede Menge Unterhaltungsmöglichkeiten für alle, die dem reinen Natururlaub einmal entfliehen möchten. Die Strände sind schön, und auf manchen Abschnitten spenden alte Tamariskenbäume Schatten. Wer allerdings kretisches Flair sucht, wird hier nicht fündig.

POLYRINÍA

45 Einwohner, 250 m ü.d.M. ➤ [B 3]

Ehemalige griechisch-römische Siedlung, deren Wasser über einen noch bruchstückhaft erhaltenen Aquädukt in das bei Kastélli gelegene Heerlager geleitet wurde. Sehr schöne traditionelle Steinhäuser. Im Restaurant »Polyrinía« serviert der Wirt Odysseas erstklassiges Kaninchenfleisch.

Sehenswertes

Am unteren Dorfrand eindrucksvolle und sehr gut erhaltene Schachtgräber aus dorischer Zeit. Die Akropolis auf der Hügelkuppe über dem Dorf zeigt Reste einer venezianischen Festung. Die imponierende Kirche wurde vermutlich auf die Grundmauern eines hellenistischen Tempels aus dem 4. Jahrhundert vor Christus gebaut.

Die Samariá-Schlucht ist die zweitlängste Schlucht Europas. Ein Wanderparadies, das man alleine oder in der Gruppe erkunden kann.

SAMARIÁ-SCHLUCHT 5

0–1200 m ü.d.M. ➤ [C 4]

Die Samariá-Schlucht gilt als längste Schlucht Europas und ist seit rund 45 Jahren Naturschutzgebiet. Die Bewohner der Siedlung Samariá wurden Ende der 1950er-Jahre dafür entschädigt, dass sie ihr Dorf und ihre kargen Äcker an den Naturpark abgaben. In den Häusern sind heute die Wildhüter und Forstbeamten untergebracht.

kann ein Sternenhimmel bestaunt werden, den es im ausgeleuchteten Mitteleuropa nicht mehr zu sehen gibt, während die dunkle Meeresdünung den schwarzgrauen Kies rollt.

SIRIKÁRI

15 Einwohner, 500 m ü.d.M. ➤ [B 3]
Von dem kleinen Dorf Sirikári aus führt ein sehr schöner Wanderweg durch die gleichnamige Schlucht bis nach Polyrinía und weiter nach Kastélli. Am besten mit dem Taxi bis Sirikári fahren und zu Fuß zurück nach Kastélli gehen – mit einem Halt und Imbiss bei »Odysseas«.

Die Schlucht führt aus 1200 Metern über 18 Kilometer bis an die Südküste, wo ihre zahlreichen Wildbäche vereinigt ins Meer münden. An ihrer breitesten Stelle misst sie 300 Meter, am engsten Durchbruch 3,5 Meter. Wer die Schlucht durchwandern möchte (→ Tour 1), sollte schon ein bisschen geübt sein und vor allem festes Schuhwerk mitbringen. Da man, je nach Kondition, zwischen fünf und sieben Stunden unterwegs ist, ist sowohl ein Pullover für die kühlen Morgenstunden als auch eine Kopfbedeckung für später erforderlich, denn auf längeren Abschnitten gibt es keinen Schatten.

Wer nach der Wanderung unten am Meer angekommen ist und es nicht eilig hat, sollte hier eine Nacht bleiben. Das Dorf wird gegen Abend wunderbar ruhig, es gibt keinen Autoverkehr. Am Strand

SOÚGIA

80 Einwohner, 0 m ü.d.M. ➤ [B 4]
Früher eine winzige Bauern- und Fischersiedlung, heute eines der wenigen touristischen Kleinode Kretas. Der Ort ist stark gewachsen und lebt inzwischen von seinen Gästen. Und doch ist er beschaulich geblieben. Der sehr lange Kiesstrand bietet selbst in der Hochsaison so viel Lagerplatz, dass keiner sich beengt fühlen muss. Hinter einigen großen Felsbrocken am Oststrand entkleiden sich in der sogenannten »Schweinebucht« einige der als »Gymnoi«, Nackte, bezeichneten Badegäste sogar vollständig.

Unterkünfte gibt es in Soúgia in beinahe jedem Haus, fast alle Zimmer oder Studios sind einfach und genügen völlig den Ansprüchen eines Badeurlaubers.

Hotels

Galini

Größere Pension mit guten Zimmern. Der Wirt und seine Frau sprechen Englisch und Deutsch. Auf Wunsch wird das Gepäck vom Hafen oder von der Bushaltestelle abgeholt.

An der Hauptstraße am Dorfeingang; Tel. 28 23 05 14 88 ••• ✉

Captain George

Hat nicht nur Zimmer und einen Garten mit Golf-Rasen, dieses Hotel hält sich am Eingang sogar einen Agrimi-Bock aus den Weißen Bergen. Mit seinen verschiedenen Booten kann der Wirt Badegäste und Wanderer nach Líssos oder in Richtung Osten zur Strandkirche Ágios Antónios und zur Tripití-Schlucht bringen.

Gegenüber der Polizeistation; Tel. 28 23 05 11 33 • ✉

Parádisos

Pension mit einer kleinen Terrasse und nettem Garten. Sehr freundlicher Empfang und Service. Besonders ruhige Lage mit Blick auf den Fluss und den 50 Meter entfernten Kiesstrand.

Am Flussufer; Tel. 28 23 05 14 86 • ✉

Essen und Trinken

Galini

An der belebten Strand-Kreuzung, wo auch der KTEL-Linienbus hält. Schneller Service, gutes Essen, annehmbare Preise, prima Aussicht auf das turbulente Dorfleben. Die Terrasse wird von einer mächtigen Tamariske beschattet.

An der Wasserfront Neben der Bushaltestelle ••• ✉

Omikron

Einst von dem Deutschen Martin Frank eröffnetes Strandrestaurant, inzwischen durch viele Hände gegangen; immer noch recht ansprechende Atmosphäre, internationale Küche mit einigen einfallsreichen Gerichten.

Neben dem Galini ••• ✉

Polyphimos 10

(→ Der gute Tipp von MERIAN, S. 179)

Rakí-Bar

Seit ewigen Zeiten vom Hirten und Fischer Pantelis betrieben. Beliebter Treffpunkt für anständiges Tavli-Spiel und gepflegtes Trinken. Zuständig für den Service ist seine bezaubernde Schwester Maria, die am besten weiß, wo die Rakí-Flaschen stehen.

In der Ortsmitte • ✉

Roxana

Die Besitzerin dieses kleinen Imbiss-Standes verkauft Kuchen, Schafskäse in Blätterteig (»tirópitta«) und Eiscreme, sogar auch Schiffstickets. Ihre guten Tipps und Ratschläge (in Deutsch und Englisch) gibt sie gratis.

An der Bushaltestelle • ✉

To Kyma 9

(→ Der gute Tipp von MERIAN, S. 178)

Ausflüge

Ágios Antónios

Die kleine doppelschiffige Kapelle am Fuß der antiken Festung Pikílassos kann nach einem rund zweistündigen Fußmarsch von Soúgia in östlicher Richtung erreicht

Selten so ruhig: Das »Artcafé« in Vámos ist ein Treffpunkt für junge Leute – und nur eines von vielen Lokalen im Dorf.

werden. Das Gebäude und die Fresken wurden restauriert. Boote können nur bei ruhiger See dort anlegen, für den Fußmarsch wird vor allem ausreichend Wasser benötigt. Der Weg ist mit roten Punkten und Steinmännchen markiert.

Líssos

Zum antiken Heil- und Kurort Líssos geht man auch heute noch zu Fuß. Allenfalls kann man sich mit einem Boot bis an den Strand des wunderschönen Tals bringen lassen, in dem sich die Reste des Äskulap-Tempels aus hellenistisch-römischer Periode und die immer noch sprudelnde heilige Quelle verstecken. Líssos erlebte seine beste Zeit, ebenso wie die Siedlungen Tara (das heutige Agía Rouméli), Yrtakína und Pikílassos, ungefähr 300 Jahre vor Christus. Die Wanderung durch die hübsche, schattige Schlucht und über das Hochplateau dauert – hin und zurück – rund zwei Stunden.

VÁMOS

800 Einwohner, 250 m ü.d.M.

➤ [D 3]

Reizvolles Bergdorf mit einem wunderbaren Blick ins Umland. Eine Kooperative aus ehemaligen Dorfbewohnern hat es sich zur Aufgabe gemacht, die alten Häuser in Vámos traditionsgerecht wieder aufzubauen und kunstvoll zu restaurieren. Eine Initiative, die dem Dorfbild ausgesprochen gut getan hat. Dennoch ist Vámos ein moderner Ort, das Zentrum des Apokóronas mit Schulen, Friedensrichter, Kindergarten, Gesundheitszentrum, Bürgermeisterei und Polizeistation. Ein lebendiger Ort, der rund 30 »Xenones«, Gästehäuser, für den Tourismus bereithält.

Essen und Trinken

Es gibt zahlreiche Kaffeehäuser, darunter das der Kooperative »Vámos« mit wunderbarem Balkon und eben solchem Blick auf die Berge. Auf dem Dorfplatz befinden sich die gegenüberliegenden

Fleischbratereien von Pantelis und Georgios. Beide Wirte bieten auch »mezédes« zum offenen Wein oder Bier an, die köstlichen Appetithappen.

I sterna tou Bloumosifi

Taverne an der Hauptstraße unter einer Platane. Traditionelle kretische Bauernküche. Täglich geöffnet. Die Gäste sitzen unter einer schattigen Platane, unter der einst die Quelle des Bloumosifis plätscherte, die dem Lokal den Namen gab. Noch heute dient eine Zisterne zur Kühlung der Getränke.

Am Dorfeingang rechts; Tel. 28 25 02 29 32; tgl. geöffnet ••• ✉

Marouvas

Taverne, 50 Meter oberhalb des »Bloumosifi«. In der Küche steht der sprachgewandte, einfallsreiche Koch Christos. Seine Spezialität sind Muschelgerichte in Weinsoße. Den Wein baut der Besitzer selbst an.

An der Hauptstraße links, 50 m unterhalb des Dorfplatzes ••• ✉

Einkaufen

Pantopoleion

Das »Pantopoleion« der Vámos-Kooperative bietet eine breite Palette heimischer Produkte zum Verkauf an. Vom Honig, Schnaps und Käse bis zum Rezeptbuch

Das Frauenkloster Chrissoskalítissa, das »goldene Treppchen«, thront majestätisch auf einem Felsen über dem Meer.

und den traditionellen Weingefäßen aus eloxiertem Aluminium. Hier findet man geschmackvolle Souvenirs.

Hinter der Taverne »Bloumosifi« rechts abbiegen, nach 80 m ✉

VÁTHI

50 Einwohner, 350 m ü.d.M.

➤ [A 4]

Schönes Dorf auf dem Weg zum Kloster Chrissoskalítissa und zur Lagune Elafónissos. Neben der großen Dorfkirche wartet einer der freundlichsten und besten Kaffeehausbesitzer der Gegend auf Gäste: Tassos serviert nicht nur erstklassigen griechischen Kaffee, er hilft auch gerne weiter, wenn seine Gäste die byzantinischen Kirchen Michaelís Archángelos und Ágios Geórgios sehen wollen. Beide Kirchen sind mit wunderschönen Fresken aus dem 14. Jahrhundert ausgemalt. Besonders schön sind die »Trompeten von Jericho« in der mitten im Dorf gelegenen Kirche des Erzengels Michael.

Sehenswertes

Chrissoskalítissa

Das rund 200 Jahre alte Frauenkloster Chrissoskalítissa (»goldenes Treppchen«) liegt einige Kilometer unterhalb von Váthi auf einem Felsen über dem Meer. Die einzig verbliebene Nonne sorgt mit dem zuständigen Archimandriten dafür, dass das Kloster für die zahlreichen Besucher offen bleibt. Die Legende besagt, dass eine der Treppenstufen, die zu dem strahlend weißen Gemäuer mit dem blauen Dach hinaufführen, aus purem Gold sei. Sehen kann diese Stufe aber nur der, der wirklich reinen Herzens ist...

VLÁTOS – MILIÁ

0 m ü.d.M. ➤ [B 3]

In Richtung Chrissoskalítissa und Elafónissos gibt es an der alten Landstraße einen unscheinbaren Abzweig in das drei Kilometer oberhalb gelegene Dorf Vlátos, dessen einzige Taverne »Plataniá« im Schatten einer tausend Jahre alten Platane liegt. Von dort finden Reisende mit eigenem Fahrzeug den Weg zum Öko-

Dorf Miliá. Die grobe Straße führt über fünf Kilometer in einigen Schleifen bis an den Fuß des 900 Meter hohen Berges Psiló Kefáli (Hoher Kopf). Miliá ist kein echtes Dorf; die wunderbar hergerichteten Steinhäuser waren einst ein »Metochi«, eine Sommersiedlung der Bauern und Schäfer aus den tiefer gelegenen Ortschaften, die hier ihre Schafe hüteten und Gemüse anbauten. Das mit EU-Geldern neu entstandene Miliá verfügt über eine erstklassige Taverne und Gästehäuser; rund um die Siedlungen pflanzten die jungen Initiatoren aus Vlátos einige hundert Apfelbäume, Platanen, Johannisbrotbäume, Kastanien und Oliven. Gäste, die den Betreibern der Farm bei der Obsternte (»Miliá« heißt Apfelbaum) oder beim Schnapsbrennen helfen wollen, sind dazu herzlich eingeladen. Zimmer unbedingt reservieren.

Öko-Dorf »Miliá«; Tel. 28 22 05 15 69; Mobil 69 45 75 37 43

VRÍSSES

300 Einwohner, 50 m ü.d.M. ➤ [D 4]

Kazantzakis nannte es »das grüne Dorf« – und wahrhaftig, grün ist es, denn im Winter wird aus dem zahmen Bächlein, das mitten durch den Ort fließt, ein rauschender Fluss. Einer der wichtigen Verkehrsknotenpunkte auf Kreta. Die Busse von Chaniá nach Réthimnon und Iráklion kommen durch das Dorf, wer nach Süden in die Region Sfakiá und in Richtung Frangokástello fahren möchte, muss hier umsteigen. Durch den Autoverkehr ist der Ort sehr betriebsam. Tankstellen, Geschäfte und Tavernen prägen das Ortsbild. Den Fahrkartenverkauf erledigt der junge Andreas im Haltestellen-Café. Unter alten Platanen am Ufer des Dorfbaches warten mehrere Restaurants auf Busreisende und Leihwagen-Kondukteure. Wer es nicht eilig hat, kann hier ein Mittagessen im Schatten der Bäume genießen – und mit einem der nächsten Busse weiterfahren. Die Spezialität der Schäfer von Vrísses ist ihr sahniger Joghurt, der in den Kaffeehäusern und Tavernen mit Honig serviert wird. Wer nicht lange sitzen mag, kann sich zu Fuß (oder mit dem Taxi) zum drei Kilometer entfernten Kloster Kardidi aufmachen. Seine Kapelle und die ehemalige Produktionshalle sind sehenswert. Das Dach, unter dem die Mönche einst Käse, Wein und Schnaps herstellten und wo sie auch Wolle verarbeiteten und Schafe schlachteten, wurde von zwölf riesigen Steinbögen getragen. Der Hüter des Klosters ist ein ehemaliger Dorfpfarrer, der sich vor Jahren hierher in die Einsamkeit zurückgezogen hat. Einsame Wanderer lädt er bisweilen auf einen guten Schluck in seine Küche ein.

Dorotheos ist ein lebhafter, aufmerksamer Gastgeber, ein Mann, der – trotz seiner tragischen Familiengeschichte – das Leben liebt und es als das ansieht, was es ist: »Ein Geschenk Gottes«, so wie er es in seinem Namen verewigt hat. Seit vielen Jahren baut er die alten Gemäuer wieder auf, großzügige Spender haben ihm dabei geholfen.

Ideales Feriendomizil in Miliá: Die traditionellen Steinhäuser unter riesigen Platanen sind ganzjährig zu buchen.

Das Kloster von Móni Arkádi (→ S. 211) ist seit dem Wiederaufbau Nationalheiligtum. Widerstandskämpfer hatten sich hier 1866 mit den damals türkischen Belagerern in die Luft gesprengt.

HÜGELLAND UND ALTE DÖRFER

Vom orientalisch anmutenden Réthimnon über die Hügel ins Hinterland zu reisen, Höhlen zu erkunden und Kirchen zu besichtigen, das sind nur einige der möglichen Aktivitäten, die die Region anbietet.

Bisweilen liegen im alten Hafen von Réthimnon Schiffe vor Anker, die gar keine Schiffe sind, sondern Attrappen aus Sperrholz. Falsche Piratenschiffe für echte Pauschalpiraten. Ihre Anwesenheit beweist dem Reisenden, dass er selbst in den venezianischen oder türkischen Gemäuern einer wunderbaren Stadt nicht mehr sicher ist vor den Zumutungen des Touristenalltags. Dass er aus den Hafenpromenaden fliehen muss, um vielleicht in einer der vielen engen Gassen Réthimnons Rettung zu finden. Dass er sich am besten gleich in das Hinterland aufmachen sollte, um sich zwischen Weinreben und Schafsweiden der Melancholie alter Dörfer hinzugeben.

Die Landstraßen, die über bilderbuchschöne Hügel an der Westflanke des Psiloritis entlang nach Süden und Osten führen, brauchen Zeit. Zimmerangebote für Übernachtung gibt es inzwischen in den meisten Orten, im günstigen Fall als Zugabe zu einem Kaffeehaus, einer Taverne oder einem Kaufladen. Die EU hat in ihrem »Agrotourismos«-Programm beinah wahllos den Bau Tausender Gästezimmer finanziert.

Wenige Kilometer vor den Toren Réthimnons befindet sich das kretische Nationalheiligtum, das Kloster Arkádi, und schaut von den Hügelkuppen auf die Stadt herab. Am 9. November 1866 hatten sich dort Aufständische gegen die türkische Armee verbarrikadiert. Als die Türken die Mauern stürmten, sprengten sich die Verteidiger selbst in die Luft. Griechische Schriftsteller verewigten den legendären Mut der belagerten Männer, Frauen und Kinder in Poesie und Prosa.

Legendär ist auch der Psiloritis. Etwa 2456 Meter hoch, steht der Berg im Mittelpunkt vieler Stegreif-Lieder, der

ZUR ORIENTIERUNG

Übersichtskarte siehe Seite 192.
Die Reihenfolge der Orte und Regionen in diesem Kapitel ist nach dem Hauptort alphabetisch. Hier die wichtigsten auf einen Blick:

Hotels und Restaurants, die bei den Orten zu finden sind, sortieren wir nach Preiskategorien von •••• bis •. Die Aufschlüsselung unseres Preisklassensystems finden Sie auf Seite 5.

»Mantinaden«, interpretiert von den berühmten Musikerfamilien aus Anógia. Auf dem Boden der grausamen Geschichte dieses Dorfes wuchs in Jahrhunderten große Gesangeskunst, die noch heute an die Kinder und Enkel weitergegeben wird. Die besten Sänger und Lyra-Spieler sind in ganz Griechenland, ja sogar Europa bekannt (→ Reportagen, S. 65).

Auf dem Weg von Réthimnon nach Iráklion kommt ein Reisender, der einen kleinen Umweg nicht scheut, in das Dorf Margarítes. Dort kann er sich anschauen, wie die gewaltigen, zum Teil mannshohen Tonkrüge hergestellt werden, die »Poitharia«. Nicht nur deshalb ist Margarítes einen Abstecher wert, sondern auch wegen seiner Häuser, deren leuchtende Farben – Gelb, Ocker und Rosa– dem Dorf eine besondere Note geben.

Noch ein Wort zu Réthimnon. Von allen Städten hat es am meisten aus den Jahrhunderten seiner türkischen Geschichte bewahrt. Die Kirchenarchitektur ist Zeugnis dieser Epoche, die Minarette und die kleinen Moscheen, aber auch der Lebensstil seiner Bürger, der nur wenig von der Hektik der Städte Chaniá und Iráklion übernommen hat. Réthimnon ist im besten Sinne orientalisch: lebendig, pulsierend, mit einer wunderbaren Atmosphäre. Und hat zudem als einzige Stadt einen feinen Sandstrand, an dem der Gast sein Bad nehmen kann, während die großen Fähren gemächlich in den Hafen ein- und ausfahren.

RÉTHIMNON 6

29 000 Einwohner, 15 m ü.d.M.

➤ Stadtplan, S. 194 ➤ [E/F 4]

Die zweite Schönheit am kretischen Meer, etwas rustikaler, weniger fein als Chaniá, ist Réthimnon: sehr viel hübscher und bescheidener als die große Schwester Iráklion. Die Altstadt mit dem Venezianischen Hafen erinnert in ihrer Anlage und dem damit verbundenen Zweck – Verteidigung, Handel, Reichtum – an die Nachbarstadt im Westen. Sie zeigt aber auch am deutlichsten vor allen anderen kretischen Siedlungen, dass die Türken hier länger als zwei Jahrhunderte Politik und Kultur bestimmten – oder unterdrückten, wie die Kreter sagen. Die engen Gässchen und winzigen Läden erinnern noch immer an einen orientalischen Bazar, das feine Minarett am Eingang zum zentralen Teil ist ein Prachtstück kleinasiatischer Baukunst. Mit knapp 30 000 Einwohnern ist Réthimnon nach Iráklion und Chaniá die drittgrößte Stadt der Insel. Idealer Standort ist sie für Reisende, die möglichst viel von Kreta sehen, aber ihr Quartier nicht jeden Tag wechseln wollen. Réthimnon liegt sozusagen in der Mitte, sowohl Iráklion und Chaniá als auch die Südseite der Insel sind jeweils nur eine Autostunde entfernt.

Keine andere Stadt in Kreta hat so viele lange Strände, sie beginnen mitten in der Stadt; eine verkehrsreiche Promenade nimmt ihnen allerdings viel von ihrer natürlichen Schönheit. Das Herz Réthimnons ist die Fortezza. Die Festung war einst so groß, dass sich hinter ihren Mauern eine Stadt in der Stadt verbarg. Ihre hohen Wälle mit dem Kuppelbau der alten Moschee sind weithin sichtbar und beherrschen noch immer das Erscheinungsbild von Réthimnon. Und noch heute weisen Türportale und Fassaden der venezianischen und türkischen Stadtpaläste auf ihre adeligen Bauherren hin. Doch Réthimnon hat sich auch die Merkmale seiner bäuerlichen Einwohner erhalten. In den Gassen abseits der Touristenströme sitzen die Menschen abends

Wahrzeichen von Réthimnon: die Fortezza, die mit ihrer turmlosen Moschee über die Stadt wacht.

vor ihren Häusern auf der Straße, plauschen, häkeln oder schauen von der Straße aus auf den unvermeidlichen Fernseher. Offen stehende Türen erlauben ganz selbstverständlich Einblick in ein Treppenhaus, eine winzige Küche oder einen imposanten Innenhof. Töpfe mit Geranien, rankendem Jasmin und Bougainvilleen schmücken Fenster, Treppen und Gehwege.

Die Nerantze Moschee mit ihrem Minarett ist Schauplatz für Konzerte und Kulturveranstaltungen. In der Odos M. Vernardou, die am Minarett vorbeiführt, stellen die Frauen bettlakengroße Teigblätter her. Neugierige aus der Fremde sind herzlich dazu eingeladen, sich diese seltene Kunst zeigen zu lassen, bevor die industrielle Produktion auch sie verdrängen wird. Réthimnons Geschichte ist wie die der ganzen Insel reich und wechselvoll. Erst im 16. Jahrhundert wurde aus dem Dorf eine richtige Stadt, 1583 verzeichnete das Stadtregister »84 noble Venezianer, 213 noble Kreter und 4485 Bürger«. Bis zum Ende des 19. Jahrhunderts ging die Bevölkerungszahl ständig zurück, die Menschen zogen sich aus der engen Stadt in die Dörfer zurück, wo sie sich vor den Pogromen der osmanischen Herrscher eher in Sicherheit glaubten. Erst ab 1920 wuchs die Zahl der Einwohner wieder, und der Schriftsteller Pandelis Prevelakis schrieb 1938 in seiner »Chronik einer Stadt«, dass »die Bürger von Réthimnon gutherzige Menschen sind, zurückhaltend und zugleich stolz, wohlbelesen und wohlgesittet, kurz, eine erwünschte und rare Spezies auf dieser zur Unruhe neigenden Insel«.

Nachdem die Türken 1571 schon einmal die Stadt angezündet hatten, nahmen sie sie Mitte des 17. Jahrhunderts nach kurzer Belagerung ein. Bis 1879 blieben die Osmanen Herren der Stadt und der Region. Ein architektonisches Überbleibsel dieser Zeit sind – wie in den anderen Städten – die »Kioskia«, die hölzernen Erker vieler Altstadthäuser, in die Gassen ragende, geschlossene Balkonbauten.

Hotels

Atlantis Beach Hotel

Komfortables Strandhotel mit Haupthaus und sechs kleineren Bungalows in der Nähe des Stadtzentrums an der Strandpromenade. Restaurant, Cafeteria, Bar und Taverne. Die Zimmer haben Klimaanlage, Satellitenfernsehen, Musikanlage, Kühlschrank und Haartrockner. Außenpool mit Kinderbecken, Spielplatz, Sauna, Fitnessstudio und Minimarkt.

➤ Stadtplan S. 194 , [c 3] **Ari Velouhioti 26 (an der Strandpromenade östlich des Stadtzentrums); Tel. 28 31 05 10 02; http://atlantisbeach.gr •••• MASTER VISA ♿**

Veneto

Restauriertes venezianisches Altstadthaus im traditionellen Stil. Luxuriöse Studios und Suiten, das ganze Jahr hindurch geöffnet. Sehr gutes hauseigenes Restaurant mit griechischer und mediterraner Küche. Keine direkte Parkmöglichkeit, sondern zwei Minuten entfernt.

➤ Stadtplan S. 194, [b 2] **Epimenidou 4 (Gasse zwischen Arabatzoglu u. Vernardou); Tel. 28 31 05 66 34; www.veneto.gr •••• MASTER VISA**

Leonidas Hotel

Apartmenthotel mit Studios und Wohnungen, ansprechend renoviert. Lage in ruhiger Seitenstraße der Strandpromenade, 50 Meter vom zentralen Strand entfernt. Auch in der Hochsaison relativ preiswert, Klimaanlage, Sauna und Spa.

➤ Stadtplan S. 194, [c 3] **Papadaki Michael 4 (am Strand östlich des Stadtzentrums); Tel. 28 31 05 17 54; www.hotel-leonidas.com ••**

Olgas Pension

Zwischen vielen kleinen Souvenirläden. Einfaches, aber hübsches Quartier auf verschiedenen Etagen in einem Altstadthaus. Zimmer mit Duschbad. Stella und Giorgos sind sehr herzliche Wirtsleute und stehen mit Rat und Tat zur Seite. Frühstück im Preis inbegriffen.

➤ Stadtplan S. 194, [b 2] Souliou 35 und 57; Tel. 28 31 02 86 65 •• MASTER VISA

Essen und Trinken

Avli

Bekannteste Taverne der Stadt. Ausgezeichnetes Essen. Der Name »Avli« steht für den schönen Hof, in dem die Gäste gemütlich sitzen und sich den Spezialitäten des Lokals widmen dürfen.

➤ Stadtplan S. 194, [b 2] An der Ecke Xanthoudidou 22 und Radamanthus; Tel. 28 31 02 62 13; info@avli.gr ••• MASTER VISA

Nostos

An der Strandpromenade. Wird für das beste Restaurant in der Stadt gehalten. Zarte Filets mit erlesenen Saucen und eine Liste ausgesuchter griechischer Weine. Sehr große Portionen, ein eigener Konditor ist für die Süßspeisen zuständig.

➤ Stadtplan S. 194, [c 3] Ari Velouchioti 2, (in der Nähe des Atlantis Beach Hotels, östlich des Stadtzentrums); Tel. 28 31 03 60 00; tgl. ab 9 Uhr, Küche ab 13 Uhr ••• CREDIT

Mezedopoleio Platia

Direkt am Meer, besonders geeignet für heiße Tage und warme Sommerabende, an der »Peripheria« gelegen, der Umgehungsstraße vom Schiffsanleger zum zentralen Busbahnhof. Auf der Speisekarte stehen eine Vielzahl kleiner Vorspeisen, traditionelle kretische Küche, Fischgerichte und als Spezialität des Hauses: Schnecken. Auch die vegetarischen Gerichte sind empfehlenswert.

➤ Stadtplan S. 194, [b 2] Plastira und Makedonias 1; Tel. 28 31 05 35 98 •• MASTER VISA

Tapas y Vinos

Ein wirkliches Highlight für Reisende, die es ästhetisch lieben. Die warmen glutvollen Farben – dunkelrote Wände, schwarze Möbel mit klarer Linienführung und eine goldgelbe Wand, alles von der spanischen Eigentümerin Laetitia entworfen – schaffen ein Ambiente, in dem der erstklassige Wein und die hervorragenden Tapas eine tolle Abwechslung zur griechischen Küche bieten. Laetitia stammt aus Andalusien und legt Wert darauf, dass sie alle Produkte im Selbstimport direkt aus Spanien bezieht, sowohl ausgesuchte Weine, spanische Käsesorten als auch den Schinken, Carmoni Berico, der frisch vom Stück geschnitten wird und in einem Holzgestell hinter der Theke steht. Laetitia und ihr deutscher Mann Andreas verstehen sich nicht als Konkurrenz zur guten kretischen Küche, es geht um ein bisschen Vielfalt und ein wenig spanische Leichtigkeit. Für jeden Geldbeutel erschwingliche Preise. Die Tapas-Bar serviert in der Altstadt unweit der Fortezza. Sie ist das ganze Jahr durch geöffnet. Im Sommer stehen die Tische draußen.

➤ Stadtplan S. 194, [a 2] Mellisinou 4; Tel. 28 31 05 85 54 ••

Im Hof der Taverne »Avli« speisen Gäste unter grünen Markisen.

Taverna tou Sissis

Großes Restaurant in Missiria mit schier unbeschreiblicher Fülle an Speisen. In einer gläsernen Wärmetheke werden sie zum Aussuchen angeboten. Sehr günstige Preise, gute Qualität. Die Taverne liegt an der östlichen Ausfallstraße, hier von Eukalyptusbäumen mit weiß angestrichenen Stämmen gesäumt. Tavernenschild in griechischer Schrift teilweise von einem Baum verdeckt.

Machis Kritis 63 (östlich des Stadtzentrums); Tel. 28 31 02 88 14; tgl. ab 12 Uhr ••

To Pigadi

Ein kleines Restaurant in der Altstadt. Es wird draußen im Hof unter üppig blühenden Bougainvilleen serviert. Hier steht auch der alte Ziehbrunnen, der dem Restaurant seinen Namen gab. Auf der reichhaltigen Speisekarte stehen traditionelle Gerichte wie Ziege mit Artischocken und Lamm mit Feta und Gravierakäse. Köstlich ist außerdem das gegrillte Gemüse mit Honig und Knoblauch – ein Vorspeisenteller. Auch Vegetarier werden hier schmackhafte Gerichte finden.

➤ Stadtplan S. 194, [b 2] **Xanthoudidou 31; Tel. 28 31 02 75 22; topigadi@hotmail.com; tgl. 10–15 und ab 18 Uhr**

•• DINERS MASTER VISA

Tzivaeri

An der Strandpromenade. Hier gibt es außer traditioneller griechischer Küche auch italienische, mexikanische, indische und chinesische Gerichte für alle, die internationale Küche bevorzugen.

➤ Stadtplan S. 194, [c 2/3] **El. Venizelou 20; Tel. 28 31 05 61 06 ••** MASTER VISA

Ausflüge

Wanderungen, die in das Hinterland nach Süd- und Westkreta und auf das Omalós-Plateau führen, werden von Ende März bis Anfang November von »Happy Walker« angeboten. Geführt werden sie von erfahrenen Wanderführern, die Deutsch, Englisch und Niederländisch sprechen. Preis pro Person 30 €.

»The Happy Walker«, Tobazi 56, (Altstadt); Tel. und Fax 28 31 05 29 20; info@happywalker.com

Fahrräder stellt die Gemeinde in der Aktion »Elevthero podilato« seinen Bürgern und Gästen kostenlos zur Verfügung. Es sind nagelneue »City-Räder« mit fünf Gängen und einem Korb für Einkäufe. Gegen Abgabe des Reisepasses können sie am Rathaus in der Hauptstraße (Leoforos Koundouriotou, Ecke Kallergi/ Dimokratias) ausgeliehen werden.

Museen

Archäologisches Museum

Das Museum war zunächst in der Loggia untergebracht. 1991 wurde es in die heutigen Räume gegenüber der Fortezza verlegt, die aber nun den Ansprüchen nicht mehr genügen. Ein Umzug in ein geeignetes modernes Gebäude ist geplant. Der Bau, ursprünglich in Form eines Pentagons, diente auch als Gefängnis, was seine äußere Erscheinung stark prägte. Die Ausstellung umfasst Stücke aus der neolithischen Periode bis zu der römischen Epoche aus allen Gebieten der Präfektur Réthimnon. Sie zeigt spätneolithische Funde (3500–2900 v. Chr.), frühe minoische Stücke (2800–2100 v. Chr.) aus den Höhlen von Melidoni, Gerani, Margelon und Elenes sowie Funde der mittleren minoischen Periode (2100-1600 v. Chr.) aus den Gemeinden Apodoulou und Monastiraki sowie dem Gipfel des Vryssinas. Auch die spätminoische Epoche (1600–1100 v. Chr.) ist vertreten mit Stücken aus den Friedhofsfunden der Region, insbesondere dem von Armeni. Funde der Jahre 1000-700 v. Chr. und 700–500 v. Chr. aus Archea Elevtherna und Àxos ergänzen die Sammlung. Die prähistorischen Altertümer des Museums gehören zu den schönsten Kretas. Reichhaltige Münzensammlung.

➤ Stadtplan S. 194, [b 2] **Terma Cheimaras; Tel. 28 31 05 46 68; Di–Sa 8.30–15 Uhr**

Galerie Frantzeskaki

Die Sammlung von Eleni Frantzeskaki ist in einem Gebäude gegenüber der Pinakothek Kanakakis untergebracht und zeigt traditionelle kretische Handarbeiten wie Webstücke, Stickereien und Spitzen.

➤ Stadtplan S. 194, [b 2] **Chimaras 4; Öffnungszeiten variabel**

AUTORENTIPP Die »Loggia« (Ecke Arkadiou/K. Paleologou) war Treffpunkt und Beratungssaal der venezianischen Würdenträger. Sie wurde von den Türken in eine Moschee umgestaltet, mit einem Minarett, das an die westliche Seite angebaut wurde. Heute dient es als Museumsshop, in dem Nachbildungen alter Skulpturen erworben werden können.

Historisches und Volkskundemuseum

Die Ausstellungsstücke im »Istoriko Laografiko Mouseio« stammen aus diversen Schenkungen und Käufen. Sie umfassen Webstücke, Arbeitsgerät, Stickarbeiten, Spitzen, Tongegenstände, Körbe, Metallarbeiten, Münzen, Trachten, historische Kleinode und mehr. Seit 1995 ist das Museum in einem unter Schutz stehenden venezianischen Bürgerhaus aus dem 17. Jahrhundert untergebracht. Das zweistöckige Gebäude mit Innenhof beeindruckt

Neue Kunst in alten Hallen: In einem venezianischen Gebäude stellt die Galerie Kanakakis (→ S. 200) zeitgenössische Malerei aus.

vor allem durch seine architektonischen Feinheiten. Das kleine Museum befindet sich in einem wunderschönen alten Quartier.

➤ Stadtplan S. 194, [b 2]

M. Vernardou 28–30; Tel. 28 31 02 33 98; Mo-Sa 9.30–14.30 Uhr

Meereskundemuseum

Das »Mouseio Enalias Zois« hat in der alten Abtei in der Altstadt ein Zuhause gefunden. Die Sammlung zeigt Weichtiere, Schwämme, Fische und Fossilien.

➤ Stadtplan S. 194, [b 2] **Arabatzoglou 48; Tel. 28 31 02 97 92; Di-So 9-17 Uhr**

Pinakothek L. Kanakakis

In einem venezianischen Gebäude im Herzen der Altstadt unterhalb der Fortezza untergebracht. In der Ausstellung sind außer den Werken von Leftheris Kanakakis (Ölgemälde, Zeichnungen, Aquarelle) Arbeiten neuer griechischer Kunst aus der Zeit von 1950 bis in die Gegenwart zu sehen.

➤ Stadtplan S. 194, [b 2] **Chimaras 5; Tel. 28 31 05 58 48; So-Fr 9-14 und 17-21 Uhr**

Einkaufen

Parallel zu der von Palmen gesäumten Strandpromenade verläuft die Arkadiou, die wichtigste Einkaufsstraße der Stadt. Hier reiht sich ein Laden an den nächsten, man findet Schuhe, Juwelierläden, Leder- und Pelzgeschäfte, Modeboutiquen, Geschenke- und Souvenirläden und vieles mehr. Weitere Geschäfte hat die Ethniki Antistasseos, die von der Megali Porta in die Altstadt führt. In der schmalen Souliou sowie in der Arabatzoglou gibt es vorwiegend Touristenläden, die von einfachen Souvenirs bis zu edlem Schmuck alles anbieten.

Am Abend

Metropolis

Am schmalen Durchgang von der Arkadiou Straße zum alten Venezianischen Hafen. Gute internationale Musik, Karaoke, Latin, Livemusik, Tequila-Nächte.

➤ Stadtplan S. 194, [b/c 2] **Nearchou 15 (am Venezianischen Hafen); tgl. ab 22 Uhr**

Feste

Giorti tou Krassiou

Das Weinfest ist ein alljährlich fröhliches Ereignis im kleinen Stadtpark, in der Regel von Ende Juli bis Mitte August. Musik- und Tanzveranstaltungen.

AUTORENTIPP Das Renaissance-Festival (»Abagenissiako Festival«) ist das kulturelle Highlight des Sommers. Es findet jedes Jahr von Ende Juni bis Ende September meist im Theater Erofili auf der Fortezza statt. Gezeigt werden klassische griechische Stücke ebenso wie moderne Inszenierungen, auch aus anderen Ländern, dazu Musikveranstaltungen, Konzerte und Tanz. Karten im Rathaus oder an der Kasse in der Fortezza.

Info

Das Touristen-Informationsbüro ist direkt an der langen Strandpromenade in einem unscheinbaren Pavillon untergebracht. Wie in allen kretischen Orten kann aber auch in jedem Reisebüro um Rat gefragt werden.

Bei Individualtouristen beliebt und zu jeder Jahreszeit schön: der malerisch am Berghang gelegene Fischerort Agía Galíni

Die Antworten sind präzise und kostenlos. Touristenbüro: Eleftheriou Venizelou Paralia, Tel. 28 31 02 91 48

AGÍA FOTINÍ

90 Einwohner, 200 m ü.d.M. ➤ [F 5]

Ein kleiner Ort. Fragen nach Speiselokalen beantwortet der freundliche Tankwart in der Regel mit dem Hinweis auf die Taverne »Syvritos« schräg gegenüber. Auf der rückwärtigen Terrasse des Nachbarn schaut der Gast ins Grüne und auf die Berge. Es gibt Hauswein und einheimische Köstlichkeiten aus der dazugehörigen Schlachterei.

Essen und Trinken

Syvritos

Dorftaverne mit einladender und zufriedenstellender Speisekarte. Unbedingt nach fertigen Gerichten aus der Hausküche fragen – auf Griechisch »Majerevtá«.

Gegenüber der Tankstelle;
Tel. 28 33 02 26 90, Handy 69 32 40 57 22; abends geöffnet •

AGÍA GALÍNI

1300 Einwohner, 0 m ü.d.M. ➤ [F/G 5]

Das ehemals kleine Fischerdorf zieht sich malerisch einen steilen Berghang hinauf und lebt seit Jahrzehnten vor allem von Stammgästen. Der Ort selbst hat keinen großartigen Strand zu bieten und ist besonders bei Individualtouristen beliebt.

Kleine Boote fahren Badegäste in benachbarte Buchten. Im Sommer kommen 20 Touristen auf einen Einwohner. Viele Gästezimmer, kleine Hotels, Restaurants, Tavernen und Bars.

Hotels

Sunningdale Bungalows

Ruhig gelegenes Hotel am Ortsrand in der Nähe des Strandes. Zimmer mit Klimaanlage, Musikanlage und TV. Pool mit Kinderbereich. Behindertengerecht.

Hinweisschilder auf der Straße von Réthimnon nach Timbáki; Tel. 28 32 09 11 61; kamanou@yahoo.com •• ✉

Essen und Trinken

Taverna Kosmas

Familienunternehmen, in dem das Ehepaar Linoxilakis seinen Gästen griechische Lebensart und Küche nahe bringt. Traditionelle Küche, dazu vegetarische und mediterrane Speisen. Für Kinder gibt es eine Speisekarte mit Malbuch.

Im Dorfzentrum; Tel. 28 32 09 12 22; tgl. geöffnet •• ✉

ÁGIOS PÁVLOS

29 Einwohner, 0 m ü.d.M. ➤ [F 5]

Strand an der Südküste zwischen Agía Galíni und Triópetra. Anfahrt von Agía Galíni oder von Réthimnon aus. Von Spíli kommend in Richtung Saktouriá abbiegen. Es gibt nur eine Handvoll Häuser und einige wenige Zimmervermietungen mit gemütlichen Tavernen. Preiswertes und gutes Essen, herrliche Sicht aufs Meer. Eine gute Wahl ist zum Beispiel die Taverne »To Koutali« (der Löffel).

AUTORENTIPP Ein kleiner Spaziergang von fünf bis zehn Minuten über die hohe Sanddüne in Ágios Pávlos führt in Westrichtung an einen herrlichen, immer noch einsamen Strand, der sich bis nach Triópetra erstreckt.

AKOÚMIA

400 Einwohner, 50 m ü.d.M. ➤ [F 5]

Der Ort liegt auf einer Anhöhe in der Nähe des Gipfels Sidérotas (1136 m). Man erreicht das Dorf auf der Straße von Réthimnon nach Spíli oder aus Agía Galíni kommend auf derselben Straße. Vom Dorfausgang windet sich ein schmaler, kurvenreicher Fahrweg etwa elf Kilometer bis hinunter zum Meer. Triópetra ist der Küstenabschnitt des Dorfes und glänzt mit seinem wunderbaren, kilometerlangen Sand- und Kiesstrand. Es gibt Sonnenschirme und Liegestühle, die von den Tavernen kostenlos zur Verfügung gestellt werden. Imposant sind die drei Felsen am östlichen Ende, die der Bucht den Namen Triópetra gaben. Sie sind aus dünnen Sandsteinscheiben aufgeschichtet und laden zur Erforschung und zum Klettern ein.

Hotels

Marinaki

Die kleine Pension liegt hinter der angeschlossenen Taverne. Die wunderhübschen Zimmer sind schlicht, aber sauber. Aus den Fenstern blickt der reisende Mensch auf das glitzernde Meer, wohin sonst.

Handy: 69 72 30 26 94 (Georgios) und 69 74 55 91 19 (Kostas) • ✉

Essen und Trinken

Triopetra Gyrogiali

Taverne mit wunderbarem Blick aufs weite Meer. Serviert werden Hausmannskost, frische Salate, Gegrilltes und Gerichte aus dem Backofen. Besonders zu empfehlen ist der gegrillte Tintenfisch, der zusammen mit einer kleinen Karaffe Rakí auf den Tisch kommt. Und wer in den Abendstunden kommt, der kann zudem noch den stimmungsvollen Sonnenuntergang genießen.

Am Strand entlang, den Hinweisschildern folgen ••• ▭

Apothiki

Strandtaverne, die besonders hübsch in einem renovierten alten Steinhaus untergebracht ist. Angeboten wird gute kretische Küche.

Akoumiani Gialia; Handy: 69 37 06 73 38 ••• ▭

AMARI-TAL

100–400 m ü.d.M. ➤ [F 4/5]

Das Amari-Tal liegt abseits von touristischem Getümmel. Die alte Straße von Tymbáki nach Réthimnon führt durch eine schöne Kulturlandschaft und durchquert eine Vielzahl von Dörfern, die noch die Geruhsamkeit des alten Kretas ausstrahlen. Hier macht es Freude, sich zu verfahren und unerwartet besondere Plätze kennenzulernen.

ÁMNATOS

150 Einw., 200 m ü.d.M. ➤ [F 4]

Liegt in hügeliger Landschaft auf dem Weg zum Kloster Arkádi. Gehört zu den bestrestaurierten traditionellen Siedlungen in der Präfektur Réthimnon. Die Häuser zeigen interessante architektonische Elemente, wie etwa das Tor des restaurierten venezianischen Herrenhauses der Sanguinazzo-Familie. Das Umland eignet sich hervorragend für Wanderungen.

Das von Ida und Kedros gerahmte Amari-Tal war früher ein Rückzugsgebiet der Widerstandskämpfer.

Im memoriam: Die Schwester des berühmten Sängers Nikos Xylouris betreibt in Anogía ein kleines Kafénion.

Essen und Trinken

Kapilio

Klassische Dorftaverne. Es gibt unter anderem »Spetsofai« (gut gewürztes Schweinefleisch) sowie wechselnde Tagesgerichte, Salate und verschiedene Fleischsorten vom Grill.

Am Dorfplatz ••• ▭

Ausflüge

Kapsalianá

In der Nachbarschaft liegt in nur etwa zwei Kilometern Entfernung das verlassene Dorf Kapsalianá, das von einem Privatmann restauriert und wieder hergerichtet wird.

Sehenswertes

Volkskundemuseum

Steht unter der Schirmherrschaft des Kulturvereins und zeigt eine Sammlung von Alltagsgegenständen, die dem Besucher das kretische Leben veranschaulichen. Das kleine Museum öffnet nur auf Anfrage, aber Chryssoula Kanakaki wohnt gleich nebenan und hat den Schlüssel. Sie ist gern bereit, interessierten Besuchern aufzuschließen.

Am östlichen Dorfausgang; nach Chryssoula im Kaffeehaus fragen

ANÓGIA

850 Einwohner, 800 m ü.d.M. ➤ [G 4]

Dorf der Hirten, Dorf der Lyra, Dorf der Musik. Der bekannteste Sänger Anógias starb früh und wurde zur Legende: Nikos Xylouris, der mit heller Stimme und unvergleichlichem Timbre seine kretischen Balladen sang, hat dem Dorf zum zweiten Mal zu Weltruhm verholfen. Das erste Mal schaffte das die deutsche Wehrmacht, die Anógia im Rahmen der von der Militärführung verordneten »Vergeltungsmaßnahmen« niederbrannte. Ein englisch-kretisches Kommando hatte bei Archánes / Iráklion den General Heinrich Kreipe entführt und ihn in Anógia versteckt. Am 15. August 1944 befahl das Oberkommando die Vernichtung des damals 2500 Einwohner großen Dorfes (→ Reportagen, S. 73). Die Bauern des wieder aufgebauten Ortes leben heute wie damals von der Viehzucht. Sie beweiden die Hänge über dem Dorf und auf der Nída-Hochebene am Fuß des Psiloritis-Gipfels. Die bekanntesten Musiker und Sänger des Dorfes sind seit Nikos Xylouris' Tod seine jüngeren Brüder Psarantonis und Psarogioannis. Als hervorragender Sänger wird auch Vassilis Skoulas geschätzt.

Hotels

Aris

Blumen und Girlanden machen dieses Haus im sonst so schmucklosen Dorf zu einer kleinen Attraktion.

An der vom Unter- ins Oberdorf bergan steigenden Straße, linker Hand, etwa in der Mitte des Dorfes; Tel. 28 34 03 14 60 • ✉

Aristea

Freundliches Haus mit guter Bedienung und ordentlichen Zimmern. Etwas oberhalb des Aris.

An der Hauptstraße, die, aus dem Tal kommend, ins Oberdorf führt, linke Straßenseite; Tel. 28 34 03 14 59 • ✉

Essen und Trinken

Prasini Folia

Man sitzt im Grünen, die Bedienung ist freundlich und das Bier kalt. Die Küchenkünste halten sich in den Grenzen eines Lokals, das »Kretische Abende« veranstaltet, an denen Musiker und Tänzer – nicht unbedingt einheimische – Pauschaltouristen unterhalten.

An der Hauptstraße am Ende des Unterdorfes linker Hand ••• ✉

Skalomata

Bietet den besten Blick auf den Psilorítis. Ein neues Haus mit nettem Empfang und recht ordentlichem Essen am oberen Rand des Dorfes. Vor dem Eingang wird sehr gutes Lammfleisch auf dem Spieß gebraten.

Am oberen Rand des Dorfes; Tel. 28 34 03 13 16 •••

Kafénion Xylouris

Das Geburtshaus der genannten Brüder, betrieben von deren Schwester. Die Gäste sitzen angenehm und schattig unter einem alten Baum. Und vor oder nach dem Essen darf der Gast die vielen Fotos des verstorbenen Gesangeshelden bewundern, die dem Kaffeehaus musealen Charakter verleihen.

An der kleinen Platía im Unterdorf •• ✉

Feste

Musik-, Tanz- und Lyra-Wettbewerb in der Woche vor dem 15. August (→ Feste und Events, S. 103).

ARGYROÚPOLIS

400 Einwohner, 250 m ü.d.M. ➤ [E 4]

Nicht nur an heißen Tagen bietet sich ein Ausflug nach Argyroúpolis an. Der Ort ist genau auf dem Grundriss der historischen Siedlung Lappa erbaut und bietet einige archäologische Kostbarkeiten. An den Quellen der Ortschaft liegen Tavernen, die im Sommer in schattiger Kühle Einheimische und Fremde bewirten.

Essen und Trinken

Taverna Sarakas

Rustikale Ausstattung und gute kretische Küche. Eine besondere Spezialität ist das Synglina, mit Salbei geräuchertes, eingelegtes Schweinefleisch.

Kurz vor dem Dorfausgang in Richtung Así Goniá, rechter Hand; Tel. 28 31 08 12 37

•• ✉

Sehenswertes

Volkskundemuseum

Mitten im Dorf zeigt das kleine Museum vor allem Gebrauchsgegenstände aus der Zeit der türkischen Besatzung. Berühmt sind die reichlich sprudelnden Quellen, die noch vor zwei Generationen die Räder der Wassermühle antrieben. Die Reste der römischen Anlage Lappa befinden sich unterhalb der Tavernen und der Wassermühle außerhalb des Dorfes; am besten fragt man in der Taverne nach dem kurzen aber schwierig zu findenden Fußpfad.

ARMÉNI

➤ [E 4]

Knapp zehn Kilometer außerhalb Réthimnons liegt an der Hauptstraße Richtung Süden das Dorf Arméni. Rund einen Kilometer vor der Dorfeinfahrt weist rechter Hand ein Schild auf die Minoische Nekropole aus der Nachpalast-Zeit hin (→ Geschichte, S. 36). Sie ruht wunderbar in einem schattigen Eichenwäldchen und ist ein schöner Platz für einen Moment der Ruhe.

ÁXOS

400 Einwohner, 500 m ü.d.M. ➤ [G 4]

Das Dorf am nördlichen Fuß des Psiloritis-Massivs ist – mehr noch als das höher liegende und bekanntere Dorf Anógia – idealer Ausgangspunkt für eine Bergtour zu den Gipfeln. Das liegt vor allem daran, dass der Pfarrer Vassilis Maniá und seine Frau Maria vor einigen Jahren ein Hotel für Psiloritis-Wanderer gebaut haben. Áxos liegt an einem Steilhang am Ende des langen fruchtbaren Mylopótamos-Tales. Seine herrliche Position hoch über den anderen Dörfern steht in beruhigendem Gegensatz zu dem kargen Anógia, das nur wenige Kilometer entfernt ist.

Hotels

Enagron

Touristendorf der anderen Art, unterhalb von Áxos. Die Architektin Fani und ihr Mann Ioannis haben auf einem 40 000 Quadratmeter großen Areal ihren Traum vom Leben und Arbeiten mitten in der Natur verwirklicht und wollen ihn mit

Byzantinisches Erbe: Nur wenige der Kirchen aus dem 14. Jahrhundert sind so gut erhalten wie die Ágios Ioánnis.

ihren Gästen teilen. Die im Laufe der vergangenen Jahre im traditionellen Stil entstandenen Häuser sind von schlichter, eindrucksvollerer Ästhetik. Ein eigenes Restaurant, Werkstätten, eine Schnapsbrennerei und eine Kelterei vollenden dieses auf Kreta wohl einmalige Projekt.
100 m vor dem Dorfeingang linker Hand abbiegen, Hinweisschild; Tel. 28 34 06 16 11; www.enagron.gr •• MASTER VISA

Yakinthos

Das Hotel der Pfarrersfamilie ist traumhaft gelegen mit grandiosem Blick über das Tal und das Meer. Marias Gastfreundschaft und Küche sind unvergleichlich, ihre vollen Tafeln, angerichtet in der großen Wohnküche des Hauses, sind Legende. Die meisten Produkte – Fleisch, Käse, Joghurt, Wein und Schnaps – kommen aus eigener Produktion. Wanderern, die ohne eigenes Fahrzeug anreisen, steht der Pfarrer gelegentlich selbst als Chauffeur und kundiger Führer zur Verfügung.
Aus dem Tal die Hauptstraße heraufkommend, ist das Hotel sofort am Hang rechter Hand zu sehen; Tel. 28 34 06 17 60; www.yakinthos.gr • (Restaurant •••)

Sehenswertes

Áxos war über die Jahrhunderte eine fast uneinnehmbare Bergfeste. Von den einst fast 50 byzantinischen Kirchen sind heute noch vier der Rede wert:

Agía Iríni

Einfach gebaute Kreuzkuppelkirche aus

dem 14./15. Jahrhundert. Gleich nach der ersten Straßengabelung links.

Agía Paraskeví

Die Ruine einer dreischiffigen Kapelle aus dem 12. Jahrhundert. Am Dorfeingang, rechts unterhalb der Straße.

Ágios Ioánnis

Sehr schöne Fresken aus dem 14. Jahrhundert, die Einraumkapelle entstand auf den Grundmauern einer frühchristlichen Basilika. Von Agía Iríni aus dem Pfad 500 Meter rechts bergauf folgen.

Michaíl Archángelos

Überreste der Kirche des Erzengels aus dem 15. Jahrhundert. Von Agía Iríni der rechts abzweigenden Straße folgen bis zum Brunnen.

Einkaufen

Entlang der Hauptstraße verkaufen die Dorfbewohner mehr oder weniger günstige Webarbeiten, deren Herkunft nicht immer klar ist. Interessant sind die in den Regalen ebenfalls angebotenen landwirtschaftlichen Eigenprodukte wie Rakí oder Honig. Selbstverständlich darf der Schnaps vor dem Kauf probiert werden.

BALÍ

350 Einwohner, 0 m ü.d.M. ➤ [G 3]

Nomen est omen, aber nicht immer und schon gar nicht ewig. Das Dorf Balí galt einst als Paradies an der kretischen Nordküste. Doch wo Paradiese sind, da bleibt der Mensch nicht lange alleine mit sich und der Natur. Der alte Ort, der durchaus noch den Charme seiner Fischerdorf-Vergangenheit verströmt, liegt etwas abseits der Nationalstraße zwischen Réthimnon und Iráklion. Ganz im Hintergrund, in der dritten Bucht von der Straße aus gesehen, streckt sich der überfüllte, unverdientermaßen noch heute sogenannte »Paradise Beach«. Dort ist viel los, das schon.

Hotels

Bali Beach Hotel

Das erste Hotel am Platz und das bequemste, komfortabelste dazu. Die Zimmer sind im auf der Insel üblichen Wartehallenstil konzipiert, aber daran haben sich Kreta-Fahrer spätestens nach

der dritten Übernachtung gewöhnt, es ist ja auch nicht so wichtig

In der ersten Bucht; Tel. 28 34 09 42 10; www.balibeach.gr ••

DROSIÁ

55 Einwohner, 420 m ü.d.M. ➤ [G 4]

An der »Old Road« von Réthimnon nach Iráklion. Autobahnausfahrt Sísses, Aloídes. Die Straße schlängelt sich kurvenreich hoch in die Berge. Herrlicher Blick bis zum Meer. Nach ziemlich vielen Kehrungen erscheint zunächst das Dörfchen Aloídes, das sich mit seinen weißen Häusern an den Berghang schmiegt. In Drosiá selbst warten vier Tavernen.

Essen und Trinken

Geni Gkave

Nete Familientaverne. Prima ist es bei den Brüdern Flouri in dem Gasthaus, das den alten türkischen Name des Dorfes trägt. Hier gibt es gute kretische Küche und riesige Portionen. Besonders lecker der Reis-Pilaf und das Ziegenfleisch. Spezialitäten sind »gourounopoulo« (Spanferkel) und Lamm. Die Käseprodukte stammen aus dem eigenen Betrieb. Für Vegetarier werden Salate, Rote Beete, verschiedene Gemüse, Chorta (kretisches Wildgemüse) und Hülsenfrüchte serviert. Gegenüber der Taverne steht eine riesige Platane und dahinter ein alter Brunnen.

Drosia Mylopotamou; Tel. 28 34 07 12 02 ••

MARGARÍTES

150 Einwohner, 200 m ü.d.M. ➤ [G 4]

Das Dorf der Töpfer liegt im – immer noch – ruhigen Margarítanos-Tal und hat den von hier aus steil ansteigenden Psilorítis im Rücken. Noch immer werden hier die mannshohen Tonkrüge hergestellt, die dem Reisenden aus Knossós bekannten »Pithoi«. Das Geschäft mit den Tonwaren läuft mittlerweile wieder recht gut in Margarítes, seit junge, kreative Töpfer zugezogen sind und Tonkrüge in mitteleuropäischen

In seiner Werkstatt lässt sich Töpfer Nikos gerne von Besuchern über die Schulter schauen.

Vor- und Wintergärten wieder als Beweis für guten Geschmack und Ästhetik am Bau gelten.

Eine der besseren Werkstätten ist die von Nikos Kavgalakis am südlichen Dorfrand. Ein wunderbarer Platz ist im Frühling am oberen Dorfplatz. Dann vermittelt der tausendstimmige Gesang zurückgekommener Zugvögel den Ohren der nach Ruhe hungernden Städter ein völlig neues Lärmgefühl.

Hotels

Taverna i Velandia

Sehr schöne Zimmer mit Balkon, gegenüber der Werkstatt des Töpfers Nikos. Das Leben der Lehmgestalter öffnet sich, sobald sich die Tür der Taverne am Morgen auftut. Ein schöner Platz, um über die in Knossós gefundenen Tonwaren nachzudenken und sich zu fragen, warum dieser Beruf nur am Rande und nicht in der Mitte der Gesellschaft überlebt hat.

Am oberen Rand des Dorfes rechter Hand; Tel. 28 34 09 25 20 • ✉

MÉLAMBES

850 Einwohner, 350 m ü.d.M. ➤ [F 5]

Auf dem Weg von Spíli nach Agía Galíni rechts abbiegen und die Straße nach Mélambes wählen. In vielen Kurven geht es bergauf, die Strecke ist landschaftlich reizvoll, der Blick auf das Meer und die

Küste umfasst den ganzen Golf von Réthimnon. Mélambes ist ein großer, aber schlichter und besonders reizvoller Ort. Ein schöner Platz für eine Rast im örtlichen Kaffeehaus. Im Anschluss gute Landstraße in Richtung Agía Galíni.

MONÍ ARKÁDI

200 m ü.d.M ➤ [F 4]

Ursprünglich eine venezianische Klostergründung. Das bekannteste Kloster und Nationalheiligtum der Kreter, seit sich dort am 9. November 1866 einige hundert kretische Kämpfer mit ihren Familien im Pulverarsenal des Klosters in die Luft sprengten und dabei mehr als tausend türkische Belagerer mit in den Tod rissen (→ Geschichte, S. 51). Der »Heldentod« der Familien bewegte die Menschen in Mitteleuropa und veranlasste so verschiedene Berühmtheiten wie Victor Hugo und den Italiener Garibaldi zu Solidaritätsadressen und dem Aufruf, sich für die »kretische Sache« einzusetzen. Die wieder aufgebauten Gemäuer des Klosters – allen voran die Kirche – glänzen mit ihrer eleganten venezianischen Baustruktur. Die Kreuzgänge sind gut erhalten. Im Innenraum zeigen die Mönche eine eindrucksvolle Ikonensammlung. Das Klostermuseum erzählt die Geschichte des Widerstands. Mehrere Busse des KTEL-Liniendienstes fahren jeden Tag von Réthimnon aus nach Arkádi und zurück. Die Abfahrtszeiten wechseln von Saison zu Saison und sollten am Busbahnhof erfragt werden.

MÓNI PRÉVELI

0 m ü.d.M. ➤ [E/F 5]

Der Megapótamos, der große Fluss, führt von Norden kommend zu den Klosteranlagen von Préveli. Ein erstaunlicher Fluss, weil er Wassermassen führt, die es auf Kreta sonst nirgendwo gibt – und das im ganzen Jahr. Die osmanischen Truppen zerstörten und verbrannten im Jahr 1649 das alte Kloster (Káto Móni Préveli), wie im Übrigen zahlreiche andere kirchliche Einrichtungen auch. Um mehr Sicherheit vor den die Küste entlang

Symbol des kretischen Widerstands gegen die Türkenmacht: Heute ist das Kloster Arkadí eine friedliche Oase.

schnürenden Piratenschiffen zu haben, hatten die Mönche das ursprüngliche Kloster in Richtung Berge verlegt – wie übrigens in vielen Teilen der Insel. Eine Tafel verspricht die baldige Restaurierung, aber das verspricht sie schon ziemlich lange.

Das Kloster Préveli (Píso Móni Préveli), das sich heute stolz auf einer Klippe über dem Meer präsentiert, ist eine Gründung des 17. Jahrhunderts und besitzt eine ziemlich eigenwillige, venezianisch beeinflusste Architektur. Das Gebäude zeigt im Inneren eine durchaus interessante Sammlung byzantinischer Kirchenkunst. Der zuständige Mönch erklärt gerne und schenkt zuweilen dem Besucher auch einen guten Rakí aus.

Wer der Rechtskehre um das Kloster herum folgt, wird links unterhalb der Straße ein altes Brunnenhaus und danach einen Pfad zur Kapelle Agía Fotiní finden. Ein Blick in die Einraumkirche lohnt sich sehr. Sie beherbergt Fresken aus dem 14. Jahrhundert. Verschiedene schattige Quellen laden hier auch zu einer Rast ein.

Auf dem Weg zum Kloster Píso Móni Prevéli geht links ein Fußpfad zu einem der schönsten Sandstrände der Insel ab. Die ungefähr 210 Meter lange Sandbank, auf der sich im Sommer gut geölte Menschen der Sonne hingeben, hat der Megapótamos aufgeschüttet. Sie wäre mit ihren palmenbestandenen Ufern einen totalen Naturschutz wert. Stattdessen bringen im Sommer aber leider Touristenboote viel Volk und Lärm aus den benachbarten Erholungsschmieden Plákias und Agía Galíni herbei.

Sehenswertes

Brücke

Auf dem Weg von Asómatos in Richtung Kloster steht linker Hand eine Brücke venezianischer Bauart aus dem 19. Jahrhundert. Unerschrockene Wasserwanderer können im Fluss watend bis zur Küste hinuntergehen. Schildkröten, Ringelnattern und anderes Getier sollten dabei allerdings nicht unbedingt als störend empfunden werden.

MYRTHIÓS

50 Einwohner, 250 m ü.d.M. ➤ [E 4]

Nur wenige Kilometer von Plakiás liegt hoch oben am Hang das kleine Dorf Myrthiós. Einige schöne Tavernen und Zimmer gibt es hier sowie das ein oder andere Lädchen zum Einkaufen und ein Postamt. Seinem Namen entsprechend – Myrthe – duftet der Ort besonders gut.

Essen und Trinken

Taverna Myrthios

Die Taverna Myrthos wird von Babis im Familienbetrieb mit viel Engagement geführt. Geboten wird eine gute Küche zu sehr guten Preisen. Es gibt große Portionen und viele Extras.

Von Plakiás kommend auf der rechten Seite der Straße; Tel. 28 32 03 10 05; ab mittags geöffnet ••

Taverna Plateia

Vornehmlich traditionelle kretische Gerichte speist man hier. Das Lokal hat eine Aussichtsterrasse mit einem grandiosen Panoramablick auf die schöne Bucht von Plakiás.

Von Plakiás kommend links an der Hauptstraße; Tel. 28 32 03 15 60; ab mittags geöffnet •• MASTER VISA

NÍDA-EBENE

1500 m ü.d.M. ➤ [G 4]

Die Hochebene liegt direkt unterhalb des 2209 Meter hohen Koussakas, einer der fünf Gipfel des 2456 Meter hohen Ída-Massives. Psiloritis-Wanderer können bis zur völlig verwahrlosten und zum Teil verfallenen Bergstation »Analipsis« (Auferstehung) mit dem Wagen fahren oder einen der zahlreichen Schäfer aus Anógia bitten, ihn mit nach oben zu nehmen. Auf dem Weg nach oben gibt es die ehemaligen Sommerhütten der Schäfer zu sehen, die »Koumous«, die halbkugelförmig aus großen Steinplatten aufgeschichtet wurden.

PLAKIÁS

200 Einwohner, 0 m ü.d.M. ➤ [E 4/5]

Die ehemalige Fischersiedlung Plakias im Süden Kretas ist nur 40 Minuten

Der Strand von Plakiás: Sonne, Sand und Meer – so sehen Urlaubsträume in einer perfekt gepflegten Anlage aus.

Autofahrt von Réthimnon entfernt. Eindrucksvoll ist vor allem der Weg dorthin, denn er führt wahlweise durch eine der beiden engen Schluchten Kourtaliotiko oder Kotsifou. In der Umgebung von Plakiás liegen viele kleine traditionelle Dörfer und schöne Strände. Abwechslungsreiche Natur gibt es zu betrachten, die Berge ringsherum und das herrlich klare Meerwasser. Wenn nicht gerade der Nordwind Stühle durch die Luft segeln lässt – ein prima Badeort. Zahlreiche Hotels bieten günstige Übernachtungsmöglichkeiten an.

Hotels

Livikon

Eines der schönen alten Häuser mit neoklassizistische Fassade und guter Atmosphäre beherbergt das Hotel Livikon, das sich allerdings auch in einer manchmal etwas lärmgeplagten Lage befindet. Einige Zimmer haben Balkone zum Meer. Charmant eigenwilliger Service.

Direkt an der Wasserfront; Tel. 28 32 03 12 16 •/•• ✉

Aphroditi

Das Aphroditi ist eine Pension im Dorfhintergrund, verborgen unter prächtigen, duftenden Bougainvilleen und sehr ruhig gelegen. Daher ideal für alle, die Erholung suchen.

Im hinteren Teil des Dorfes in der Nähe der kleinen Kirche; Tel. 28 32 03 12 66 • ✉

Essen und Trinken

Taverna Kastro

Eine schöne Terrasse mit großer Aussicht besitzt die Taverna Kastro. Empfohlen wird das Kaninchen in einer schmackhaften Zitronen- oder Knoblauchsauce. Die gebratenen Tierchen kommen meist aus den Ställen eines netten Nachbarn.

Oberhalb der Strandpromenade, gut sichtbar am Hang gelegen ••• ✉

Kri-Kri

Wenn es zur Abwechslung mal italienisch zugehen soll – im Kri-Kri gibt es kross gebackene köstliche Pizza, frisch serviert aus dem Holzofen.

Nah an der Bushaltestelle; Tel. 28 32 03 22 23 •• ✉

Taverna Lysseos

Würziges Chicken Curry und Spezialitäten aus dem nahe gelegenen Zypern kommen in der Taverna Lysseos auf den Tisch. Zu finden ist das Lokal bei der kleinen Brücke neben dem Fluss.

Bei der kleinen Brücke neben dem Fluss; Tel. 28 32 03 14 79; abends geöffnet •• ✉

RODÁKINO

85 Einwohner, 50–100 m ü.d.M. ➤ [E 4]

An der südlichen Küstenstraße versteckt sich auf halbem Weg zwischen Frangokástello und Plakiás das pittoreske Dörfchen Rodákino. Eine enge, aber nicht sehr tiefe Schlucht teilt es in ein Ober- und ein Unterdorf, nur verbunden durch eine kurze und relativ enge Steinbrücke. Der Canyon läuft zum Meer hin in einem schönen längeren Sandstrand aus. Von dort, so berichten die Einwohner, wurde der deutsche General Heinrich Kreipe im Jahr 1944 per Unterseeboot nach Ägyp-

Das Dorf Spíli ist neben einem venezianischen Brunnen auch für seine gut erhaltenen Fresken berühmt.

ten verschifft, nachdem er kurz zuvor von britischen Soldaten und griechischen Widerstandskämpfern entführt worden war. Rodákino ist ein sehenswertes Dorf und liegt ein wenig im toten Winkel zwischen den touristisch ausgebauten Ortschaften Chóra Sfakíon und Plakiás, was den Reisenden sehr viel Ruhe und die Besinnung auf das Wesentliche verspricht.

Hotels

Sunrise

Ein äußerst hübsches und sehr freundliches Hotel ist das Sunrise, das ein wenig oberhalb der Badebucht liegt. Es gibt einen Pool, ein gutes Restaurant und mehrere Zimmer mit wunderschönem Blick auf das Meer.

Ein wenig oberhalb der Badebucht; Tel. 28 32 03 17 87; sunrise@otenet.gr •/•• MASTER VISA

Arokaria

Das kleine Hotel Arokaria befindet sich direkt am Strand von Káto Rodákino, besitzt gemütliche Zimmer und für Selbstversorger mehrere Studios mit eigener Küche. Die ans Hotel angeschlossene Taverne glänzt mit sehr gutem Essen.

Am Strand von Káto Rodákino; Tel. 28 32 03 21 79; www.rethymno.com/arokaria • ✉ (Restaurant •••)

SPÍLI

650 Einwohner, 400 m ü.d.M.➤ [F 4]

Berühmt ist das Dorf auf halbem Weg zwischen Réthimnon und Agía Galíni für seinen Wasserreichtum. Den repräsentierte an der kleinen Platia bis in die 1960er-Jahre hinein ein eleganter, von venezianischen Baumeistern geplanter und auch vollendeter Brunnen. Die Kulturverweser des Ortes ersetzten ihn etwas später durch einen langen Brunnen mit 25 Wasserspeiern, der immerhin so lange einigermaßen ansehnlich blieb, bis die Ästhetik-Beauftragten von Spíli ihn mit einem überaus grässlichen platten Mauerwerk verschandeln ließen. Die alte venezianische Fontana ist übrigens am Gesundheitszentrum heute noch zu besichtigen. Da Spíli auf halbem Weg an die Südküste liegt und sich zudem der berühmte Berg Kédros hinter Spílis engen Gassen auftürmt, ist der Ort Pausenareal für zahlreiche Busausflügler. Es kann also auf einen Schlag ziemlich voll werden in dem sonst – bis auf die Hauptstraße – recht gemütlichen Ort.

Einkaufen

Spílis Bauern und Schäfer stellen sehr guten Joghurt her, und ihre Bienen tragen einen ebenso aromatischen wie süßen Honig ein.

Sehenswertes

Im kleinen Nachbarort Lambíni steht eine Panagía-Kirche aus dem 14. Jahrhundert. Der Kirchenexperte Klaus Gallas zählt sie zu »den elegantesten Vertretern des einfachen Vierstützentyps mit seitlich sichtbaren Kreuzarmen«. Im Altarraum ist das Hauptfresko, die »Himmelfahrt« der Gottesmutter, zu bestaunen.

Am Dorfende von Spíli, rund 100 Meter nach dem Abzweig in Richtung Mourné, steht die Erlöserkirche, die Sotíros Christoú. Zu den schönen Fresken aus dem 14. Jahrhundert gehört auch das des Hirtenheiligen »Mamas«, der ein Kalb in den Armen trägt.

ZONIANA

630 m ü.d.M. ➤ [G 4]

Ein großes Bergdorf westlich von Anógia. Nordöstlich des Dorfes liegt die Sfentoni-Höhle – »Tou Sfentoni i Trypa«, des Dorfes tiefes Loch, wie es übersetzt genannt wird, am Fuß des Psiloritis. Der Weg führt vorbei an unheimlichen Abgründen und großen Felsbrocken. Unten sprudelt köstliches frisches Wasser aus der Quelle. Die 3000 Meter lange und tiefe Höhle, die ganzjährig besucht werden kann (im Winter allerdings nur nach Anmeldung), ist eine der erregendsten Erdöffnungen des Landes. Eine fantastische Tropfsteinhöhle, in der Stalagmiten und Stalaktiten über die Jahrhunderte eine einzigartige Kulisse aus Wasser und Salz geformt haben. Während der türkischen Besatzungszeit wurde sie übrigens als Zufluchtsort genutzt.

Zonianà liegt auf mehr als 600 Metern Höhe. Das hat Naturschützer, Wanderer und die Gemeinde im Jahr 2008 auf die Idee gebracht, einige Kilometer oberhalb des Ortes einen neuen Wanderpfad zum Psiloritis-Gipfel anzulegen. Er beginnt auf einer der Hochweiden, der Weg dorthin ist ausgeschildert, die Dörfler geben gerne Auskunft. Der Steig schwingt sich in unzähligen Serpentinen gut sichtbar den Steilhang hinauf – bis er auf mehr als 2000 Metern Höhe auf jenen Hauptweg trifft, der von der Nida-Ebene heraufkommt. Er ist übrigens prächtig mit Steinplatten gepflastert und technisch leicht begehbar. Sein Vorteil gegenüber dem Nida-Aufstieg: Er ist kürzer, und der Wanderer hat den Gipfel fast immer vor Augen.

Nahe von Zoniana liegt die Sendoni-Höhle, reich an Stalaktiten und Stalagmiten. Sie war schon um 4000 v. Chr. bewohnt.

Wahrzeichen einer ganzen Epoche: Der Minotaurus an der Loggia des Palastes von Knossós steht stellvertretend für die Hochkultur der Minoer. Der Stier wurde als Kulttier verehrt.

IM HERZLAND DER MINOER

Die berühmte Ausgrabungsstätte von Knossós holt jährlich Tausende von Besuchern in Kretas Mitte. Doch die Heimat des sagenhaften Königs Minos hat noch viele weitere lohnende Ausflugsziele zu bieten.

Die Stadt des berühmten Renaissancemalers El Greco hat sich, seit sie aus ihren venezianischen Festungsmauern herausgewachsen ist, fast völlig verwandelt: in ein Konglomerat aus verschachtelten Wohn- und Gewerbesiedlungen, das ohne Infrastruktur in die umliegenden Weinberge hineinwuchert. Aber Iráklion, nicht nur die größte Stadt der Insel Kreta, sondern auch die fünftgrößte Stadt Griechenlands, ist dennoch einen Besuch wert. Und das nicht nur, weil sich seit einiger Zeit Bürger um Schadensbegrenzung bemühen.

Die Stadt hat endlich einen Teil des Luftverkehrs nach Chaniá abgegeben. Und sie hat begonnen, sich ihres historischen Zentrums um den berühmten Morosini-Brunnen herum gewahr zu werden. Seit Winter 2006 wird der Plan einer Fußgängerzone umgesetzt. Das für die Pflaster und die Beleuchtung verwendete Material passt sich zwar nicht unbedingt dem Stil der alten venezianischen Architekten und Baumeister an, aber die Tatsache, dass der Fahrzeugverkehr endgültig aus der Stadtmitte verbannt werden wird, ist ein Sieg der Ästheten.

Was Iráklion in den vergangenen 20 Jahren vor dem völligen Verlust von Attraktivität gerettet hat, ist die Nähe zu der Palastanlage von Knossós, zu der die Busse nur acht Kilometer weit fahren. Die minoische Ausgrabungsstätte ist die Hauptattraktion der Umgebung. Und natürlich das Archäologische Museum, das mit den großen Ausstellungen der Welt konkurrieren kann.

In Kretas breiter Mitte, südlich der Hauptstadt, gerät der aufmerksame Gast abermals in einen reißenden Mahlstrom der Geschichte. Eben noch hat er den faszinierenden Palast des Minos verlassen, da gerät er im Süden an den Rand der Messará-Ebene. Vom Gipfel des Psilorítis aus gleicht diese ehemals grüne Fläche

ZUR ORIENTIERUNG

Übersichtskarte siehe Seite 220.

Die Reihenfolge der Orte und Regionen in diesem Kapitel ist nach dem Hauptort alphabetisch. Hier die wichtigsten auf einen Blick:

Hotels und Restaurants, die bei den Orten zu finden sind, sortieren wir nach Preiskategorien von •••• bis •. Die Aufschlüsselung unseres Preisklassensystems finden Sie auf Seite 5.

voller Baumbestand einem häßlichen Meer aus Plastik, das sich an der sanft geschwungenen Küstenlinie des Libyschen Golfs mit der wirklichen See vereinigt. Gewächshäuser prägen inzwischen das Bild dieser fruchtbaren Tiefebene. Die landwirtschaftlichen Probleme sind enorm. Bewässerungsanlagen haben den Grundwasserspiegel fast ins Bodenlose sinken lassen, die verwendeten Spritzmittel aus Deutschland, Italien und der heimischen Chemieforschung haben die Gegend um das Agrarzentrum Timbáki herum in eine insekten- und blumenfreie Kultursteppe verwandelt.

Nicht weit von diesen Orten überdauern die Ausgrabungen von Festós, Górtis und Agía Triáda seit Jahrtausenden alle Moden und Veränderungen. Das Bauerndasein von nebenan, wo das holländische Modell von Ackerbau und Viehzucht nichts als ein ewiges Durcheinander hervorgebracht hat, ist leider nur für die chemische Industrie zu einem El Dorado geworden.

Noch einmal weiter in Richtung Süden hin bringen die stillen, steinigen Asteroússia-Berge dem Reisenden die Ruhe zurück, die er sich nach seiner Fahrt durch das Plastikmeer verdient hat. Orte wie Kalí Liménes, wo einst der Apostel Paulus dem zürnenden Meer entkam, und wie Platía Perámata und Léntas sind touristisch erschlossen, so weit das möglich war. Und sie sind Erholungszonen, die den Blick auf die Natur freigeben.

IRÁKLION 7

131 000 Einwohner, 0 m ü.d.M.

➤ Stadtplan, S. 222 ➤ [H/J 4]

Die Vergangenheit Iráklions ist venezianisch, und das Gesicht dieser Stadt ist es heute noch, wenn auch die einst klaren Konturen verschwommen sind. Das Trauma der Stadt ist die osmanische Herrschaft, die mehr als 200 Jahre dauerte und den Geist der Stadt lähmte – ohne jedoch ihren Widerstand zu brechen. Iráklion, das ist die Hauptstadt Kretas, offizielle 131 000 Einwohner, vielleicht sind es schon 200 000, und wohl auch die anstrengendste Stadt der Insel. Wo früher Lagerschuppen und Fischerhütten standen – dazwischen versteckte sich eine der besten Fischtavernen in den Felsen am Strand –, entstehen »schicke« Kaffeehäuser, supermoderne Clubs, große Discos wie das »Big Fish«. Immerhin, die Straße zum neuen Stadion ist von großen frisch gepflanzten Palmen gesäumt. Iráklion ist eine Stadt für Geschäftliches und für Einkäufe. Schöne oder gar malerische Ecken muss man suchen, vielleicht an den Stadtmauern, die ein bisschen Grün beisteuern, ebenso wie der Stadtpark. Dort gibt es im Sommer Konzerte und Aufführungen.

Kultureller Mittelpunkt ist zweifellos das Archäologische Museum mit all seinen Schätzen aus der minoischen Zeit. Es ist aus seiner furchtbaren Enge befreit worden, ein geräumiger Anbau hat Platz gegeben für das, was die Experten in Knossós, Festós und anderswo ausgruben. Übrig geblieben und sichtbar sind aus venezianischer Zeit das Hafenkastell Koules und ein Teil der alten Mole, der erwähnte Morosini-Brunnen, den die Einheimischen »Leontaria« nennen, wegen seiner Löwenköpfe, die Loggia und die Markus-Kirche.

Auf dem Platz um den Brunnen sitzt der Irákliot des Morgens und isst »Bougatsa« zu seinem griechischen Kaffee,

Im Hafen von Iráklion soll einst Herakles gelandet sein, um seine siebte Heldentat zu vollbringen: die Bändigung des Stiers.

in seinem Rücken, keine 50 Meter weiter, lädt die Marktstraße ein mit ihrer Fülle an Obst, Gemüse, Fleisch und den vielen Souvenirs. Wer in die andere Richtung geht, durch die Straße des 25. August zum Meer hinunter, der findet neoklassizistische Villen und Kontore, in denen die großen Banken ihre Geschäfte machen.

Am alten Hafen angekommen, wird der Spaziergänger die Reste der einst großen und zahlreichen venezianischen Arsenali sehen und, einige hundert Meter

weiter im Osten, den neuen Fährhafen – die Verbindung zum Festland und zu den benachbarten Zykladen. Erhalten blieb den Iráklioten ihre schützende Mauer, der große Wall mit den sieben Bastionen. Auf der südlichen, der Martinengo-Bastion ruht ihr großer Schriftsteller Nikos Kazantzakis in seinem Grab aus schwarzem Stein. An der benachbarten Jesus-Bastion spielen im Sommer Musik und Theater. Verantwortlich für die abschließenden Pläne und Arbeiten am Wall war der Baumeister Michele Sanmicheli aus Padua, der 1538 in die Stadt kam, nachdem er bereits seiner Heimatstadt und den Nachbarn in Verona gedient hatte. An der Kainouria Porta sind die Mauern der Bastion bis zu 40 Meter breit, das »Megalo Kastro« galt seinerzeit als die stärkste Feste des Mittelmeers.

Die repräsentative Bischofskathedrale steht nicht ganz im Mittelpunkt der Stadt, sie wurde nach Westen hin gebaut und ist dem Stadtheiligen Ágios Minas geweiht. Der 1558 geschaffene venezianische Bembo-Brunnen bildet das Zentrum des Kornarou-Platzes, das türkische Brunnenhäuschen nebenan ist jetzt Kafénion und Treffpunkt der alten Iráklioten. Am Nordrand der Stadt wartet das Historische Museum. Seine El-Greco-Bilder und Ikonensammlung sind sehenswert.

Zum Schwimmen zieht es die Bürger nach Kókkini Hani. Der Sandstrand ist nicht sehr breit und immer wieder von felsigen Abschnitten unterbrochen, des flachen Wassers wegen ein sehr belebter, guter Spielplatz für Kinder. Das Problem der stadtnahen Strände – sie sind nicht besonders sauber.

Hotels

Mégaron Luxury Hotel 11

(→ Der gute Tipp von MERIAN, S. 224)

➤ Stadtplan S. 222, östlich [c 2]

Atrion

Das schönste Hotel der zentralen Innenstadt wurde mit viel Geschmack und Eleganz neu ausgebaut. Im Inneren ist es eine Insel der Ruhe, während vor der Tür die Stadt lärmt. Sehr gastfreundlicher Service mit erstklassiger kretischer Küche im eigenen Restaurant. Geeignet für Konferenzen und Banketts, idealer Platz für Geschäftsleute, zwischen El-Greco-Park und altem Hafen gelegen. Die Besitzer sind Kreter der alten Schule. Sehr Gastfreundlich und meistens für einen kleinen Rakí gut.

➤ Stadtplan S. 222, [b 1/2] **Chronaki 9; Tel. 28 10 24 60 00; www.atrion.gr**

●●● MASTER VISA

Kastro

Unterhalb des El-Greco-Parks. Der Betreiber, Herr Manolis, ist ein freundlicher, gebildeter alter Herr und hat sein Leben dem Gastbetrieb gewidmet. Recht ruhige Lage inmitten der Stadt und fast am Meer. Der Besitzer verehrt die Kunst des El Greco. Drucke des Malers zieren im Inneren die Wände.

➤ Stadtplan S. 222, [b 2] **Theotokopoulou 22; Tel. 2 81 08 50 52; www.kastro-hotel.gr**

●●● MASTER VISA

Lato

Hotel der Spitzenklasse mit Blick über den alten Hafen und auf den Fährhafen.

Weiter auf S. 228

Gläserne Eleganz, kühles Design: Wer es sich leisten kann, steigt im »Mégaron« ab. Das Luxushotel bietet stilvolles Ambiente für anspruchsvolle Gäste.

HOTELS

5-STERNE-TEMPEL

11

Was ist schon Gastfreundschaft? Nichts, das sich nicht in harter Währung ausdrücken ließe, lernt der Reisende bei den gepflegten Damen und Herren an der Rezeption des **Mégaron Luxury Hotel** in Iráklion. Handgenähte Schuhe oder maßgeschneidertes Tuch sind manchem Hotelier allemal bedeutungsvoller als das schüchterne Lächeln eines bescheidenen Gastes. Sei es drum – das »Mégaron« ist ein tolles Gebäude, innen wie außen, und wer es sich leisten kann, zwischen 155 und 355 Euro für eine Nacht auf den Tresen zu legen, der sollte dort stilvoll nächtigen.

In Planung ging das Haus ungefähr zu der Zeit, als der englische Tonsetzer Edward Elgar Essenzen aus Shakespeares »Othello« zur Marschmusik »Pomp and Circumstance« verrührte. Zu Ehren des englischen Thronfolgers Edward VII. übrigens. England und die »Entente« hatten im Ersten Weltkrieg gerade die Deutschen geschlagen, die Griechen treu an ihrer Seite. Doch die verloren 1922 die Schlacht in Kleinasien gegen Kemal Atatürk. Die griechischen Minderheiten mussten die alten Kolonien verlassen.

Das »Mégaron« wurde trotzdem gebaut, seit 1925 steht der herrliche Klotz imperialen Stils und schaut mit 50 Fenstern auf den Hafen. An den Seitenwänden im Inneren: vergrößerte SchwarzWeiß-Fotos aus den frühen Tagen des Hotels, als vor dem Portal noch ein langer Strand zum Bad einlud und auf dem alten venezianischen Pier sich beleibte Kaufleute mit sonnenverbrannten Matrosen in frischer Brise ergingen. Viel Glas, ein transparenter Lift, der fünf Stockwerke durch die offene Mitte des Gebäudes emporsteigt. In den langen Fluren gedämpftes Licht, im Café und im Restaurant gedämpfte Freude, insgesamt gedämpfte Atmosphäre. Kühles Interieur in den Zimmern, elegantes Blendwerk. Die »Präsidentensuite« ist freilich ein wenig schmal geraten, als habe der Architekt mit Präsidenten eher wenig am Hut gehabt.

Im Rücken des »Mégaron« die ganze alte Stadt: Platia, Morosini-Brunnen, Archäologisches Museum, Viktualienmarkt und feine Juweliere – all das höchstens zehn Minuten zu Fuß entfernt. Ein hoch oben ins Flachdach versenktes Schwimmbecken, daneben die Bar mit Blick auf die einlaufenden weißen Sealiner der Schiffsgesellschaften. Und natürlich das Meer – so weit, so glitzernd, so rätselhaft.

WEGWEISER 11

Mégaron Luxury Hotel

➤ Iráklion, S. 8/9, [c 3] ➤ [H/J 4]

9 D Beaufort Street; Tel. 28 10 30 53 00; www.gdmmegaron.gr ●●●● CREDIT

IN-TREFF

12 VON ALLEM EIN BISSCHEN

Kein besseres Wort hätten sich die Kreter für das ausdenken können, was anderswo »Stammtisch« genannt wird. »Stéki« ist leicht zu merken und darf getrost mit »stehen bleiben« oder auch – nach dem soundso vielten Schnaps – mit »stecken bleiben« übersetzt werden. Das beste »Stéki« der Hauptstadt Iráklion hat sich außerdem einen Namen zugelegt, der zwar wenig verspricht aber viel hält: Das **Lígo ápo óla** (von allem ein bisschen) ist morgens Kaffeehaus, mittags Restaurant und abends Bar.

Der Wirt Georgios Stefanakis pflegt in Baskenmütze aufzutreten, nicht nur, weil ihm das Haupthaar dünn geworden ist, sondern weil er es gerne kretisch-stilvoll hat, wie er sagt. Sein »Stéki« schließt nur für wenige Stunden, schon am frühen Morgen können seine treuesten Gäste nach durchwachter Nacht ihren Nachdurst mit gutem griechischen Kaffee löschen. Oder mit einem herzhaften Frühstück ihren irritierten Magen beruhigen.

Der Weg ins »Lígo ápo óla« ist leicht zu finden. Das Lokal steht mitten in der jederzeit belebten Straße »Odós 1866«, eingelagert in alle Düfte des Orients – in die Gewürze des Straßenmarktes. Nebenan bieten die letzten verbliebenen Käsehändler und Metzger ihre frischen Produkte an, ein paar Schritte weiter kann der Reisende dem lärmenden Wettbewerb der stimmgewaltigen Fischhändler beiwohnen.

In Georgios Stefanakis' »Stéki« wird er gern gesehener und korrekt bedienter Fremder unter vielen Stammgästen aus der Nachbarschaft des alten Iráklion sein. Er wird dort mit ein wenig Glück auf Panagiotis Vassilakis treffen, Spross einer alten Familie, die in den Jahren zwischen den Weltkriegen einen florierenden Handel mit Sultaninen und Rosinen in Deutschland betrieb. Panagiotis spricht deutsch und ist gerne bereit, über seine Stadt und ihre Eigenarten zu sprechen. Oder – nach dem einen oder anderen Rakí – erstklassige Hinweise auf kleine Restaurants, Bars und Sehenswürdigkeiten zu geben. Stefanakis und seine junge Thekenbesatzung stellen an ihrem zentralen Platz in Stadt und Markt die harmonische Verbindung her zu dem, was auf Kreta produziert wird - Schnaps, Wein, Früchte, Gemüse, Fleisch, ein bisschen Fisch -, und dem, was daraus zubereitet wird: traditionelle Speisen und Getränke,

WEGWEISER 12

Lígo ápo óla

➤ Iráklion, S. 8/9, [c 3] ➤ [H/J 4]

Odós 1866; Tel. 28 10 28 16 45 •••

garniert mit Lachen, Frohsinn und Musik. Der Wirt und seine Stammgäste sind, wie viele Griechen, nicht an die heimische Scholle gebunden. Sie reisen gerne, soweit es der Geldbeutel hergibt. Genau wie die Fremden, die in ihre Stadt kommen, um zu sehen und zu lernen. Das ist eine gute Grundlage für jede Annäherung.

Wen die kretischen Gäste ins Herz schließen, der mag das Glück haben, an einem einzigen Tag mitgenommen zu werden in die dem Mitteleuropäer unbekannte Welt des Phlegmas, des Pathos und der sich nicht in Preisen auszudrückenden Gastfreundschaft. Er wird im »Lígo ápo óla« zusammen mit andern am Tresen stehen – Menschen auf der Suche nach Gesellschaft.

ESSEN UND TRINKEN

GUTES AUS DEN BERGEN 13

Nach den wirklich kretischen Schaffleischgerichten sollte der Gast ausschließlich in den Bergen fahnden. Auch wenn die Lokale nicht immer an den idyllischsten Orten zu finden sind. Wie zum Beispiel das Restaurant von Manolis und Pantelis Kallergis in Tilissós. Die Landstraße Nummer 90 führt westlich von Iráklion aus nach Márathos. Direkt an diese Straße hat die Familie ihr Haus aus echtem kretischen Beton namens **Kallérgis** gebaut. Für die Qualität der Speisen scheint dies wenig einladende Ambiente kein Hindernis zu sein: Die Köchin Charoula (die »kleine Freude«) bereitet hier köstliche Gerichte zu, für die sich die Fahrt in jedem Fall lohnt. Da wäre das auch als Hochzeitsmahl bekannte »wrásto me piláfi«, gekochtes Hammelfleisch, in dessen fettiger Fleischbrühe der Reis gegart wurde, oder »tsigariastó«, in Olivenöl und Rotwein gesottenes Lamm- oder Ziegenfleisch. Authentischer geht nicht!

WEGWEISER 13

Kallérgis

➤ Tillissós, Iráklion S. 8/9, [c 3] ➤ [H/J 4]

Von Iráklion in südwestlicher Richtung an der Straße nach Márathos, hinter der Abzweigung nach Tillisós; Tel. 28 10 82 37 72 ••

Stilvolles Interieur und Türkisches Bad sorgen für Entspannung.

➤ Stadtplan S. 222, [c 1] **Epimenidou 15; Tel. 2 82 10 22 81 03; www.lato.gr ••• CREDIT**

Olympic

Mit viel Glas renoviertes Hotel am Kornarou-Platz. Gute, zentrale Lage, allerdings für lärmempfindliche Reisende eher nicht geeignet.

➤ Stadtplan S. 222, [b 3] **Platia Kornarou; Tel. 2 81 08 88 61; irolymp@otenet.gr ••• MASTER VISA**

Dädalos

Mittelklassehotel in der alten Fußgängerzone gegenüber vom venezianischen Morosini-Brunnen. Die Gasse unterhalb der Schlafzimmer ist besonders ruhig. Das Achäologische Museum ist drei Minuten zu Fuß entfernt.

➤ Stadtplan S. 222, [b 2] **Dedalou 15; Tel. 2 81 02 24 39 15 ••**

Mirabello

In der Innenstadt, aber in ruhiger Lage gleich neben dem Hotel Kastro. Nettes Hotel, fünf Minuten vom alten Hafen entfernt. Aber Vorsicht, wer mit dem Auto anreist, muss vermutlich lange nach einem Parkplatz suchen.

➤ Stadtplan S. 222, [b 1/2] **Theotokopoulou 20; Tel. 28 10 28 50 52; www.mirabello-hotel.gr • MASTER VISA**

Rea

Äußerst freundliche und gemütliche Pension. Eigene Autovermietung zu günstigen Preisen für die Pensionsgäste.

➤ Stadtplan S. 222, [b 2] **Kalimeraki 1 (in einer kleinen Gasse zwischen Grevenon und Chortatson); Tel. 28 10 22 36 38; hotelrea@tellas.gr •**

Essen und Trinken

Bardia

Die alte Wache ist ebenfalls eine Ouzeri und liegt am Fischereihafen, zwischen Venezianischem und Fährhafen. Während der Gast am Kai sitzt und die Schiffe von den Zykladen einlaufen beobachet, werden von der reichhaltigen Karte gute »mezédes« serviert. Besonders empfehlenswert ist das »saganaki garides«, ein Garnelen-Käse-Gratin, und die hervorragenden Desserts.

➤ Stadtplan S. 222, [b/c 1] **Am alten Hafen gegenüber von den Arsenali •••**

Katsina

Ouzeri mit Meeresfrüchten sowie Gemüse- und Fleischhappen. Serviert wird an Tischen vor der Tür.

➤ Stadtplan S. 222, [b 1] **Marineli 12 •••**

Lígo ápo óla 12

(→ Der gute Tipp von MERIAN, S. 226)

➤ Stadtplan S. 222, [b 3]

Alexander

Eine ausgezeichnete Fischtaverne, die auf auf dem Weg zum Strand liegt. Gegessen wird an Tischen direkt am Wasser, wo hervorragende traditionelle kretische Küche serviert wird.

Tobruk Strand, Kokkini Hani (östlich des Stadtzentrums); Tel. 28 10 38 01 65; ganztags geöffnet ••

Evkaliptos

Ein besonders schönes, traditionelles Kaffeehaus gegenüber der Metropolitenkirche Ágios Mínas gelegen. Der Wirt Panagiotis verfügt über eine stattliche Anzahl von Tavli-Brettern, von denen gerne Gebrauch gemacht wird: Die betagten Tavli-Profis sitzen im Schatten des mächtigen Eukalyptusbaumes und haben nichts dagegen, dass man ihre Winkelzüge beobachtet und dabei ein wenig von diesem beliebtesten griechischen Brettspiel lernt. Ansonsten gibt es erstklassigen Kaffee, Bier und Schnaps mit reichlichen »mezédes« sowie Limonade für die Kleinen.

➤ Stadtplan S. 222, [a 3] **Thessalonikis 3 (gegenüber der Kirche Ágios Mínas)**

••

Fos Fanari

Gegenüber der Kapelle Ágios Dimítrios. Gute Ouzeri mit reichlicher »mezédes«-Küche, ordentlichem Wein und natürlich Ouzo.

➤ Stadtplan S. 222, [b 1] **Marineli Straße 1; Tel. 28 10 34 22 45** ••

Kallérgis 13

(→ Der gute Tipp von MERIAN, S. 227)

➤ Stadtplan S. 222, [a 1/2]

Tsikoudiadiko

Ouzeri mit sehr guten »mezédes« aus Meeresfrüchten, Gemüse und Fleischhappen. Besonders gelobt werden die Schnecken »bourvouristoi« – mit Rosmarin gewürzt und in der Pfanne gebraten.

➤ Stadtplan S. 222, [c 2] **Idomeneos 10**

••

Tartuffo

Geeignet für Leute, die für einen Abend der griechischen Küche entfliehen und italienisch essen wollen. Ein zehnminütiger Spaziergang auf der Straße Richtung Knossós führt zu einer sehr guten Pizza zu angenehmen Preisen.

➤ Stadtplan S. 222, [c 3] **Dimokratias 83**

••

Ausflüge

Knossós 8

➤ [J 4]

Die wichtigste Exkursion ist die Fahrt zu den nur acht Kilometer vom Stadtzentrum von Iráklion entfernten Ausgrabungen von Knossós (→ Geschichte, S. 43). An der Haltestelle vor dem Morosini-Brunnen fahren täglich die blaugrauen Stadtbuslinien 2 und 4 nach Knossós ab, im Abstand von zehn bis 15 Minuten. An der gleichen Stelle können auch Taxis gechartert werden, die Preise sind in der Regel beim offiziellen Taxistand angeschlagen. In Knossós selbst sind zahlreiche Führer im Einsatz, die während eines einstündigen Rundgangs in allen internationalen Sprachen die herrschende Lehrmeinung über die kretischen Paläste und die ausgegrabenen Kulturschätze verbreiten. Die Preise für die Führungen wechseln saisonbedingt, sie unterliegen auch der Inflationsrate und den üblichen jährlichen Kostenerhöhungen.

Die Nachbildungen einiger der Hauptgebäude des Palastes gehen einher mit der Erfindung des Betons, der es dem Archäologen Arthur Evans erlaubte,

Weiter auf S. 232

Knossós/Erdgeschoss 8

1 Westeingang
2 Prozessionskorridor
3 Südpropylon - Eingangshalle zu Piano Nobile
4 Dreisäulenhalle
5 Schatzkammer
6 Große Halle
7 Sechssäulenhalle
8 Zentralhof
9 Thronsaal
10 Dreiteiliges Heiligtum
11 Ankleideraum der Königin
12 Megaron der Königin
13 Megaron des Königs
14 Nordwestportikus
15 Zollhaus
16 Schautreppe

Alter Palast
Neuer Palast
Griechische Bauten
Siehe Karte Knossós/Piano Nobile

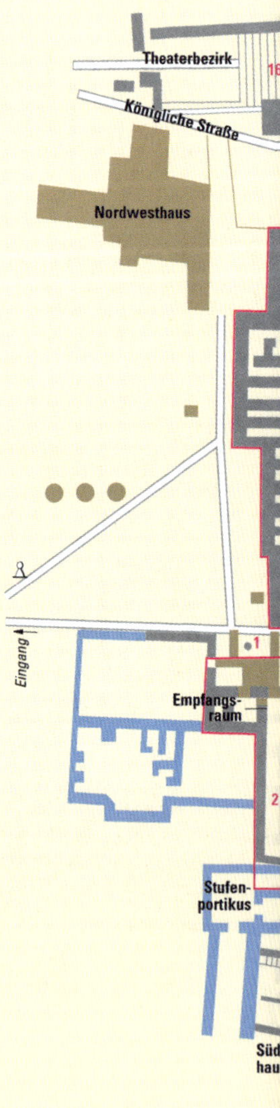

Knossós/Piano Nobile 8

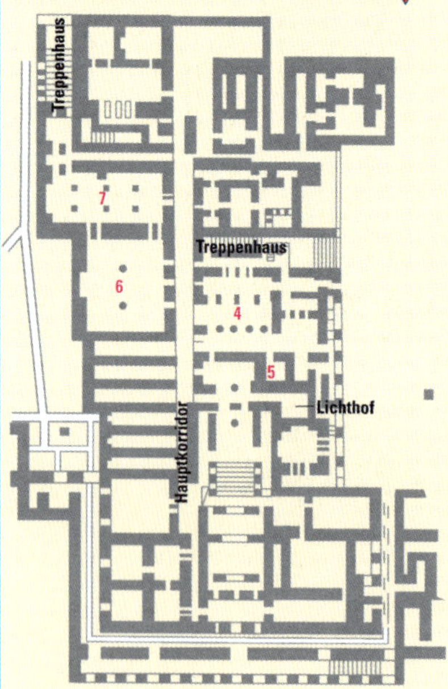

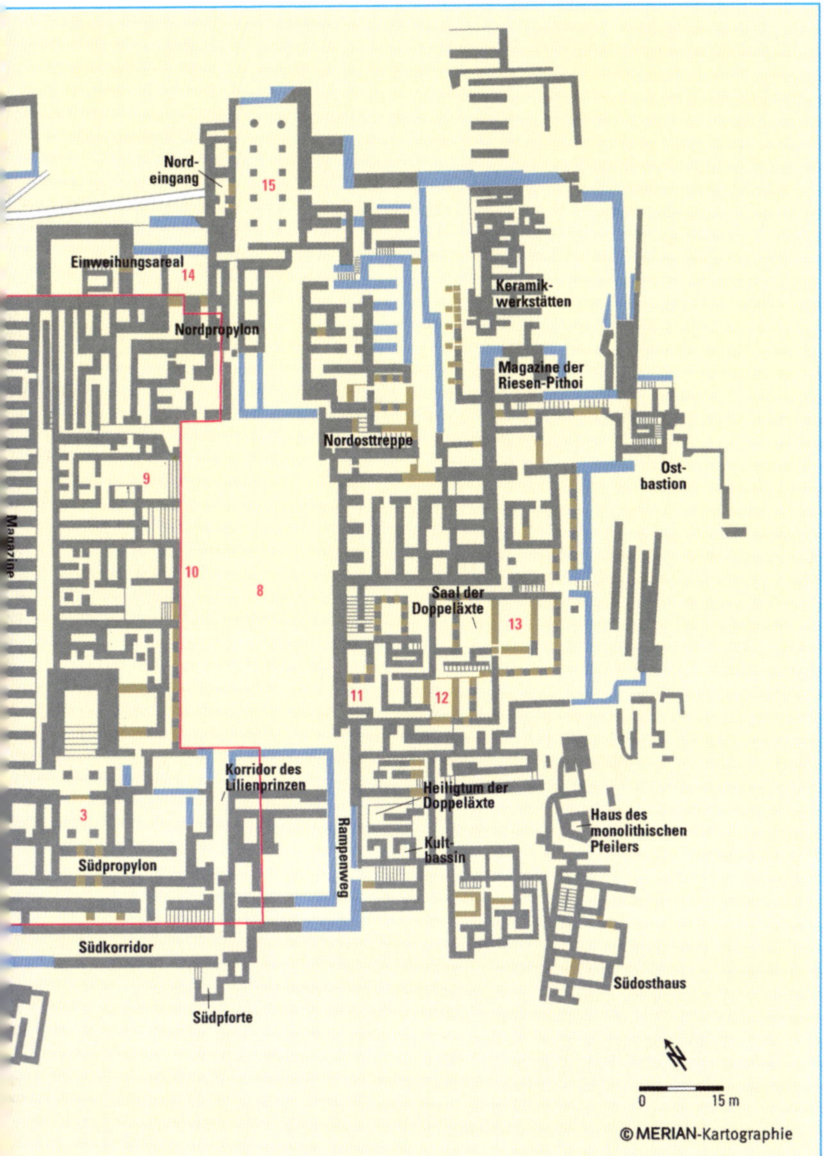
Nord-
eingang
15
Einweihungsareal
14
Nordpropylon
Keramik-
werkstätten
Magazine der
Riesen-Pithoi
Nordosttreppe
Ost-
bastion
9
Magazine
10
8
Saal der
Doppeläxte
13
11
12
Korridor des
Lilienprinzen
Heiligtum der
Doppeläxte
3
Haus des
monolithischen
Pfeilers
Kult-
bassin
Rampenweg
Südpropylon
Südkorridor
Südosthaus
Südpforte
N
0
15 m
© MERIAN-Kartographie

nahezu problemlos Säulen, Wände und Decken nach seinen Vorstellungen zu gestalten. Die meisten der rund 700000 Knossós-Besucher haben es dem Archäologen gedankt, dass er ihrem Vorstellungsvermögen auf so drastische Art und Weise auf die Sprünge half. Die Knossós-Verwalter haben ein Übriges getan und die Wege auf der mehr als 20000 Quadratmeter weiten Anlage mit hölzernen Planken und hartem Plastikmaterial überzogen. Der Besucher betritt also nicht mehr die heilige antike Erde selbst, sondern durcheilt, dem Sportler in den modernen Arenen gleich, den Palast auf schnellen Tartanbahnen.

Und was fanden Evans' Leute! Als sie im Jahre 1900 begannen, ein bronzezeitliches Bauwerk von nahezu 1200 Räumen auszugraben, war völlig unbekannt, wer diese gewaltige Anlage ursprünglich geschaffen hatte. Er selbst brachte sie in Verbindung mit der altgriechischen Überlieferung vom sagenhaften König Minos, der zwei Generationen vor dem Trojanischen Krieg die Inselhauptstadt Knossós beherrscht und ein geheimnisvolles Labyrinth errichtet haben soll. Und dabei ist es auch weitgehend geblieben. Die entdeckte Hochkultur wird die »minoische« genannt, das, was der Besucher heute in Knossós sieht, sind die Reste der Neuen Palastzeit, also aus dem 17. bis Mitte 15. Jahrhundert vor Christi Geburt.

Der offizielle Rundgang führt vom alten West-Eingang des Palastes in das tatsächlich labyrinthische Innere. Der Besucher folgt zunächst dem Prozessionskorridor und biegt dann links in den Südkorridor ab. Dort hat er die ersten Propyläen vor sich, die Rekonstruktion einer Säulenhalle, deren Querträge aus Beton Evans orangegelb anmalen ließ, um die Farbe des ursprünglich verwendeten Holzes zu imitieren. Der Säulenhalle folgt ein Treppenaufgang zu den vermuteten repräsentativen Räumen und kleinen Hallen. Evans nannte diesen Teil des Palastes – in Anlehnung an die italienischen Renaissancepaläste – den »Piano Nobile«. Hier sind zu sehen: die Drei-Säulen-Halle, die Schatzkammer, die Sechs-Säulen-Halle, wo das erstaunliche Fresko der »Pariserin« (Evans) gefunden wurde. Die Treppe in den für alle kretischen Palastbauten charakteristischen Zentralhof schließt sich an.

An der Westseite des Hofes liegt der Thronraum, in dem eine hölzerne Nachbildung den dort gefundenen Alabaster-Thronsessel ersetzt. Ein Raum übrigens, der so klein ist, dass die Frage auftauchte, wo der König oder die Königinnen wohl Platz für größere Delegationen hatten. Südlich neben dem Thronzimmer ist das Dreiteilige Heiligtum zu sehen sowie dahinter die Schatzkammer, in der die barbusigen Schlangengöttinnen entdeckt wurden – Zeichen oder gar Beweise für eine lange Zeit des Matriarchats auf der Insel Kreta?

Der Weg verlässt den großen Hof in Richtung Lustralbad und »Initiatory Area«, wie Evans den größeren Raum an der Nordwestecke des Palastes nannte. Da dies mit »Einweihungareal« zu übersetzen ist, muss angenommen werden, dass er dort den Platz für Reinigungen und kultische Waschungen vermutete, denen sich Besucher zu unterziehen hatten, bevor sie den Palast über den ursprünglichen Eingang durch die nördliche Säulenhalle betreten durften. Solche Besucher benutzten demnach die »König-Straße«, heute zur Autostraße hin verschlossen, und stiegen am Theater vorbei zum Palasthügel hinauf. Das Theater wiederum war, folgt man der herrschenden Theorie, Schauplatz der Stier-Springer, der Athleten, die auf dem berühmten Fresko zu sehen sind.

Einen ganz besonderen Namen fand Evans für das den Nord-Propyläen folgende Gebäude. Da er sich vorstellte, dass Gäste und Besucher des Palastes ihre Geschenke und Opfergaben einer Art Wache zur Kontrolle vorzulegen hatten, nannte er es das »Zollhaus«.

Der königliche Wohnbezirk lag nach herrschender Meinung dem Thronraum gegenüber, auf der östlichen Seite des Zentralhofes. Dort orteten die Ausgräber das »Megaron« der Königin und des Königs, also die Schlaf- und Privatgemächer. Daneben das viel bewunderte Bad der Königin mit angeschlossener Toilette, nach heutiger Erkenntnis eine recht freizügige Rekonstruktion von Badewanne und Sorgensitz aufgrund eher magerer Funde.

Eindrucksvoll ist das Magazin mit den vier übergroßen Tonkrügen, den »Pithoi«, aus der Alten Palastzeit und das Wassersystem, das im kleinen Hof hinter den königlichen Wohnräumen bestaunt werden darf.

Besucher verlassen die Ausgrabungen von Knossós entweder voller Begeisterung oder aber mit eher zwiespältigen Gefühlen. Die umstrittenen, kühnen Betonkonstrukte, die Arthur Evans den Ausgrabungen aufgesetzt hat, helfen jedoch

Eines der schönsten Gebäude Iráklions: die Agíos-Minas-Kathedrale (→ S. 234), von den Türken im byzantinischen Stil errichtet

den meisten Touristen, sich in diesem Gewirr von Räumen ein wenig zu orientieren und sich ein Bild des einstigen minoischen Palastes zu machen.

Buslinien 2 und 4 nach Knossós fahren alle 10–15 Min. vor dem Morosini-Brunnen ab; Tel. 28 10 23 19 40; tgl. 8–19 Uhr (April–Oktober), 8–17 Uhr (November–März); Eintritt 6 €, Kombikarte Archäologisches Museum Iráklion und Knossós 10 €

Sehenswertes

Ágios Mínas

Die Bischofskathedrale des Metropoliten von Kreta, zur Zeit der Erzbischof Irinaios, früher Bischof von Chaniá. Sie wurde in der zweiten Hälfte des 19. Jahrhunderts, noch zur Zeit der Türkenherrschaft, erbaut.

➤ Stadtplan S. 222, [a 3] **Platia Ekaterinis**

Bembo-Brunnen

Schöner venezianischer Brunnen aus dem 16. Jahrhundert. Angrenzend ein türkisches Brunnenhaus. Hier konzentrieren sich die venezianische und die türkische Vergangenheit an einem Platz.

➤ Stadtplan S. 222, [b 3] **Kornarou-Platz**

Grab Nikos Kazantzakis 14

(→ Der gute Tipp von MERIAN, S. 236)

➤ Stadtplan S. 222, [a 4]

Museen

Archäologisches Museum

Alles, was Evans und seine griechischen, italienischen und französischen Kollegen in Knossós, Festós, Agía Triáda oder Zákros gefunden haben, wird hier ausgestellt. Und das ist das Bemerkenswerte: Nichts ist nach Athen geschickt oder von dort eingefordert worden, alles ist auf der Insel geblieben – außer den vielen netten Dingen natürlich, die Evans heim ins Empire und nach London mitgenommen hat. Die minoische Sammlung, der zentrale und wichtigste Teil des Museums, zeigt die Funde aus den verschiedenen Palast-Perioden (→ Geschichte, S. 36), darunter solche einmaligen Kostbarkeiten wie das berühmte Stierkopf-Rython, die Schlangengöttin, die Schnitter-Vase, die Fresken der Delfine, der Stier-Springer und des Lilienprinzen. Das Museum befindet sich im Umbau und wird um ein völlig neues Gebäude erweitert, voraussichtlich im Jahr 2010 soll es wiedereröffnet werden. Der aktuelle offizielle Museumsführer (5 Euro, nur in Englisch) beschreibt die bestehende Übergangs- und Umzugsphase vom alten Haus in das neue, nebenan errichtete moderne Gebäude. Das Museum wird nicht schließen. Die Entscheidung des Kultusministeriums in Athen läuft darauf hinaus, dass diese für das Verständnis der minoischen Kultur wichtigste Ausstellung der Welt, einen Teil seiner Schätze, eine Auswahl von 400 besonders wertvollen und repräsentativen Fundstücken, über eine Zeitdauer von einigen Jahren zeigen. Geplant sind auch Ausstellungen außerhalb des Landes, die auf die Nachfrage zahlreicher Museen in aller Welt zurückgehen. Die Sammlung wird daher nicht immer vollständig zu sehen sein.

➤ Stadtplan S. 222, [c 2] **Platia Eleftherias; Tel. 28 10 22 60 92; Mo 12.30–19 Uhr, Di–So 8–18 Uhr (im Winter jeweils nur bis 17 Uhr); Eintritt 6 €**

Archäologisches Museum in Iráklion

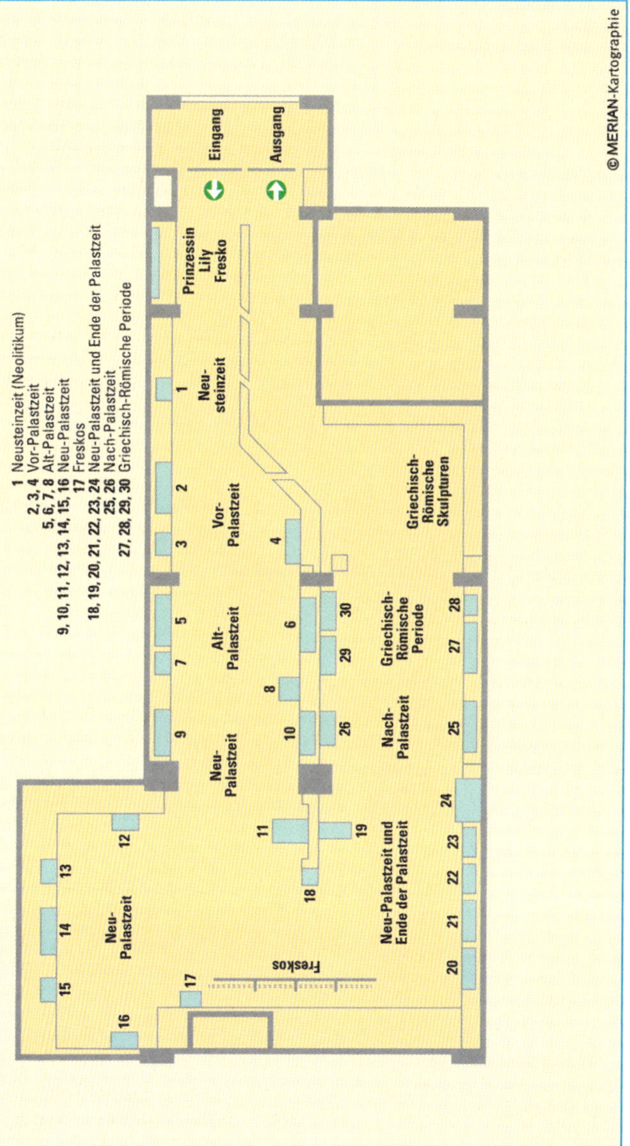

BESONDERE ORTE

14 REICH DER GÖTTER

Die Suche danach, wie und wo Gott beizeiten Gestalt annimmt, beschäftigt auf Kreta seit 4000 Jahren nicht nur Theologen und Philosophen, sondern beinah alle Menschen. Vor 2000 Jahren trennten sich die Kreter von den alten, sehr menschlichen Göttern, und das haben sie bis heute nicht überwunden.

Da sind schon mal die Namen, die den kretischen Griechen im alltäglichen Leben geblieben sind: Aphroditi, Artemis, Athina, Dimitra, Aris, Dyonissios und Adonis stehen gleichberechtigt neben christlichen Namen wie Ioannis, Georgios, Maria oder Katherina. Freilich haben Bischöfe und Popen über die Jahrhunderte fast jeder Kulthöhle den Gott, Halbgott, Satyr oder auch die nette Nymphe von nebenan ausgetrieben und sie alle durch christlich-orthodoxe Religionsschaffende ersetzt. Doch selbst unter den mehreren 1000 heimischen Eremiten, Höhlenheiligen und Märtyrern finden sich solche, die Dyonissios, Adonis, Dimitra und Artemis heißen. Manchen Kreter hat das verblüfft.

Im kleinen Dorf Doulianá in der Landschaft Apokóronas beispielsweise lebt der blinde Kaufmann Nikos Kotzambazakis, der seinen Leuten vor dem Kaffeehaus gerne Vorträge über alte und neue Götter hält. Er steht in großer Tradition: Blinde Männer und Frauen waren auf dem kulturellen Höhepunkt des antiken Griechenland als Seher von großer Bedeutung. Aus dem ewigen Dunkel ihres Lebens heraus, dachte man, seien sie viel eher Visionäre und perspektivische Denker als die meisten ihrer biologisch deutlich besser ausgestatteten, aber bisweilen ziemlich kurzsichtigen Mitbürger. Doch das ist lange her. Unter dem christlichen Gott mussten Blinde sich plötzlich bestraft fühlen. Was nicht nur den blinden Nikos bedrückt.

WEGWEISER 14

Grab von Nikos Kazantzakis

➤ Iráklion ➤ S. 8/9, [c 3] ➤ [H/J 4]

Das Grab befindet sich auf der Martinéngo-Bastion der venezianischen Stadtmauer und ist über die Odos Nikolaou Plastíra zu erreichen. Tagsüber geöffnet, Eintritt frei

Auf den mächtigen Mauern der Martinéngo-Bastion am südlichen Rand der Stadt Iráklion liegt einer in seinem Grab, der als Gottesforscher berühmt und eine Zeit lang sogar berüchtigt war – der Schriftsteller Nikos Kazantzakis. Die griechisch-orthodoxe Kirche hat ihn zu Beginn der 1950er-Jahre ausgestoßen und sein Werk zuschanden geredet. Schon zu Lebzeiten hatte er nämlich darüber nachgedacht, wie und was denn der Christengott überhaupt sei. Auf die Mauer geschafft wurde dieser bis heute wohl größte und wichtigste Dich-

Der blinde Nikos Kotzambazakis erzählte im Kafénion gerne Geschichten aus der antiken Götterwelt.

ter der Insel, weil den Popen der Stadt die orthodoxen Friedhöfe zu schade waren für den aus einem Krankenhaus in Freiburg im Breisgau heimkehrenden Häretiker-Leichnam. Seinem norwegischen Verleger Max Tau hatte Kazantzakis im Januar 1952 geklagt: »Das hauptsächliche, ja beinahe einzige Thema meines gesamten Werkes ist: der Kampf des Menschen mit ‚Gott', das unnachgiebige, nie aufhörende Ringen des nackten Wurmes, der sich ‚Mensch' nennt, mit den furchtbaren, allgewaltigen Mächten in und um ihn. All' solche Kämpfe sind leider den heutigen Griechen fremd und unbegreiflich, auch den Intellektuellen. Darum bin ich so fremd, so einsam in Griechenland.«

Da liegt er nun unter den gewaltigen Felsquadern, die um seine sterblichen Überreste geschichtet wurden, bewacht von einem grauen Grabstein, dessen Inschrift keiner besser hätte formulieren können als er selbst: »Δεν ελπιζο τιποτα. Δε φοβαμε τιποτα. Ειμαι λεφτεροζ«. – »Ich hoffe nichts, ich fürchte nichts, ich bin frei.«

Von des Toten Mauerkrone blickt der Besucher nach Norden hin über die ewig lärmende Stadt, über die Reste des alten Hafens, hinaus auf das Meer, die einzig stille Gegend, die den Menschen geblieben ist. Dreht er sich um, dann erhebt sich dort im Süden der 811 Meter hohe Gipfel des Joúchtas, den »magischen Berg« nannte ihn Kazantzakis. Den »schlafenden Zeus« heißen ihn noch heute die Bauern ebenso wie die Gelehrten. Möglicherweise erwacht er ja eines Tages wieder. Zur Freude des blinden Kaufmanns Nikos Kotzambazakis vielleicht.

SEHENSWERTES

15 DER MALER DES GROSSINQUISITORS

Das neoklassizistische Gebäude des Historischen Museums von Iráklion steht an der breiten Küstenpromenade Venizélou. Es trotzt hier nicht nur den scharfen Nordwinden des kretischen Archipels, sondern auch dem unendlichen Autokorso, der jeden Tag brüllend und stinkend unter den Fenstern vorbeizieht. Dennoch hat das schöne Haus bei den meisten Besuchern Kretas bisher keinen besonderen Zuspruch gefunden.

Das ist schade und erfreulich zugleich. Einerseits hätte die feine Kunstsammlung dort besonders viel Aufmerksamkeit verdient. Ausgestellt wird hier immerhin Domenikos Theotokopoulos. Andererseits wird sich der lärmgeplagte Gast im kühlen Schatten der Villa und deren fast schon luxuriöser Ruhe gerade ohne großes Publikum besonders wohlfühlen. Kein Vergleich mit der Hektik des von 1000 drängelnden Programmvollstreckern beanspruchten Archäologischen Museums.

»Die Taufe Christi im Jordan« von El Greco, dem berühmten Sohn der Stadt Iráklion

Zwei Gemälde des berühmten Sohnes der Stadt besitzt das Haus an der Venizélou. Erst vor zwei Jahren kam »Die Taufe Christi im Jordan« nach Iráklion. Die »Ansicht des Berges Sinai« war schon lange in der Heimat des Malers. Theotokopoulos, den die Spanier »El Greco« nannten, wurde um 1541 in Fódele, 20 Kilometer vor den Toren der kretischen Hauptstadt, geboren, er starb im April 1614 in Toledo. Auf Kreta hatte er als Ikonenmaler angefangen – eine Ausbildung, die sein gesamtes Werk kennzeichnet. Die un-

Das Historisches Museum in Iráklion beherbergt eine kleine, feine Kunstsammlung. Ein Besuch lohnt sich.

proportionierten Gliedmaßen, die langen Gesichter der Abgebildeten und die Farben entsprechen dem Stil der »Kretischen Schule«, welche byzantinische mit okzidentaler Maltechnik verband. El Greco, zwischendurch bei Tizian in Venedig, ging 1577 nach Spanien, wo er bis an sein Lebensende blieb. Ein ungeheures Werk ließ er zurück.

Ungeheuer auch in dem Sinne, dass er das Wüten der katholischen Inquisition in Spanien auf die Leinwand zu bringen wagte. Das Gemälde des »Großinquisitors Nino de Guevara« (Metropolitan Museum, New York) spiegelt das Wechselspiel der Gefühle des Malers für sein Modell wider; es setzt um, was El Greco dem gnadenlosen Kardinal in einem Roman des Schriftstellers Stefan Andres ins Gesicht sagt: »Die Kirche ist ein blutiges Feuer geworden, Eminenz.«

Die in Iráklion ausgestellten Bilder sind klein und doch von künstlerischer Größe. Sie zeigen im Licht der sie schützenden Vitrinen einen Geist, der das venezianische Iráklion einst prägte: Würde, Fantasie, Neugier, Ästhetik, Leidenschaft und Lebensfreude – aber auch Respekt und sogar Furcht vor dem, was dem Menschen als göttlich erschien. Ihm widmete Nikos Kazantzakis, der zweite große Sohn der Stadt, seinen Lebensbericht, deshalb schrieb er die »Rechenschaft vor El Greco«.

WEGWEISER 15

Historisches Museum Iráklion

➤ Iráklion, S. 8/9, [c 3] ➤ [H/J 4]

27, Sofoklí Venizélou; Tel. 28 10 28 3219; www.historical-museum.gr; Mo und Mi–Fr 9–17 Uhr, Di und Sa 9–14 Uhr (Winter: Mo–Sa 9–15 Uhr); Eintritt 5 € / ermäßigt 3 €, Kinder unter 12 frei

Historisches Museum 15

(→ Der gute Tipp von MERIAN, S. 238)

➤ Stadtplan S. 222, [a/b 1]

Ikonenmuseum Agía Ekateríni

Die Kirche, 1555 erbaut, war ursprünglich eine Niederlassung der »Schule vom Berg Sinai«. Studiert wurden dort während der Renaissance Philosophie, Theologie und Malerei. Hier ging der Poet Vintsentsios Kornaros zur Schule, der die Ballade »Erotokritos« schuf, und auch Michalis Damaskinos, einer der wichtigsten Vertreter der kretischen Malschule und Lehrer von Domenikos Theotokopoulos, besser bekannt unter seinem spanischen Namen El Greco. Die Kirche ist inzwischen ein Ikonenmuseum und zeigt auch einige Werke des Damaskinos.

➤ Stadtplan S. 222, [b 2/3] **Platia Ekaterinis; Tel. 28 10 28 88 25; Mo–Fr 9–18 Uhr.**

Einkaufen

Die Marktstraße von Iráklion, die gleich hinter dem Morosini-Brunnen in Richtung Platia Kournarou leicht ansteigt, ist ein ideales Gelände zum Schauen und Bummeln. Es gibt hier nicht nur Gemüse, Obst und Fleisch, sondern auch Rakí und Honig, Käse, Feigen und Rosinen.

➤ Stadtplan S. 222, [b 2/3] **Zwischen Morosini- und Bembo-Brunnen**

Founarakis

Die Kreationen des Goldschmieds Konstantinos Founarakis kommen alle aus der eigenen Werkstatt und werden auch in Athen und Paris verkauft.

➤ Stadtplan S. 222, [b 2] **Neben dem Morosini-Brunnen**

Am Abend

Fast alle jüngeren Kaffeehäuser und Bars haben sich inzwischen in den engen Gassen zwischen der Platia Venizelou und dem Archäologischen Museum an der Xanthoudiou niedergelassen. Es gibt eine Vielzahl, für jeden Geschmack und Geldbeutel. Das Viertel liegt in der Fußgängerzone und enthält sogar noch ein paar ältere schöne Villen im neoklassizistischen Stil sowie einige hübsche Gärtchen.

To avgo

Bedeutet übersetzt »das Ei«. Nicht nur eine nette Studentenbar, sondern auch eine der ältesten Bars der Stadt. Im Schummerlicht werden harte Eier zum Drink angeboten.

➤ Stadtplan S. 222, [b/c 2] **Platia Korai**

Flash

Wer einmal gerne Bier aus weitgehend unbekannten Quellen trinken möchte, ist hier genau richtig. Der Wirt hat sich auf äußerst selten zu findende Biersorten spezialisiert. Für diese so außergewöhnliche Gerstensaftauswahl müssen die Gäste allerdings auch hohe Preise in Kauf nehmen.

➤ Stadtplan S. 222, [b/c 2] **Platia Korai**

Imperial Café

Gute Bougatsa mit sehr schönem Blick auf den berühmten Morosini-Brunnen. Ein sehr günstiger Platz für Liebhaber der morgendlichen Zeitungslektüre: Die Blätter werden nämlich gleich gegenüber verkauft.

➤ Stadtplan S. 222, [b 2] **Platia Venizelou**

Etwa 3500 Jahre alt ist dieser Steinfries aus dem minoischen Palast in Agía Triáda. Erst vor 100 Jahren wurde er ausgegraben.

Mayo

Wer es laut und lebhaft will – eine der neuesten Studentenbars mit Spotlights und Bildschirmen sowie extremer Musik.

➤ Stadtplan S. 222, [b/c 2] **Milatou 11**

Info

Im offiziellen Touristikbüro (Xanthoudidou 1; Tel. 2 82 10 22 82 25) werden keine gewerblichen Angaben (Zimmer) gemacht, sondern nur Ratschläge und Prospekte gegeben. Weitere Informationen gibt es entlang der Hauptstraße, die vom Morosini-Brunnen hinunter ans Meer führt.

AGÍA PELAGÍA

360 Einwohner, 50 m ü.d.M. ➤ [H 3]

Einer der Badevororte der Iráklioten im Sommer. Zwei, drei nette Buchten rund zehn Kilometer östlich der Hauptstadt. Aus dem Nichts und Natur entstand in den vergangenen zehn Jahren eine Wochenend- und Ferienhaussiedlung, die sich weniger durch Ästhetik oder Bescheidenheit als vielmehr durch individuelle Geschmacksverirrungen auszeichnet. Am schönen sandigen Hauptstrand Lygariá mit Blick auf den kretischen Golf sieht der Badegast nicht, was hinter ihm noch so alles gebaut wird. In den Tavernen lässt es sich gut verweilen, weil nicht nur das Essen ordentlich, sondern auch die Preise erträglich sind.

AGÍA TRIÁDA

20 m ü.d.M. ➤ [G 5]

Die Anlage, die in vielen Beschreibungen als »minoische Villa« klassifiziert ist, ist zwar in Wirklichkeit den Palästen zuzurechnen, doch sie ist in der Tat sehr viel kleiner als Knossós und das nur drei Kilometer entfernte Festós. Federico Halbherr zeichnet wie in Festós auch in Agía Triáda verantwortlich für die Grabungen, die Anfang des 20. Jahrhunderts begonnen wurden. Nicht nur die Italiener nahmen an, dass es sich bei Agía Triáda – der Name »Dreifaltigkeit« stammt übrigens von einer kleinen, nahe gelegenen Dorfkirche – um eine weniger bedeutende Sommerresidenz gehandelt haben könnte. Die jüngste und gegenwärtig als Lehrmeinung verbreitete Theorie besagt, dass die Granden von Festós auf dem Hügel ihren »Regierungssitz« und im tiefer gelegenen Agía Triáda ihre schlichteren Wohnungen für sich und das Personal hatten. Agía Triáda ist ein schöner und ruhiger Platz, der einen längeren Blick auf die Details wert ist: Wasserleitungen, Fresken, Treppenansätze.

ÁGII DÉKA

210 Einwohner, 50 m ü.d.M. ➤ [H 5]

Das Dorf ist in erster Linie Ausgangspunkt für den Besuch der Ausgrabungen von Górtis oder Gortyn. Seinen Namen trägt der Ort zu Ehren der zehn heiligen (»Agioi deka«) Märtyrer, die hier im Jahre des Herrn 250 wegen ihres Glaubens zu Tode gekommen sein sollen. Das heutige Dorf steht auf den übrig gebliebenen Resten der antiken Stadt, deren Ruinen und Reste zu beiden Seiten der Hauptstraße mitten in den Olivenhainen betrachtet werden können. Bislang wurde allerdings nur ein Bruchteil der Siedlung rund um die Titus-Basilika und die berühmte Mauer von Górtis ausgegraben. Die meisten Fundstellen können bequem zu Fuß erreicht werden.

Sehenswertes

Górtis 9

In der Nachbarschaft des Dorfes werden die wichtigsten Reste der einst bedeutenden Stadt gezeigt. Die Titus-Kirche steht im Eingang des geschützten Ausgra-

bungsteils. Sie ist als Ruine erhalten und wurde im Jahr 600 zu Ehren des ersten kretischen Bischofs und Paulus-Adepten errichtet. Das ursprünglich dreischiffige Bauwerk zerstörten im 9. Jahrhundert die Araber, es wurde im 10. Jahrhundert wieder aufgebaut und im 14. Jahrhundert noch einmal verändert. Die Reliquien des Heiligen nahmen die Venezianer mit an ihre Lagune.

Hinter der Kirche breitet sich ein gut erhaltenes römisches Theater aus, ein kleines Odeon, das nur 400 Zuschauer fasste und von Archäologen für ein Privattheater gehalten wird. Sie suchen daher immer noch nach den Resten eines großen Theaters, das es in einer Stadt wie Górtis sicher gegeben hat.

Berühmtester Bestandteil der Ausgrabungsstätte ist die Mauer, in deren mächtige Steinquader das Gesetz der Stadt eingemeißelt ist. Der aus dem 5. Jahrhundert vor Christus stammende Gesetzestext umfasst 17000 Buchstaben in kretisch-dorischem Dialekt und ist die umfangreichste erhaltene griechische Inschrift. Sie zählt zu den ältesten und am besten konservierten Gesetzestexten der griechischen Antike. Gehauen sind die Buchstaben im »Bustrophedon« – übersetzt »wie der Ochse pflügt«. Der Text wird dabei von links nach rechts und in der nächsten Zeile von rechts nach links gelesen. Die von rechts nach links laufenden Zeilen sind in Spiegelschrift abgefasst.

In der Antike war Górtis eine der wichtigsten Städte der Insel. Die Titus-Kirche stammt aus dem 6. Jahrhundert nach Christus.

AMMOUDÁRA

0 m ü.d.M. ➤ [H 4]

Der stadtnahe Strand, der sich an den Stadionneubau und das etwas wirr angelegte Kommerzzentrum im Westen Iráklions anschließt. Der schöne sandige »Beach« kann mit dem Stadtbus erreicht werden. Wer bei dieser Gelegenheit mal so richtig französisch-griechisch-deutsche Hypermarkt-Kultur genießen möchte, kann das in den nahen Carrefour-, Champion- und Metro-Märkten ohne Probleme tun. Sie sind auch im Winter voll klimatisiert.

ANO SÍMI

60 Einwohner, 600 m ü.d.M. ➤ [K 5]

Ähnlich wie die beiden Viánnos-Dörfer leben die Orte Ano Sími und Káto Sími vom Wasserreichtum der südlichen Díkti-Flanke. Von Ano Sími führt neben einer befahrbaren Piste ebenfalls ein Hirtenpfad zu der 1300 Meter hoch gelegenen Omalós-Ebene (nicht zu verwechseln mit der bekannten Omalós-Ebene in den Weißen Bergen), auf der im Sommer die Hirten ihre Ziegen und Schafe weiden. Dort steht auch die Kapelle Omalós Christós.

ANO VIÁNNOS

250 Einwohner, 500 m ü.d.M. ➤ [K 5]

Ein schönes und sehr grünes Bergdorf an der Hauptstraße von Iráklion nach Ierápetra. Es liegt wie das untere Dorf Káto Viánnos am Rand einer kleinen fruchtbaren Hochebene, auf der sich das Wasser der südlichen Díkti-Berge sammelt, das die Äcker mit Feuchtigkeit versorgt. Die beiden Orte ziehen sich in Terrassen den steilen Hang hinauf. Mehrere Kaffeehäuser laden zu einer angenehmen Pause ein. In kleinen Restaurants und Tavernen wird kretische Küche serviert. Die friedliche Atmosphäre lässt kaum erahnen, was sich im Zweiten Weltkrieg hier ereignete: Im Rahmen von »Vergeltungsmaßnahmen« erschossen Angehörige der Wehrmacht damals 400 Männer dieses Dorfes (→ Reportagen, S. 73).

ARCHÁNES

300 Einwohner, 400 m ü.d.M. ➤ [J 4]

Ein in jeder Hinsicht interessantes Dorf. Von dort beginnen Wanderer oder Autofahrer den Aufstieg zum »Schlafenden Zeus«, dem Gipfel des »heiligen« Berges Joúchtas (→ Der gute Tipp von MERIAN, S. 236). Hier gibt es einen ganzen Irrgarten minoischer Siedlungsreste zu sehen. Hier haben die Weinbauern ihre alten Häuser so freundlich und einladend restauriert, dass das Dorf an schönen Winter- und Frühlingswochenenden von Ausflüglern aus Iráklion überflutet wird. Pastellfarben in Gelb und Ziegelrot überwiegen an den Hauswänden, davon abgesetzt dunkelgrüne und braune Fensterläden. Kleine Gassen und freundliche Einwohner.

Hotels

Villa Archanes

Sehr geschmackvoll restauriertes und eingerichtetes altes Herrenhaus. Mehrere Apartments werden vermietet, zu denen ein eigener Pool gehört.

Mitten im Dorf; Tel. 28 10 39 07 70 •• ✉

Essen und Trinken

To Spitikos

Taverne, die echte kretische Hausmannskost serviert. Wie alle Lokale in Archánes ist auch dieses an Wochenenden Ziel der Ausflügler aus Iráklion. Man kann aber nicht reservieren.

Auf der Hauptstraße; Tel. 28 10 75 15 91 ••• ✉

Sensationeller Fund: Der Fourní-Hügel verbarg eine Vielzahl minoischer Gegenstände.

Kostas Taverna

Spezialität des Wirtes sind »Brisoles«, Schweinekoteletts aus eigener Mast. Tische und Service auch im Garten.

Am Ortseingang gegenüber der Kirche

••/••• ▭

Ausflüge

Anemospilia

In den »Höhlen des Windes« am nördlichen Hang des Joúchtas-Gipfels entdeckte das Ehepaar Sakellarakis 1979 bei einem Spaziergang die Reste eines Bergheiligtums aus der Neu-Palastzeit in wunderbarer Lage mit weitem Blick hinaus auf das Meer. Die anschließenden Grabungen brachten einen sensationellen Fund und stellten die Theorie von der friedlich-fröhlichen Minoer-Kultur auf den Kopf: Die beiden Forscher wiesen nach, dass in dem Tempel Menschenopfer dargebracht worden waren – vermutlich um die Naturgewalten zu besänftigen, denn um 1700 vor Christus hatten zum ersten Mal große Erdbeben Wohnanlagen und Paläste der Minoer zerstört.

Joúchtas-Gipfel

Einer der besten kretischen Aussichtsberge. Außerdem hat der Wanderer oder Spaziergänger hier die einmalige Gelegenheit, dem »Schlafenden Zeus« auf der Nase zu tanzen (→ Der gute Tipp von MERIAN 14, S. 236).

Minoische Grabfunde

Die minoischen Grabfunde auf dem Fourní-Hügel rechts der Straße zwischen Káto und Áno Archánes machte in den 1960er-Jahren das Archäologen-Ehepaar Sakellarakis. Es zeigte sich, dass der alte Stall eines Bauern aus Káto Archánes in Wirklichkeit die Kuppel eines mächtigen Tholos-Grabes war, das bis zum Deckenbalken unter Erde und Schafsmist verschwunden war. Einen sensationellen Fund macht Ioannis Sakellarakis, als er neben dem ersten Tholos in einer zweiten Kammer den Leichnam einer Frau in einer Grabtruhe aus dem 14. Jahrhundert vor Christus fand. Der an der Leiche gefundene Schmuck veranlasste die Forscher zu der Vermutung, dass sie die Grabruhe einer Dame adeliger oder vielleicht sogar königlicher Herkunft gestört hatten. Nachfolgende, über Jahrzehnte andauernde Grabungen förderten eine der bedeutendsten Nekropolen Kretas zutage mit bisher 22 gefundenen Gräbern verschiedener Bauart, Anschauungsmaterial für Grabriten und Bauten über einen Zeitraum von rund 1200 Jahren. Mit seinen Funden glaubt Ioannis Sakellarakis die Theorie Hans Georg Wunderlichs widerlegt zu haben, der vermutete, dass Knossós kein Palast, sondern eine gewaltige Totenstadt gewesen sein könnte. Warum, fragt Sakellarakis, hätten die Menschen in Fourní reiche, womöglich adelige Leute bestatten sollen, während es doch wenige Kilometer entfernt eine große Nekropole gab?

Vathypetro

Das minoische Landgut liegt auf einem Nachbarberg direkt über dem Bergdorf Houdétsi. Die Anlage stammt aus der Neuen Palastzeit nach 1700 vor Christus. Am Ort können 16 riesige Tonkrüge, »Pithoi«, betrachtet werden.

Museen

Archäologisches Museum

Das Museum zeigt die weniger wertvollen Funde der Umgebung, die anderen sind in Iráklion zu sehen. Interessant ist das Museum, weil es die relativ kleine Zahl der dem Dorf verbliebenen Funde sehr gut aufbereitet und erklärt, was im großen Museum in Iráklion nicht immer möglich ist. Zu verdanken hat Archánes seine inzwischen hervorragende Stellung innerhalb der kretischen Altertumsforschung vor allem dem Ehepaar Sakellarakis, das seit 1978 auch die Grabungen im Ortsteil Tourkogitoniá (Türkenviertel) leitet. Die dort gefundenen Siedlungsreste könnten nach Sakellarakis' Ansicht auf einen fünften großen Palast (nach Knossós, Festós, Agía Triáda und Zákros) hindeuten. Vermisst wird allerdings der für die Anlagen charakteristische Zentralhof.

Im obereren Teil des Dorfes;
Tel. 28 10 75 27 12; Mi–Mo 8.30–15 Uhr;
Eintritt frei

CHERSSÓNISSOS

150 Einwohner, 200 m ü.d.M. ➤ [K 4]

Das ursprüngliche Dorf liegt rund 200 Meter höher als der Badestrand und die Nationalstraße, die durch den vollkommen auf Massentourismus eingestellten neuen Ort gleichen Namens führt. Das alte Dorf ist, ebenso wie das Nachbardorf Koutouloufári, einen kleinen Abstecher wert. Um den zentralen Dorfplatz herum gibt es einige Tavernen, in denen noch die frühere ruhigere Gangart vorherrscht. Das Unterdorf mit seinen Sandstränden ist laut und versinkt im Verkehr der Leihwagen, Motorräder und Roller.

FESTÓS 9

60 m ü.d.M ➤ [G 5]

Die schönste der bisher ausgegrabenen Palastanlagen. Von einem nicht allzu hohen Hügel aus, der von Menschenhand etwas abgeflacht wurde, überblickt sie weite Teile der Messará-Ebene. Bevor das Zeitalter der industriellen Landwirtschaft das liebliche Bild zerstörte, verwandelte sich die Landschaft im Frühling tatsächlich in ein Blütenmeer, das sich von den Ausläufern des südlichen Psiloritis-Massivs bis hin zum Fuß der Asteroússia-Berge erstreckte. Auf diesem Hügel begannen, ungefähr zeitgleich mit Evans, italienische Archäologen unter Federico Halbherr mit den Grabungen. Was sie fanden, war von ausgesuchter Schönheit und Ästhetik. Einen wunderbaren Zentralhof und eine »Schautreppe«, die wohl als Theater gedient haben mag. Und in einer der sogenannten Schatzkammern eines der verbliebenen Rätsel unserer Zeit – den Diskus von Festós (→ Reportagen, S. 71), eine nicht enträtselte Tonscheibe aus dem 17. Jahrhundert vor Christus.

Halbherr und seiner Mannschaft kam es nie in den Sinn – wie auch? –, den gewaltigen Quadern und Platten Fantastisches hinzuzufügen. Wenn auch die Vorstellung von einem großen lichten Palast nicht leicht zu vollenden ist, so hat sie doch im Kopf eines jeden Besuchers einen besseren Platz als in jenen vorgegebenen Schablonen, die den Palast von Knossós so schwerfällig und fremd erscheinen lassen.

Busse von Iráklion in Richtung Ágii Déka oder Agía Galíni; tgl. 8–19 Uhr

FÓDELE

550 Einwohner, 55 m ü.d.M ➤ [H 4]

Wer nach dem Bad im seichten Wasser von Agía Pelagía noch ein wenig Kulturgeschichte schnuppern möchte, findet rund zehn Kilometer weiter das kleine Bergdorf Fódele (links über der Autobahn), das als Geburtsort des Malers El Greco gilt.

Sehenswertes

Geburtshaus von El Greco

Für 1,50 Euro öffnen sich in Fódele die Türen des Hauses Domenikos Theotokopoulos, des Geburtshauses des weltberühmten Malers El Greco. Das Haus ist innen wie außen so typisch kretischschwerblütig restauriert worden, dass die Vorstellung, der Maler habe dort vor mehr als 450 Jahren das Licht der Welt erblickt, nicht gerade leicht fällt. Das Kafénion daneben entschädigt für die rustikale Kunstschau.

Die Brücke über den Fluss nehmen, die Kirche passieren und der beschilderten Straße bis in die Orangenplantage folgen

HOUDÉTSI

50 Einwohner, 500 m ü.d.M. ➤ [J 4/5]

Bergdorf, in dem der irische Musiker und allseits beachtete Lyraspieler Ross Daly sein Haus hat. Daly, der zu Beginn der 1970er-Jahre nach Kreta kam, gilt als einer der ganz wenigen Fremden, die es auf dem dreiseitigen Streichinstrument zu echtem Virtuosentum gebracht haben. Er war Schüler des großen Lyristen Kostas Mountakis.

KALÍ LIMÉNES

65 Einwohner, 0 m ü.d.M. ➤ [G 6]

Der Apostel Paulus sei hier vom Schiff gestiegen, heißt es, als um das Jahr 61 nach Christus herum das Wetter so schlecht war, dass sein Schiff mit Reiseziel Rom hier vor Anker ging und überwinterte. Kalí Liménes war einst ein romantischer Ort, doch der »Gute Hafen« hat heute vor allem mit der Ankunft und Abfahrt der vielen Öltanker zu tun, die auf der gegenüberliegenden kleinen Insel ihre ziemlich stinkende Fracht löschen.

Sehenswertes

Móni Odigitría

Von Liménes führt eine schmale Piste in Richtung Norden zum kleinen Kloster Móni Odigitría mit seiner Marienkirche. Zwei Mönche wachen über eine Ikonensammlung aus dem 15. Jahrhundert. Ein schöner Fußmarsch durch eine reizvolle Landschaft. Den Rückweg können mutige Wanderer auch durch die »Heilige Schlucht« nehmen, die ein wenig weiter westlich parallel zur Piste dem Meer zustrebt. In der Schlucht steht die schöne Kirche Ágios Antónios. Vom Strand aus wird allerdings ein Boot nach Kalí Liménes benötigt. Ist im Ort nachzufragen.

KAMÁRES

120 Einwohner, 570 m ü.d.M. ➤ [G 5]

Berühmt geworden ist das Dorf wegen des nach ihm so benannten »Kamáres-Stils«. In der fast 1000 Meter über dem Dorf liegenden Kamáres-Höhle, die erst 1890 »offiziell« von Hirten entdeckt wurde, fanden Forscher Keramik-Scherben von außergewöhnlicher Schönheit. Die Höhle war während der Alten Palastzeit, also 2000 bis 1700 vor Christus, eine der wichtigsten Kultstätten jener Zeit. Die zusammengesetzten und im Archäologischen Museum von Iráklion ausgestellten Funde zeigen in weißer und roter Farbe auf schwarzen Grund aufgetragene Ornamente. Die Gefäße wurden so filigran gearbeitet, dass ihre Wände zarter als Porzellan und nur einen Millimeter dünn sind. Die Höhle selbst ist inzwischen von Geröll versperrt, es gibt nicht mehr viel zu sehen.

Kamáres ist auch Ausgangspunkt für den Aufstieg zum Psiloritis-Gipfel von Südwesten her. Auch unerschrockene Wanderer sollten die Tour in zwei Etappen planen. Einen ersten Tag bis zur 1500 Meter hohen Nída-Ebene, wo in der sehr rustikalen Schützhütte übernachtet werden kann. Am zweiten Tag kann der Auf- und Abstieg zum Gipfel in einem Rutsch innerhalb von sieben bis acht Stunden gemütlich bewältigt werden.

Hotels

Hotel Psiloritis

Karge Station für eine Übernachtung und den folgenden Aufstieg in das Gebirge. Die Zimmer sind in einem langen Flur angeordnet, der gemeinsame Baderaum befindet sich in der Mitte.

Im Dorfzentrum; Tel. 28 92 04 32 90 • ✉

Essen und Trinken

Mehrere Tavernen bieten ein ordentliches Mittag- oder Abendessen an. Den besten Ruf hat das »Bournelis«. Der Wirt spricht Deutsch und kann Wanderern mit Ratschlägen und Wegbeschreibungen helfen (am beschilderten Beginn des Wanderpfades zum Psilorítis •• ✉).

KAPETANIANÁ

25 Einwohner, 750 m ü.d.M. ➤ [H 6]

Residenz des bekannten österreichischen Wanderführers Gunnar Schuschnigg und seiner Frau Lisa. Ein pittoreskes Dorf in absoluter Ruhe und Einsamkeit, das bis zu Gunnars Ankunft ohne Leben war. Das Gästehaus der Familie steht hoch über dem Libyschen Meer mit leicht verschleiertem Blick auf den 1231 Meter hohen Hausberg Kófinas. Bei den Schuschniggs kann nach Anmeldung übernachtet und auch gegessen werden.

Am Ende der einzigen Straße, die bergab geht; Tel. 28 93 04 14 40 • ✉

Sehenswertes

Kloster Koúndouma

Von Kapetanianá abwärts führen ein Wanderweg und eine Piste zum Kloster Koúndouma, das an einer schönen Kiesbucht direkt am Meer liegt. Vom Kloster aus können Wanderer dann weiter nach Osten zur Ortschaft Trís Ekklesíes gehen. Den Weg zum Kófinas-Gipfel zeigen Gunnar oder Lisa gerne, wenn sie gerade Zeit haben.

Panagía

Sehr schöne Dorfkirche mit Fresken aus dem Jahr 1401, ein Kleinod in dieser pflanzenarmen und von Erosion zerstörten Bergwelt.

Am Dorfeingang

KERATÓKAMPOS

45 Einwohner, 0 m ü.d.M. ➤ [K 5]

Auch Keratókampos hat inzwischen seine Asphaltstraße. Außerdem erwartet ein schöner Strand, gesäumt von Schatten spendenden Tamariskenbäumen, die Touristen, die – mit Rucksack oder Koffer – den Weg an diesen immer noch sehr beschaulichen Teil der Südküste gefunden haben.

KRÁSSI

50 Einwohner, 600 m ü.d.M ➤ [K 4]

Ein schönes kleines Bergdorf, das ein wenig abseits der Hauptstraße zwischen Iráklion und der Lassíthi-Ebene liegt. Die üppig sprudelnde Quelle des Ortes wird von einer riesigen Platane beschattet. Die Dörfler behaupten, der alte Hippokrates

Neuzeitliche Gedenkstätte inmitten römischer Ruinenfelder, oberhalb von Léntas

selbst habe sie vor rund 2400 Jahren gepflanzt. Im Ort gibt es Tavernen, in denen hauptsächlich gegrilltes Fleisch und traditionelle kretische Küche angeboten wird.

LÉNTAS

120 Einwohner, 0 m ü.d.M. ➤ [H 6]

Das Dorf an der besonders mageren Südseite der kargen Asteroússia-Berge war, wie einst Mátala, ursprünglich eine Entdeckung der ersten Nachkriegsgeneration. Die einstigen Natur- und Einsamkeitsforscher kamen nach dem Studium als Finanzbeamte, Studienräte oder sogar Zahnärzte zurück und lassen es sich dort heute mit Kind und Kindeskindern immer noch gut gehen. Man ist mit den ehemaligen Fischern groß und alt geworden. Anders als Mátala hat Léntas seinen Charme kultivieren und konservieren können – es ist, kurz gesagt, selbst eine lange und beschwerliche Busreise von Iráklion über die Messará-Ebene, quer durch die Asteroússia-Berge bis an die kleine Badebucht Dydikós wert. Im

Ort gibt einige Reste des antiken Lebena zu bestaunen, zum Beispiel Säulenstümpfe. Die größeren Reste des einstigen Aeskulap-Heiligtums liegen aber oberhalb des Ortes.

Hotels

Lentas Bungalows

Einige zauberhafte Häuschen in einem blumenreichen Garten, dazu Meeresblick und eigene Kücheneinrichtung. Eine prima Ergänzung zum Essen in der Taverne und eine billige dazu.

Auf der rechten Seite der Dorfstraße am Meer; Tel. 28 92 09 53 22 • ✉

Zorbas

Restaurant und Pension. Typische traditionelle kretische Küche. Empfehlenswert sind das Lammfleisch und das Kaninchen-Stifado, das der Wirt aus eigener Haltung auf den Tisch bringt.

Am Meer; Tel. 28 92 09 52 28 • ✉

Essen und Trinken

Jorgos

Die Kneipe am Ortseingang erlaubt dem Gast die Wahl seiner Mahlzeit direkt in der Küche. Der Besitzer ist Hobbymusiker und erfreut das Publikum von Zeit zu Zeit mit seinem Lyraspiel.

Am Ortseingang ••• ✉

Elpida

Der Name bedeutet »Hoffnung«. Sie ist berechtigt, denn das Essen ist schmackhaft. Ähnliches Programm wie beim Nachbarn Jorgos. Gute kretische Mahlzeiten direkt am Wasser.

Am kleinen Dorfplatz ••/••• ✉

El Greco

Die Taverne El Greco wird von vielen als kulinarisches Zentrum dieses Südküstenabschnitts gefeiert. Bietet unter anderem Steaks von einheimischen Messará-Rindern an. Es können außerdem schöne Zimmer mit wunderschönem Blick auf das Meer gemietet werden.

Im südöstlichen Teil des Dorfes; Tel. 28 92 09 53 22 •• ✉

MÁLIA

20 Einwohner (im Sommer 5000), 0 m ü.d.M. ➤ [K 4]

Als Stätte alter Kultur und Ästhetik ist Mália Kennern des minoischen Kreta geläufig. Es entstand um 1700 vor Christus und war die wohl drittgrößte Siedlung mit Palastanlage – nach Knossós und Festós. Bei den Ausgrabungen wurden auch Teile der Hafenanlagen gefunden, denn Mália, dessen alter Name nicht bekannt ist, lag direkt am Meer. Auf geschätzten 80 Hektar Territorium.

Sehr viel größer, lauter und unbedeutender präsentiert sich Mália heute – die Ortsbezeichnung ist vom griechischen Adjektiv »omalós« abgeleitet, was für »eben« oder »flach« steht – nomen est omen. Bei einer bestimmten Kategorie von Kreta-Reisenden eilt dem Retortendorf aus strammem Stahlbeton der Ruf eines kretischen »Ballermann« voraus. Im Sommer boxt der Papst, im Winter ist der Laden dicht, sagen die Barmänner und erklären damit ihren täglichen Rund-um-die-Uhr-Einsatz. Deshalb muss in den sechs bis sieben Saisonmonaten des

Weiter auf S. 253

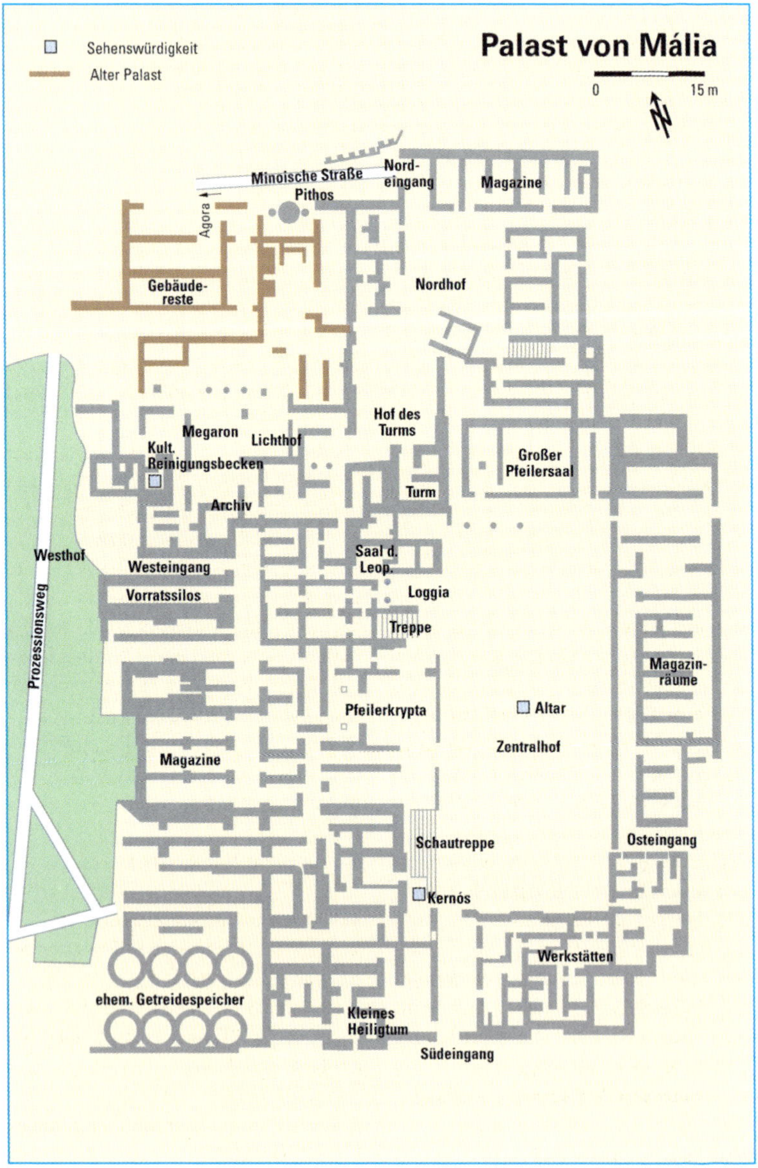
Palast von Mália
Sehenswürdigkeit
Alter Palast
0
15 m
N
Minoische Straße
Nord-
eingang
Magazine
Pithos
Agora
Gebäude-
reste
Nordhof
Hof des
Turms
Megaron
Lichthof
Kult.
Reinigungsbecken
Großer
Pfeilersaal
Turm
Archiv
Westhof
Saal d.
Leop.
Westeingang
Vorratssilos
Loggia
Treppe
Prozessionsweg
Magazin-
räume
Pfeilerkrypta
Altar
Zentralhof
Magazine
Schautreppe
Osteingang
Kernós
Werkstätten
ehem. Getreidespeicher
Kleines
Heiligtum
Südeingang

Sommers das Geld für den Rest des Jahres verdient werden.

Reisende, die sich eher einen besinnlichen Urlaub mit kulturellem Austausch vorgestellt haben, sollten Mália vor allem in der Hochsaison meiden - oder sich einfach nicht weiter als bis an die alten Palastanlagen heranwagen. In der Gegend dort wuchsen vor einiger Zeit noch ziemlich gute Kartoffeln in der roten Erde, und die Menschen verließen ihr Haus bei Sonnenaufgang, um den fruchtbaren Boden in der Kühle des Morgens zu bestellen. Ihre Kinder kommen heute nach einer harten Nacht als Barmann oder Getränkekellner zu eben dieser Stunde erst nach Hause.

Sehenswertes

Palast von Mália

➤ [K 4]

Nur drei Kilometer außerhalb, in Richtung Osten, sind die Ruinen der wunderbaren minoischen Palastanlage aus der Jüngeren Epoche zu besichtigen. Ähnlich wie in Knossós fiel die ursprüngliche Anlage aus der Alten Palastzeit den Erdbeben des 17. Jahrhunderts vor Christus zum Opfer und wurde als »Neuer Palast« wieder aufgebaut. Zu sehen ist hier sehr gut, dass die Anlage direkten Zugang zum Meer und eine Hafenanlage besaß, die im Laufe der Jahrhunderte versandete. Der Palast von Mália ist weniger labyrinthisch und weniger aufwändig ausgestattet als Knossós. Dennoch lohnt sich ein Besuch unbedingt.

2 km hinter dem Dorfausgang in Richtung Ágios Nikólaos, auf der Straße Richtung Meer links; tgl. 8.30–15 Uhr

MÁTALA

380 Einwohner, 0 m ü.d.M.

➤ [G 5/6]

Es gibt immer noch Busunternehmer, die ihre betagte Kundschaft in den Ort Mátala fahren. Dort sollen sie sich vorstellen, wie in den Höhlen der Sandsteinfelsen am nördlichen Strandabschnitt Ende der 1960er-Jahre die wilden Hippies hausten. Und sich gar nicht schämten, nackt im Meer zu baden, Haschisch zu rauchen und ihre Notdurft zwischen den Felsen zu verrichten. Wer in Mátala die Namen Bob Dylan, Cat Stevens oder Joni Mitchell ausspricht, wird ganz sicher gesagt bekommen, dass auch sie in den Höhlen gewohnt und gesungen haben. Doch diese Zeiten sind vorbei - und zwar endgültig. Mittlerweile ist Mátala zu einem der lebhaftesten Touristenbadeorte Kretas geworden. Im Hinterland der wunderbar elegant geschwungenen Bucht erheben sich Hotel um Hotel, Pension um Pension. Zahlreiche Super- und Minimärkte, Discos, Souvenirläden und Autoverleih – es gibt alles, was der Mensch im Urlaub nicht braucht oder zu Hause schon zur Genüge hat.

Dabei hat Mátala, abgesehen von der kurzen Hippie-Episode, große Geschichte vorzuweisen. Hier hat Zeus einst in Stiergestalt die phönizische Königstochter Europa an Land getragen, hier hat Menelaos, von der Schlacht um Troja zurückkehrend, Schiffbruch erlitten, hier war der Hafen der bedeutenden Stadt Górtis, und hier landete der Sarazenen-Fürst Abu Hafs Omar, als er im 9. Jahrhundert Kreta eroberte.

Hotels

Armonia

Kleines Hotel am Ortsrand, ruhig und weit genug weg vom allgemeinen Rummel. Freundliche und aufmerksame Betreuung, die dem Namen entspricht. »Armonia« bedeutet übersetzt Harmonie, ein anderes Wort für Frieden.

Vor dem Dorfeingang rechts abbiegen; Tel. 28 92 04 27 35 •

Essen und Trinken

Kimata

Taverne mit ordentlichem Essen zu erschwinglichen Preisen. »Kimata« bedeutet Wellen, das Meer und der Strand sind nicht weit entfernt.

In der zweiten Häuserreihe parallel zum Strand •••

Skala

Fischtaverne. Wer Fisch mag, ist in der Taverne Skala gut aufgehoben. Schlichte Kneipe mit gutem, frischem Essen und einer wunderschönen Aussicht über die Klippen. Die Wirtsleute hier sind etwas ruhiger als die meisten anderen in diesem unruhigen Ort.

An der Wasserfront links •••

Taverna Eleni

Gleiche Kategorie wie das Kimata: gemütliche Atmosphäre, ordentliches Essen unweit vom Meeresrauschen.

In derselben Straße wie das »Kimata« •••

Samstags in Mirés: Der größte Wochenmarkt Kretas mit einer riesigen Auswahl bäuerlicher Produkte wartet auf Kunden.

MÍRES

400 Einwohner, 60 m ü.d.M. ➤ [G 5]
Das Interessanteste an Míres ist sein riesiger Wochenmarkt, wo jeden Samstagvormittag die Bauern aus der Ebene und den angrenzenden Bergen ihre Produkte in bunter Vielfalt anbieten. Es gibt einige ganz normale Kafenions, Souvlaki-Buden und auch kleine Restaurants im Zentrum.

MIRTIÁ

550 Einwohner, 300 m ü.d.M. ➤ [J 4]
Heimatdorf des berühmten Schriftstellers Kazantzakis. Auf der lieblichen Platía laden Kaffeehäuser zu einer Pause ein.

Sehenswertes

Nikos-Kazantzakis-Museum
Im Elternhaus des Schriftstellers sind Briefe, Plakate aus Film und Theater sowie eine Diaschau zu sehen. Ausgestellt sind alle internationalen Ausgaben des umfangreichen Werkes.
Im Dorfzentrum, gut ausgeschildert; März–Okt. tgl. 9–19 Uhr, Nov.-Feb. So 10–15 Uhr

ZÁROS

150 Einwohner, 400 m ü.d.M. ➤ [H 5]
Einer der wasserreichsten Orte Kretas. An den Quellen des Dorfes wird das gleichnamige und in allen Supermärkten erhältliche Mineralwasser in Flaschen abgefüllt. In der Antike versorgten diese Quellen über eine Wasserleitung die Stadt Górtis. Gespeist werden sie von der Rouvas-Schlucht, die oberhalb des Ortes die Südflanke des Psilorítis durchschneidet.

Hotels

Ida Hotel
An der rauschenden Quelle. Sehr schöne Zimmer mit Blick auf die schönen Gärten des Ortes. Fern von allen Meeresgestaden, und trotzdem oder gerade deshalb sollte man länger bleiben.
An der ausgeschilderten Quelle; Tel. 28 94 03 13 52 • ✉

Essen und Trinken

Taverna Votomos
Benannt nach der Quelle gleichen Namens. Der einzige Platz auf Kreta, der aus eigener Zucht frische Forellen auf den Tisch bringt. Größere Gesellschaften sollten sich auf eine Wartezeit einstellen.
Aus dem Dorf der Straße in Richtung Nordosten folgen ••• ✉

Sehenswertes

Ágios Ioánnis
Eine Wegstunde bergaufwärts trifft der Wanderer auf diese Felsenkapelle. Sie ist mit eindrucksvoller Malerei aus dem 14. Jahrhundert ausgestattet. Etwas weiter trifft der Fußweg auf eine befahrbare Piste, die hinauf zur Nída-Ebene führt.

Ágios Nikólaos
Ein Fußweg steigt von den Quellen die Schlucht hinauf zum gastfreundlichen Frauenkloster. In der Kirche sind Fresken aus dem 14. Jahrhundert zu bewundern. Von dort aus geht es in Richtung Hochgebirge. Der Pfad führt Wanderer von der Südseite des Psiloritis durch die Rouvas-Schlucht gen Gipfel. Ein Wagnis, das mit einem Einheimischen oder einem Führer geplant und durchgeführt werden sollte.

Für kretische Verhältnisse ist Sitía ein ungewöhnlich ruhiger Ort. Die östlichste Stadt Kretas war bis in die Sechzigerjahre nur über eine kurvige Erdstraße zu erreichen.

DER OSTEN KRETAS

Das östliche Kreta - wegen seiner exotischen Palmenwälder und kargen Ebenen auch der »Afrikanische Osten« genannt - beeindruckt Besucher mit seinen Olivenhainen, grünen Canyons und traumhaften Buchten.

Die Türken hinterließen an der Nordostspitze Kretas eine Oase: den berühmten »Finikodásos«, wie die Kreter den Palmenwald am Strand von Vaí nennen. Warum wachsen ausgerechnet auf diesem ansonsten unwirtlichen Teil der Insel exotische Bäume? Sicher ist, dass Palmen dort wuchsen, wo orientalische und nordafrikanische Eroberer ihre Tiere hielten. Die Kamele wurden mit Datteln gefüttert, sie hinterließen Samen, aus den Samen wuchsen Bäume.

Wenn man ein bisschen weiter südlich fährt über Palékastro und das schöne Dorf Zákros, dann gerät er in einen lieblichen grünen Canyon, der wegen seiner antiken Grabstätten den Namen »Tal der Toten« bekam. Bauern pflügten Ende der 1950er-Jahre am Strand von »Káto Zákros« den vierten minoischen Palast der Insel aus dem Flussdelta. Die archäologischen Grabungen förderten Schätze zutage, die an dieser Stelle niemand vermutet hatte. Im Gegensatz zu Festós, Knossós und Mália waren die Kammern zwar unter dem Sand der Jahrtausende verschwunden, aber sie waren fast unversehrt und nicht ausgeraubt. Die Funde von Káto Zákros blieben auf der Insel, sie sind in Iráklion und Sitía zu sehen.

Sitía – das Auffälligste an dieser Stadt sind die an den Hang gelagerten Kubushäuser, die sich der im Sommer ockerfarbenen Dürre der Natur anpassen. Auch Sitía hat ein altes Flussdelta zu Ackerland kultiviert. Wo früher Wasser aus dem Mittelgebirge Ornó Óros ins Meer floss und Schwemmland aufbaute, wachsen heute Bananen, Weintrauben, Orangen und Oliven. Der Osten Kretas verrät, dass auch afrikanische Hochkulturen das Leben auf der Insel beeinflusst haben.

Als Zentrum der Region darf Ágios Nikólaos an der Mirambéllou-Bucht gelten. Seit rund 20 Jahren sind nördlich der Stadt die einzigen Luxushotels der Insel

ZUR ORIENTIERUNG

Übersichtskarte siehe Seite 258.

Die Reihenfolge der Orte und Regionen in diesem Kapitel ist alphabetisch. Hier die wichtigsten auf einen Blick:

Hotels und Restaurants, die bei den Orten zu finden sind, sortieren wir nach Preiskategorien von •••• bis •. Die Aufschlüsselung unseres Preisklassensystems finden Sie auf Seite 5.

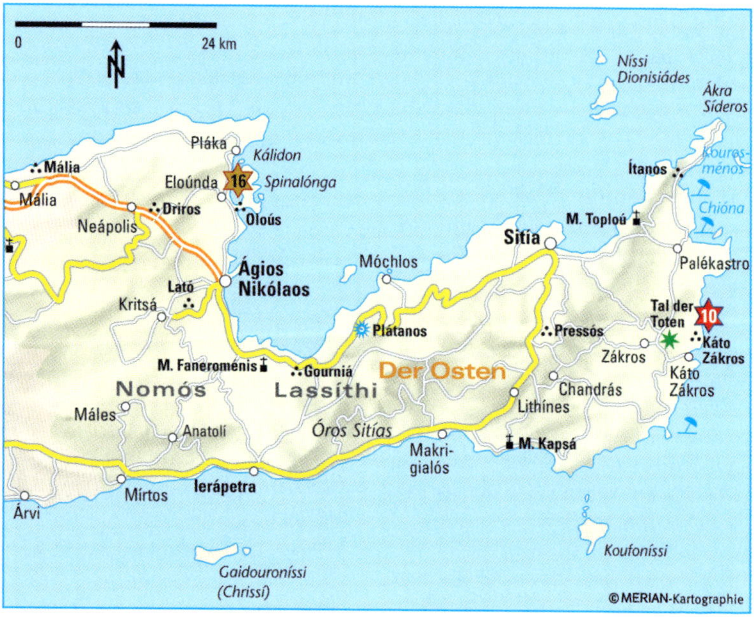

zu bestaunen (→ Der gute Tipp von MERIAN 16, S. 267). Touristenboote setzen im Sommer täglich zu der venezianischen Festung und Leprainsel Spinalónga über. Wer sich die Fresken in der Kirche der Muttergottes, der Panagía von Krítsa, anschauen möchte, muss nicht weit fahren. Nur elf Kilometer von Ágios Nikólaos entfernt, auf dem Weg in das sich steil auftürmende Díkti-Massiv, kommt er zwangsläufig durch den pittoresken Ort. Auf einem Acker duckt sich diese Kreuzkuppelkapelle unter Zypressen. Sie gehört zu den sehenswertesten Sakralbauten der Insel.

Steil und kurvenreich führt die Straße hinauf ins Gebirge bis in die trockene Ebene von Katharó. Die Landschaft aus grauem und anthrazitfarbenem sandigen Boden zeigt sich nur im Frühling etwas freundlicher. Dann blühen die blauen Schopf-Hyazinthen, deren Zwiebeln die Kreter ausgraben, um sie als Delikatesse zu verspeisen.

Knapp 900 Meter hoch liegt die Lassíthi, Kretas fruchtbarste und größte Hochebene. Gesäumt und beherrscht von den Gipfeln des Lázaros, des Aféndis Christós und des Díkti (2148 m) ist sie eine weite Ackerfläche, deren Grundwasser in früheren Zeiten mit Windmühlen in die Kartoffelfelder gepumpt wurde.

Wer Zeus einmal so richtig nahe sein will, sollte noch kurz einen Blick in die Höhle »Diktaío Ántro« werfen. Dort, an seiner mythischen Geburtsstätte, unter dem Schimmel der Tropfsteinwände lässt sich mit bisschen Fantasie vielleicht noch ein wenig von der alten bunten Welt des Olymps erahnen.

AGÍA FOTIÁ

25 Einwohner, 50 m ü.d.M. ➤ [N 4]

Unterhalb des Abzweigs, von dem die sehr steile Zufahrt zu dem hübschen kleinen Ort hinaufführt, liegt eine für die Gegend besonders schöne Badebucht. Einige Kilometer westlich des Dorfes sind am Strand die Reste einiger aus römischer Zeit stammender Fischzuchtbecken zu betrachten. Ein Schild am Straßenrand, neben dem Kakkos Bay Hotel, weist auf den Zugang hin.

ÁGIOS GEÓRGIOS

150 Einwohner, 850 m ü.d.M. ➤ [K 5]

Von hier steigen Wandersleute hinauf zu den Gipfeln der Díkti-Kette. Das Dorf selbst unterscheidet sich kaum von den anderen Dörfern in dieser Gegend, es ist allerdings etwas kleiner als Tzermiádo. Wer sich für das Alltagsleben der Bewohner Ostkretas interessiert, der sollte dem kleinen, aber feinen Volkskundemuseum einen Besuch abstatten.

Hotels

Rooms Maria

Georgios und Maria Spanakis führen zwei Hotels in dem kleinen Ort. Das heimelig eingerichtete Rooms Maria genießt seit Jahren einen guten Ruf bei Individualtouristen.

Tel. 28 44 03 17 74 (Hotel Maria) •

Essen und Trinken

Rea

Im Restaurant des zweiten älteren Hotels Rea versorgt gastfreundliche und hilfsbereite Maria ihre Gäste aus den beiden Etablissements – und natürlich auch die Laufkundschaft. Da ihr Mann Georgios Metzger war, sollte der Gast vielleicht ein Fleischgericht wählen.

Direkt am Dorfeingang; Tel. 28 44 03 12 09 (Hotel Rea)

Sehenswertes

Díkti-Höhle

Zur Höhle am Rand der Ortschaft Psychró sind es von Ágios Geórgios zweieinhalb Kilometer. Seit Homers Zeiten gilt dieser Erdschlund als Geburtsstätte und Kindergarten des Göttervaters Zeus. Reiche Grabungsfunde, die im Archäologischen Museum in Iráklion gezeigt werden, beweisen, dass die geheimnisvolle Höhle in minoischer Zeit eine Kultstätte ersten Ranges gewesen muss. Die Höhle, die auch den schönen griechischen Namen »Díkteo Ándro« führt, hat sich in den vergangenen zehn Jahren zu einer wahren Touristenfalle entwickelt. Maultiere bringen die Besucher den kurzen Weg hinauf zum tiefen Loch. Dort empfangen Führer den unkundigen Fremden, um ihn in 60 Metern Tiefe zwischen Stalaktiten und Stalagmiten über den üblen Kinderfresser Kronos, dessen ungehorsame Gemahlin Rea, die Schwiegermutter Gaea, die fürsorgliche Ziege Amalthea und die Nymphe Adrastea aufzuklären.

Das Ensemble aus Gängen und Hallen ist bis in die Tiefe beleuchtet.

Tgl. 8–19 Uhr; Eintritt ca. 5 €

ÁGIOS NIKÓLAOS

10 000 Einwohner, 0 m ü.d.M

➤ Stadtplan S. 261 ➤ [L 4/5]

Hübsche Kleinstadt am Golf von Mirabéllou. In der Antike lag hier der Hafen der dorischen Stadt Lató. Was den Verwaltungssitz des Bezirks Lassíthi anziehend macht, sind die vielen kleinen Buchten und Inseln, die der ohnehin besonders schönen Bucht von Mirabéllou eine ganz eigene und einzigartige Note geben. Handelshafen wurde Ágios Nikólaos in venezianischer Zeit. Ein von den Genuesen gebautes Kastell trug damals den Namen »Mirabello« – die »Schöne Aussicht«, der seit damals die ganze Bucht bezeichnet. Die Türken zerstörten Kastell und Siedlung bei ihrer Ankunft, die Stadt blieb bis 1869 unbewohnt. Aus der nachfolgenden Zeit, der Belle Époque, stammen die ältesten Häuser, meist gebaut im neoklassizistischen Stil der Jahrhundertwende. Den heutigen Namen bekam Ágios Nikólaos von einer kleinen byzantinischen Kirche, die auf einer Landzunge im nördlichen Teil des Ortes hinter der Hotelanlage »Minos Palace« steht. Die Kapelle lohnt einen Besuch! Wer sich den Schlüssel im »Minos Palace« abgeholt hat, trifft auf eine Kirche, die für den Kirchenexperten Klaus Gallas »im Hinblick auf ihre Architektur wie auf ihre Freskenmalerei eines der bedeutendsten Baudenkmäler Kretas und ganz Griechenlands ist«.

Die Stadt Ágios Nikólaos ist wie ein Amphitheater um einen runden Quellsee erbaut, den »Voulismeni« (verwunschen), dessen Wasser, obwohl durch einen Kanal mit dem Meer verbunden, kaum salzhaltig ist. Die Bürger der Stadt haben dort ihre Marina eingerichtet. Erwähnenswert ist, dass die Tiefe des Sees bisher nicht endgültig erforscht wurde. Sogar der inzwischen verstorbene Taucher und Ozeanograph Jacques Cousteau musste vor Jahren ohne Ergebnis wieder abreisen. Viele Legenden werden rund um den See erzählt. Eine davon sagt dem geheimnisvollen Gewässer gar eine Verbindung zum Inneren des Vulkans von Santorini nach.

Hotels

Coral

Dieses nahe am Stadtzentrum und direkt an der Küste gelegene Hotel ist ein frisch renovierter, riesiger Komplex mit 165 Zimmern. Sehr Schöne Dachterrasse mit Salzwasserpool und fantastischem Blick auf den Golf von Mirabéllou.

➤ Stadtplan S. 261, [b 2] Akti Koundourou 20; Tel. 28 41 02 82 53: ermis1@ath.forthnet.gr •••• MASTER VISA

Minos Beach Art Hotel

Ruhig gelegenes Hotel der Luxusklasse, dennoch nur einen Kilometer vom Stadtzentrum entfernt. Neben Apartments und Suiten hält das Hotel VIP Bungalows und jeden erdenklichen Luxus bereit. Im schön angelegten Park trifft der Gast gelegentlich auch die Eigentümer beim Spaziergang – das Tankstellen-Königspaar Mamedakis.

➤ Stadtplan S. 261, östl. [a 2] Akti Ilia Sotirchou (östlich des Stadtzentrums); Tel. 28 41 02 23 45; iwww.bluegr.com •••• CREDIT

Minoan

Hübsches Apartmenthotel am nordwestlichen Ende im Stadtteil Ammoúdi mit fantastischem Meerblick. Sieben schöne Suiten und drei Villen stehen zur Auswahl. Reservierungen sind unbedingt erforderlich, denn das Haus ist stets gut gebucht.

Ammoúdi (östlich des Stadtzentrums);
Tel. 28 41 02 44 31 ••• MASTER VISA

Du Lac

Unweit des Sees im Stadtzentrum und nur wenige Minuten vom Strand entfernt, Zimmer und neun Studios, teils mit Seeblick. Das Hotel hat Air Condition und ist das ganze Jahr hindurch geöffnet.

➤ Stadtplan S. 261, [b 3] **Odos 28 Oktovriou 17; Tel. 28 41 02 27 11; info@dulachotel.gr •• amv**

Sgouros

Deutlich preiswerter und ruhig, obwohl der Strand in unmittelbarer Nähe ist. Kleines Zwei-Sterne-Hotel am Pangalou-Ufer, Balkone mit Meeresblick.

➤ Stadtplan S. 261, [c 3/4] **N. Pangalou 3; Tel. 28 41 02 39 31; sgouroshotel@sgourosgrouphotels.com •• MASTER VISA**

Essen und Trinken

To Pelagos

Eine der besten Fischtavernen. Am Hafen in einem schönen Garten gleich hinter dem Taxiplatz. Frische Fische wie »Faggria« (Doraden), »Tsipoura« vom Grill, außerdem Hummer oder Spaghetti mit Meeresfrüchten. Aber auch Fleischgerichte stehen auf der Speisekarte.

➤ Stadtplan S. 261, [b 2] **Katehaki 10; Tel. 28 41 02 57 37; tgl. ab 12 Uhr ••• MASTER VISA**

La Strada

Einige Treppenstufen vom See entfernt, kein Touristenlokal, es wird gern von Griechen besucht. Der freundliche Wirt Manolis Kypriotis hat für ein auf Kreta eher seltenes Ambiente gesorgt – es gibt Stofftischdecken und echte Servietten. Auf den Tisch kommen Fleischgerichte und frischer Fisch sowie griechisch-italienische Küche vom Feinsten.

➤ Stadtplan S. 261, [a 3] **Odos N. Plastira, oberhalb des Sees; Tel. 28 41 02 58 41; tgl. 11–24 Uhr •• CREDIT**

Sgourou

Taverne und Ouzerie mit Blick über den Hafen. Die Speisekarte ist reichhaltig und bietet rund 70 verschiedene Gerichte. Gelobt wird das »Bekri Meze«, und gut ist außerdem das »Kotopoulo me Karydi«, Huhn mit Kokossauce.

➤ Stadtplan S. 261, [b 2] **An der Hafenbrücke; Tel. 28 41 08 23 62; tgl. 11–2 Uhr ••**

Ausflüge

Kalidóna-Spinalónga

➤ [L/M 4]

Boote fahren täglich zu der kargen, felsigen Insel hinüber. Die Venezianer bauten sie im ausgehenden 16. Jahrhundert zu einer gigantischen Festung aus. Den schroff ins Meer abfallenden Felsen im Norden bezogen die Baumeister in die Festungsarchitektur ein. Eine größere Anzahl von Brunnen und Zisternen, in denen das auf den Festungsabdeckungen aufgefangene Regenwasser geleitet wurde, garantierte die Trinkwasserversorgung der Besatzung. Noch 50 Jahre nachdem die Türken Kreta und seine Hauptstadt Iráklion erobert hatten, war die Insel in venezianischer Hand – die Festung hatte sich als uneinnehmbar erwiesen. Erst 1715 zogen die Herrscher der Lagune ihre Soldaten ab, Spinalónga – der »lange Stachel« – war in einer türkisch beherrschten Ägäis nicht mehr von

Bedeutung. Nach dem Anschluss Kretas an Griechenland wurde die Insel zur nationalen Lepra-Insel. Die Kranken wohnten auf der Insel wie in einer eigenen Stadt, bauten sich Tavernen und Geschäfte und führten Theaterstücke auf. Die Krankenstation wurde 1957 aufgelöst, es gab keine Lepra mehr.

Halbinsel Spinalónga

➤ [L/M 4]

Von der gegenüberliegenden Ortschaft Eloúnda führt ein schmaler Damm hinüber zu den steinigen Hügeln der Halbinsel Spinalónga. Auf der anderen Seite wartet der kleine hübsche Sand- und Kieselstrand Kolokítha auf Badegäste, die dem touristischen Treiben der wenigen und nicht besonders attraktiven Eloúnda-Strände entfliehen wollen. Sie müssen allerdings zwischenzeitlich mit der Ankunft vieler Ausflugsboote rechnen, die auf den Felsen neben dem Strand Grillstationen aufgebaut haben und dort für ihre Tagespassagiere in einer Stunde bis zu 1000 Schweinekoteletts braten. Die fröhlichen und ziemlich lauten Gesellschaften bleiben hier meistens für kurze Zeit.

Einem Amphitheater gleich wurden die Häuser von Ágios Nikoláos um einen runden Quellsee gebaut.

DIE GOLDENE INSEL

Wer sich einmal wie Robinson Crusoe fühlen möchte, der sollte einige Stunden auf dem Eiland Chrissí verbringen.

Von der geschäftigen Provinzhauptstadt Ágios Nikólaos am Ufer der Mirambéllou-Bucht bis nach Ierápetra an der östlichen Südküste Kretas sind es nur 32 Kilometer. Und doch verliert sich auf dieser kurzen Strecke, die zunächst am landschaftlich reizvollen Ufer des Golfs nach Osten führt, um dann zwischen den Díkti-Ausläufern und dem Thriptís-Mittelgebirge die engste Stelle Kretas zu durchschneiden, der Lärm des touristisch erschlossenen Nordens der Insel fast vollkommen. Ierápetra ist – nach griechischen Verhältnissen – eine Stadt. Für Reisende aus mitteleuropäischen Ballungsräumen ist es dagegen ein ziemlich ruhiges Dorf.

Unter Naturschutz

Dieses städtisch anmutende Dorf reizt nicht mit großer Architektur und gewaltigen venezianischen Festungen, sondern mit seiner Beschaulichkeit, in der es dem ganz im Westen Kretas gelegenen Kíssamos-Kastélli ähnelt. Und ganz wie Kastélli versteckt auch Ierápetra seinen besonderen Schatz draußen im Meer, ungefähr eine Schiffsstunde vom Hafen entfernt. Im Westen ist das der steile Felsen Gramvoússa, hier im Südosten ist es das Inselchen »Chrissí«, was so viel wie »die Goldene« heißt, nomen ist omen.

Zweimal am Vormittag fahren in der Sommersaison Ausflugsdampfer von Ierápetra nach Chrissí. Am Nachmittag kommen sie zurück – beladen mit zufrieden aussehenden Menschen, die sich für ein paar Stunden ihren Robinson-Crusoe-Fantasien hingeben durften. Das liegt daran, dass Chrissí unter Naturschutz steht, dass dort weder Hotels noch Restaurants gebaut und nicht einmal Muscheln gesammelt werden dürfen. Doch weil die Insel zu Griechenland gehört, zu Kreta genauer gesagt, gibt es natürlich einige winzig kleine Ausnahmen. Am provisorischen Hafen Chrissís – nichts als

Selten ist Natur so unberührt geblieben wie auf der unter Naturschutz stehenden Insel Chrissí.

ein Stück Betonmole und eine arg verrostete Pontonbrücke - kümmert sich eine ausgewachsene Kantine um ankommende und auf die Abfahrt wartende Passagiere. Am langen Ufer auf der Nordseite befindet sich eine, zugegeben sehr kleine, Strandbar. Und im Gesträuch an der Nordostecke lebt ein eleganter Inselherr namens Georgios, der zwischen hohen Sanddünen und uralten grauen Zedernstämmen verirrten Abenteurern den Weg weist.

Paradies auf Erden

Chrissí hat ihren Namen verdient. Zwar ist der Sand nicht überall golden, sondern eher weißgrau. Aber die Dünen und die an Wacholder erinnernden, vom Wind verkrüppelten Zedern sind ganz einfach und im Wortsinn zauberhaft. Das Wasser an den vielen kleinen Strandabschnitten ist kristallklar, türkisblau und so sauber wie sonst nirgendwo. Im Gegensatz zur Lagune Elafónissi im äußersten Westen, die von den zu Tausenden in klimatisierten Bussen anreisenden Event-Touristen täglich kurz und klein bewundert wird. Elafónissi sah vor Jahren genauso aus wie Chrissí – es schwelgte in Sanddünen und feinstem rosigen Muschel- und Korallenkies. Doch dort wollte niemand das kleine Wunder schützen, es war zum Schluss nicht mehr als fette Beute für die auf mageren Äckern sitzenden Bauern und Hirten der Gegend. Chrissí blieb erhalten, weil es nur mit dem Schiff zu erreichen ist und damit erheblich leichter zu verteidigen gegen alle Anfechtungen des Wirtshaus- und Kantinenwesens.

Ein Wort daher zu dem Herrn, den sie Georgios nennen oder auch »Kadis«, den Kadi also, den Richter – wer weiß warum. Seine Strandtaverne ist so malerisch angepasst an das wilde Wacholderland, dass es dem Besucher scheint, als lagere sie dort seit Generationen im Dünensand. Und außerdem – der »Kadis« ist ein Mann der Tradition. Er geht mit der Rakí-Flasche von Tisch zu Tisch, lässt niemanden aus, auch sich selbst nicht, und serviert »mezédes« dazu: kleine Gurken, Sardinen, Fleischstückchen, Oliven. Kein Lärm, kein Toben, keine Menschen mit Spiegelglas-Sonnenbrillen erschrecken den schüchternen Gast. Dürfte man das Wort Paradies noch benutzen auf diesem Planeten, die kleine Taverne auf der goldenen Insel Chrissí hätte es verdient, so genannt zu werden.

Sehenswertes

Ágios Nikólaos

Kirche hinter dem »Minos Beach«, der Schlüssel kann im oberhalb liegenden Hotel »Minos Palace« abgeholt werden. Die Kapelle wurde im ersten Jahrtausend gebaut und verdeutlicht wie kein anderer kretischer Sakralbau die Kontinuität der byzantinischen Architektur. Ihre Fresken sind das einzige Beispiel ikonoklastischer Malerei auf Kreta, sie sind sogar eines der ganz seltenen Beispiele in ganz Griechenland. Sie wurden im 14. Jahrhundert, nach dem Ende des Ikonenstreits, teilweise mit figürlichen Darstellungen überdeckt. Ein Fragment geometrischer Dekoration ist am Scheitel des Tonnengewölbes über dem Allerheiligsten erhalten. Das Motiv entsteht aus einander überschneidenden Kreisen, die auf diese Weise bunte vierblättrige Muster bilden. Graziöse und plastisch wiedergegebene Blüten ergänzen die Komposition. Von den jüngeren Ausmalungen sind nur wenige Heiligenfiguren erhalten.

➤ Stadtplan S. 261, [a 1] ca. 1 km östlich des Stadtzentrums hinter dem »Minos Beach«, der Schlüssel kann im oberhalb liegenden Hotel »Minos Palace« abgeholt werden.

DÍKTI

2148 m ü.d.M. ➤ [K/L 5]

Den Weg zum Díkti-Gipfel und zurück bringen mutige Wanderer an einem einzigen Tag hinter sich. Er ist lang, aber für Geübte nicht allzu beschwerlich. Oben am Kreuz warten nicht nur zahlreiche Leidensgenossen auf den Gipfelstürmer, sondern auch eine – in diesem Fall tatsächlich – fantastische Sicht auf die beiden Meere im Süden und im Norden sowie auf das im Westen sich erhebende Ída-Gebirge. Der Weg ist gut mit roten Punkten und Steinmännchen markiert.

ELOÚNDA

200 Einwohner, 0 m ü.d.M. ➤ [L 4]

Touristisch voll ausgebauter und ausgelasteter Strandort gegenüber der beiden Spinalónga-Inseln. Wenig attraktive Strände, der zu sehende Sand wurde künstlich aufgeschüttet. Nur wer antizyklisch denkt, kann erklären, warum an dieser Stelle das teuerste und ausgefeilteste Luxus-Hotelressort Kretas entstanden ist (→ Der gute Tipp von MERIAN, S. 267). Immerhin: Es gibt einen hübschen kleinen Hafen, in dem nicht nur die Ausflugsschiffe, sondern auch einige Fischerboote vor Anker liegen. Die Lagune vor Eloúnda birgt auf ihrem Grund die von Algen überwachsenen Mauerreste der versunkenen Stadt Olous, einst einer der wichtigsten Häfen Ostkretas.

Hotels

Eloúnda Beach 16

(→ Der gute Tipp von MERIAN, S. 267)

Milos Rooms

Die Zimmer von »Milos Rooms« und »Delfinia Rooms« werden im Buchladen »Pediaditis« organisiert. Die meisten Zimmer sind mit Blick auf die Lagune. Die Pensionen liegen in der lebhaften Ortsmitte unweit des Hafens.

Am zentralen Dorfplatz; Tel. 28 41 04 16 41; www.pediaditis.gr • ✉

HOTELS

DEM PARADIES GANZ NAH

16

Die Hotelanlage treibt fast im Wasser, schwerelos wiegt sie sich am Ufer wie ein edles Stück Treibholz aus fernem Land. **Eloúnda** hat nichts Städtisches, nichts Erdgebundenes und auch kein Flair aus alten Tagen.

Schon der Weg nach Eloúnda, das sich vor den Toren der östlichen Provinzhauptstadt Ágios Nikólaos befindet, ist ein Teil des Ziels. Vom Flughafen in Iráklion kommend, sollte der Reisende in Neápoli die Autobahn verlassen und sich der engen Landstraße nach Kastélli und Fourní anvertrauen. Kurz vor dem Dorf Páno Pinés fällt die Landschaft steil ab. Drei alte Windmühlen stehen am Rand des Hochplateaus in wilder Natur, umgeben von weidenden Schafen und dem geschäftigen Summen der Bienen und Hummeln. 500 Meter tiefer, am nördlichen Rand des Mirabella-Golfs, ragt die venezianische Festung Spinalónga aus dem Meer, einst ein Dorn im Fleisch der türkischen Besatzer, danach die letzte kretische Lepra-Kolonie.

Durch Weiden, Äcker und Weinberge windet sich die Straße abwärts, am Ortsausgang von Páno Pinés, dem Oberdorf, wartet das Kaffeehaus der Maria mit seiner schattigen Terrasse. Erstklassiger Tresterschnaps und »mezédes«

Luxuriöses Ambiente und traumhafte Kulisse: das Hotel Eloúnda Beach

WEGWEISER 16

Eloúnda Beach

➤ Eloúnda, S. 8/9, [d 3] ➤ [L 4]

Tel. 28 41 06 30 00;

www.eloundabeach.gr ●●●● CREDIT

von frischem Obst und Gemüse sind Lohn für denjenigen, der anhält, um das Einfachste zu begreifen: dass hier noch das alte Kreta zu finden ist.

Das Betreten des Dorfes Eloúnda ist ein wenig wie Tauchen in trübem Wasser. Das hektische, touristische Treiben verstellt den Blick auf das, was schön war und immer noch schön sein mag. Die Ankunft am Pförtnerhaus des Resorts schafft dann Klarheit: Wer die Schranke passiert, ist auserwählt, das Paradies zu sehen, und Àgios Nikólaos, der Name der nahen Stadt, ist hier nur Makulatur. »Níki«, der Sieg, und »laós«, das Volk, mögen triumphiert haben, gemeinsam und an fremden Gestaden – hier in Eloúnda Beach war es sicher nicht.

Von erlesenem Geschmack sind die Einheiten aus Wasser, Sand und Stein, die ästhetischen Gebinde so leicht geknüpft, dass nur kritische Beobachter unternehmerisches Kalkül dahinter erkennen mögen. Draußen warten leuchtend-blau die Schwimmbecken, deren glänzende Wasseroberfläche mit dem Meer und dem Horizont verschmilzt. Schwere Sessel stehen einladend auf der Tropenholz-Terrasse für den Sonnenuntergang bereit, der Zimmerkellner mixt diskret an irgendwelchen Cocktails und Drinks.

Minister, Prinzen, Prominente und Präsidenten fahren ein und aus, schöne Damen treten auf, holde Weiblichkeit in schimmerndem Kleid. Leben wie Gott auf Kreta? Oder einfach nur wie Gott – ganz egal, welche Sprache er gerade zu sprechen beliebt? Neid ist unangebracht, denn all dies spielt sich zwar hinter den Mauern und Zäunen des besten Luxushotels der Insel ab, ist aber dennoch nicht unerreichbar.

Relaxen am Strand – Eloúnda hat die besten und exklusivsten Ferienanlagen der Insel zu bieten.

Im belebten Hafen von Eloúnda liegen sowohl Fischerboote als auch zahlreiche Ausflugsschiffe vor Anker.

Pension Oasis

Freundliches, familiäres Haus mit guten, einigermaßen geräumigen Zimmern zu erschwinglichen Preisen. Pensionsgäste sind herzlich dazu eingeladen, es sich im schönen, hauseigenen Garten gemütlich zu machen.

Hinter der Kirche am Nordende des Dorfes; Tel. 28 41 04 10 76 •

Essen und Trinken

Kalidon

An der Strandpromenade auf einer Plattform im Wasser schwimmendes Restaurant. Zum besonderen Ambiente bietet es gute Küche. Spezialitäten sind frischer Fisch, Filets sowie traditionelle griechische und kretische Gerichte. Die Preise sind akzeptabel.

Am Hafen; Tel. 28 41 04 14 51; tgl. 9–24 Uhr •• MASTER VISA

Matzeakis

In der Taverne im benachbarten Plaka, ebenfalls am Meer gelegen, wird klassisch griechisch gekocht. Im Angebot sind Moussaka, Stifado (Zwiebelfleisch) und frischer Fisch.

5 km nördlich von Eloúnda direkt am Wasser gelegen; Tel. 28 41 04 14 89; geöffnet ab 10 Uhr •• MASTER VISA

EPISKOPÍ

45 Einwohner, 250 m ü.d.M. ➤ [M 5]

Das Dorf liegt an der Straße nach Ierápetra und besitzt eine der schönsten Kirchen der Gegend. Trotz ihrer bescheidenen Größe zählt sie zu den interessantesten und ältesten byzantinischen Baudenkmälern der Insel. Vermutlich wurde sie nach der Befreiung Kretas von den Arabern als Bischofskirche errichtet. Das Bistum wird zum ersten Mal im 8. Jahrhundert als »Notitiae Episcopatuum« erwähnt – daher auch der Name des Dorfes.

Den Schlüssel für das erstaunliche Bauwerk – schönstes Beispiel der vier auf Kreta existierenden Trompetenkuppeln – verwahrt der Ortspfarrer, nach dem im Kaffeehaus gefragt werden kann. Sollte er nicht gleich zur Hand sein, hilft der Wirt, die Wartezeit mit einem Schnaps zu verkürzen.

ÉXO MOULIANÁ

35 Einwohner, 400 m ü.d.M. ➤ [N 5]

Von Ágios Nikólaos nach Éxo Mouliana sind es 16 Kilometer auf einer landschaftlich reizvollen Strecke. Die Kirche des Ortes, »Metamórphosis«, beherrscht – schon von Weitem sichtbar – die Hügellandschaft des Berges Óros Koprokéfala. Die auch von Experten nicht datierte Kuppelkirche zeigt jedoch an den Fenstern der Apsiden venezianische Einflüsse.

Rund drei Kilometer hinter Éxo Mouliana in Richtung Sitía liegt die Ausgrabungsstätte Hamezi. Die Zufahrt beginnt bei den Ruinen einiger alter Windmühlen und ist als »Middle Minoan House« gekennzeichnet. Die Besonderheit des aus der Vorpalastzeit datierten Gemäuers ist sein ovaler und in dieser Form einzigartiger Grundriss. Übrigens ein wunderbarer Platz zum Verweilen, vielleicht für ein mitgebrachtes Picknick und eine Flasche kühlen Weißwein.

IERÁPETRA

12 000 Einwohner, 0 m ü.d.M. ➤ [L/M 5]

Europas südlichste Stadt und Kretas viertgrößte. Die Stadt reklamiert auch die meisten Sonnenscheinstunden aller europäischen Städte für sich. Und – die Stadt ist eine ziemlich reiche Gemeinde. Von ihrer finanziellen Situation ausgehend, hatten in den 1990er-Jahren einige Ratsherren den großartigen Plan vorgelegt, den Hafenbereich in eine Ruhezone mit Gartenanlagen und Schwimmbecken für die Kinder zu verwandeln. Sie scheiterten an einer einfach gestrickten, dafür aber umso dynamischer auftretenden Autolobby, die ihre Parkplätze im Hafen nicht aufzugeben bereit war.

Ihren heutigen Reichtum verdankt die Stadt Ierápetra dem Gemüseanbau – weshalb sie in anderen Teilen der Insel auch »Angourópoli«, die »Gurkenstadt«, genannt wird. Im 13. Jahrhundert erbauten die Venezianer das heute noch gut erhaltene und sauber restaurierte Hafenkastell. Zu dieser Zeit hatte die Stadt den Höhepunkt ihrer mittelalterlichen Blüte schon hinter sich – den ausgeprägten Handel mit den Ländern Nordafrikas, dessen Hafen Ierápetra war.

Hotels

Cretan Villa

In der Nähe des Zentrums und der Busstation liegt dieses schöne, fast 200 Jahre alte Haus mit stilvollem Patio, der als Frühstücksraum dient.

Lakerda 16; Tel. 28 42 02 85 22 •• ✉

El Greco

An der Strandpromenade, Balkonzimmer mit Blick aufs Meer. Die Zimmer zur Stadt sind billiger zu haben. Gäste des Hotels bekommen im angeschlossenen Restaurant Preisnachlass.

Kothri 6; Tel. 28 42 02 84 71 •/•• ✉

Erotokritos

Im alten Stadtzentrum. Das Hotel trägt den Namen des großen kretischen Epos, oft das einzige Buch, das alte Kreter in ihrem Leben gelesen haben. Zimmer und Apartments mit Kücheneinrichtung.

Parados Stratigou Samouil; Tel. 28 42 02 81 51 •

Essen und Trinken

Gorgona

Taverne mit traditionellen Gerichten. Das Lokal liegt direkt gegenüber der Fährstation und ist ein beliebter Treffpunkt der alten Männer der Stadt. Von hier können die ein- und auslaufenden Schiffe beobachtet werden.

Samouli-Promenade •••

Napoleon

Ältestes Restaurant der Stadt. Auf der Speisekarte stehen alle Arten von Meeresgetier sowie die griechischen Standardgerichte Moussakas, grüne Bohnen in Tomatensoße, Pastizio.

An der Samouli-Promenade, 50 m rechts des Fährhafens •••

Castro

Ouzeri am südlichen Ende des Hafens, Stammlokal der einheimischen Fischer und schon wegen des Ambientes gut.

Am Venezianer-Kastell ••/ •••

Ausflüge

Insel Chrissí

Ausflugsboote fahren während der Saison zweimal täglich um 10.30 und um 12.30 Uhr zu der kleinen Insel, die laut offizieller Statistik drei Einwohner zählt und nur im Sommer bewohnt ist (→ Spezial, S. 264). Die »Goldene« wird das nur knapp zehn Quadratkilometer kleine Inselchen wegen seiner Strände genannt, deren Sand in der Sonne goldfarben schimmert. Entstanden ist die Chrissí vor mehr als 300000 Jahren aus einem Unterwasservulkan.

KÁLO CHORIÓ

65 Einwohner, 50 m ü.d.M. ➤ [L 5]

Den historischen Überbleibseln der antiken Stadt Ístron im Knie des Mirambéllou-Golfs haben es die kleinen Dörfer zu verdanken, dass ihre wunderbaren Strände nicht bebaut werden dürfen. Die Orte Kaló Chorió und Pyrgos liegen ein bis zwei Kilometer weiter landeinwärts und sind vom Tourismus noch kaum entdeckt. Der kleine Ort Ístron an der viel befahrenen Straße von Ágios Nikólaos nach Sitía hat hingegen zahlreiche Tavernen, Zimmer und auch ein paar Hotels zu bieten.

Hotels

Mistral

Liegt an einem Steilhang oberhalb des Meeres, ein kleiner Fußweg führt 200 Meter abwärts ans Wasser. Ein Großteil der Zimmer bietet einen fantastischen Blick über die Bucht von Mirabello. Das Hotel ist nicht für Familien mit kleinen Kindern geeignet, da nur erwachsene Gäste (ab 16 Jahre) aufgenommen werden. Das Hotel kann »all inclusive« gebucht werden.

Kalo Chorio, Istron; Tel. 28 41 06 11 34; www.mistral-hotel.gr ••• MASTER VISA

Essen und Trinken

Kavos

Am Dorfrand mit Blick über den schönsten Strand der Region. Der Gast sitzt angenehm im Garten mit Palmen. Es gibt frischen Fisch und griechische Küche.

Tel. 28 41 06 13 30; geöffnet ab 10.30 Uhr; DZ •• CREDIT

KATHARÓ-EBENE

1150 m ü.d.M. ➤ [K/L 4]

Eine im Frühling mit Traubenhyazinthen und wilden Gladiolen bedeckte Ebene aus kargem Sandboden. Von dort geht es zum wasserreichen Tal von Selakáno an der Südseite des Díkti-Massivs.

KAVOÚSSI

65 Einwohner, 150 m ü.d.M. ➤ [M 5]

Die Kirche Ágios Geórgios im winzigen Dorf Kavoússi ist eine sehr schöne Einraumkapelle mit Fresken aus dem 14. Jahrhundert. Die Malereien sind sehr gut erhalten und zeigen unter anderem eine schöne »Mariengeburt«.

An der Straße von Ágios Nikólaos nach Sitía

KOUTSOURÁS

80 Einwohner, 0 m ü.d.M. ➤ [M 5]

Ruhiges Dorf direkt an der libyschen See. Mit wenig Tourismus. Interessant vor allem wegen der benachbarten »Dasaki Farangi«, der kleinen Waldschlucht, die auch die »Schlucht der roten Schmetterlinge« genannt wird. Der unwegsame Canyon ist landschaftlich sehr reizvoll, und an windstillen Sonnentagen sind hier von Frühling bis Herbst viele Schmetterlinge zu bewundern. Wem das eine Übernachtung wert ist, der findet im Ort einige Zimmer.

Trügerische Idylle: Die Überfischung der Meere nimmt auf Kreta immer mehr Fischern ihre Existenzgrundlage.

Hotels

Dassenakis

Einfache Zimmer zum Meer. Die Strände in diesem Teil der Insel sind nicht die besten, sie bieten dafür allerdings mehr Ruhe und sind fern des im Norden zum Alltag gehörenden Fahrzeuglärms.

An der Taverne Kaliotzina in Richtung Meer abbiegen; Tel. 28 43 05 12 03 •

Essen und Trinken

Taverna Kaliotzina

Gutes Fischlokal. Der Südosten Kretas ist von der strengen Überfischung nicht ganz so betroffen wie die vom Tourismus besonders stark in Anspruch genommenen Strände an der Nordküste. Fisch kann daher mit etwas ruhigerem Gewissen und zu niedrigeren Preisen verspeist werden.

An der Hauptstraße •••

Taverna Robinson

Lokal mit kretischen Spezialitäten aus dem Holzfeuerofen, auch für Vegetarier geeignet. Besonders gut sind die gebackenen Teigtaschen mit Käsefüllungen. Der Frischkäse »Misithra« kommt aus eigener Produktion.

Im Ort die Straße zum Meer hinunter nehmen •••

DAS SCHÖNE GOURNIÁ

Die amerikanische Archäologin Harriet Boyd-Hawes hat Gourniá entdeckt und es mithilfe der Einheimischen ausgegraben.

Gourniá ist nicht nur die am besten erhaltene Ruine einer vollständigen mino-ischen Siedlung aus der Neuen Palastzeit, also des 15. vorchristlichen Jahrhunderts. Sie ist zudem die erste Ausgrabung von Bedeutung, die in der Ägäis von einer Frau geleitet wurde. Die Amerikanerin Harriet Boyd-Hawes (1871-1945) entdeckte Gourniá an der Nordseite Kretas an der heutigen Nationalstraße zwischen Ágios Nikólaos und Ierápetra und brachte es mit der Hilfe von 100 einheimischen Arbeitskräften und zehn Scherben-Wäscherinnen zurück ans Sonnenlicht.

Frauenpower

Boyd-Hawes hatte sich 1896 für Kurse der American School of Classical Studies in Athen eingeschrieben, durfte jedoch zunächst nicht hinaus ins Gelände. Die griechische Königin setzte schließlich – gegen den damals herrschenden Zeitgeist – durch, dass Boyd-Hawes den Spaten in den ursprünglich auch von Arthur Evans ins Auge gefassten Hügel in der Nähe des heutigen Pachiá Ámmos setzen konnte. Von 1901 bis 1904 legten sie und ihre Leute eine »Stadt« frei, in deren sehr gut erhaltenen Grundmauern sie Funde machten, die vor allem Aufschluss über das Leben des einfachen Landmannes und Handwerkers damaliger Zeit gaben. Am Nordrand der Siedlung lagen vermutlich die Werkstätten der Töpfer und der Zimmerleute, die Funde vom östlichen Teil weisen auf die frühere Existenz einer Bronzegießerei hin.

In einer als »Schrein« bezeichneten Kammer fanden die Grabenden zahlreiche Kult-

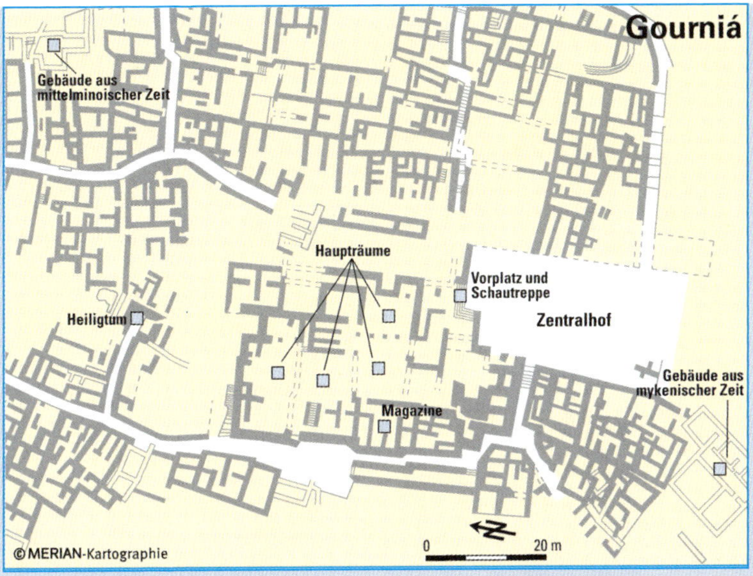

figuren, darunter aus Ton gefertigte »Göttinnen« und Schlangen-Totems. Zerstört wurde Gourniá vermutlich – wie so viele andere Siedlungen und die Palastanlagen – um 1450 vor Christus, als schwere Erdstöße die Insel schüttelten und nachfolgende Brände das zerstörten, was die Beben übrig gelassen hatten.

Verschlafene Fundstätte

Die Reste dieser wunderbaren Siedlung liegen in unseren Tagen nahezu völlig unbeachtet in einer weiten Kurve der Nationalstraße. Ein besonders schöner Platz, unbehelligt von Reisebus-Karawanen und behütet von einem schläfrigen Wächter, der sich noch über jeden Besucher freut. Eine herrliche Stelle, um aus dem Fahrzeug zu steigen und einfach eine lange Pause einzulegen.

Die gut erhaltenen Grundmauern einer minoischen Stadt sind die Attraktion von Gourniá.

LASSÍTHI-HOCHEBENE

850 m ü.d.M. ➤ [M/N 5]

Von Iráklion kommend erreicht die kurvenreiche Bergstraße die Lassíthi über den 1026 Meter hohen Seli-Ámbelou-Pass, dessen Bergkämme von den ersten Windmühlen gesäumt sind, die das alte Wahrzeichen dieser größten kretischen Hochebene sind. Eine zweite, weniger befahrene Straße kommt im Osten von Neápolis hoch und mündet am 1012 Meter hohen Selia-Pass in die Ebene. 21 Dörfer liegen hier, Siedlungen, die an den äußersten Rand des Plateaus gebaut wurden, um ja nichts vom kostbaren Schwemmland zu vergeuden. Auch die von den Bauern durchaus erwünschten Frühjahrsüberschwemmungen mögen ein Grund für die Randlage der Ortschaften sein.

Im Süden der Ebene steigt unmittelbar hinter den Dörfern das drittgrößte kretische Bergmassiv steil an, die Díkti-Kette, gekrönt von den schneebedeckten Gipfeln Díkti (2148 m), Aféndis Christós (2141 m) und Lázaros (2085 m). Die Ebene selbst liegt auf rund 850 Metern Höhe, sie ist zwischen acht und zehn Kilometer breit und fünf Kilometer (Nord-Süd) lang.

Die Lassíthi-Hochebene ist berühmt für ihre hervorragenden Kartoffeln, sie sind das Hauptprodukt der Landwirte und Lebensgrundlage der Familien. Aber auch Gemüse und Weizen, Äpfel und Birnen gedeihen hier aufs Beste. Venezianische Ingenieure hatten bereits im 15. Jahrhundert die enorme Fruchtbarkeit des Bodens und die Möglichkeiten des Plateaus erkannt und für den Bau eines umfassenden Bewässerungssystems gesorgt, das sich aus den reichen Wasservorkommen des unter der Ebene verborgenen Karstgesteins speiste. Rund 10000 Windräder zogen dieses Wasser über Brunnenschächte an die Oberfläche und versorgten den Boden mit der nötigen Feuchtigkeit. Es gibt sie noch, die wie Schmetterlinge flatternden weißen Segel, doch die meisten wurden in den vergangenen 20 Jahren durch mit Diesel getriebene Motoren ersetzt, die alten venezianischen Kanäle sind durch die allgegenwärtigen schwarzen Plastikschläuche fast nutzlos geworden.

Nicht nur die erstklassigen Kartoffeln der Bauern, sondern auch die Webarbeiten ihrer Frauen und Töchter genossen über Kreta hinaus hohes Ansehen. Beliebt waren sie nicht nur wegen ihrer überragenden Handwerkskunst, sondern auch wegen ihrer hell leuchtenden, nur in Lassíthi benutzten lebensfrohen Farben. In den meisten Dörfern werden bis heute alle Arten von Webarbeiten angeboten. Deren Herkunft ist jedoch in den meisten Fällen unbestimmt. Nur eines scheint sicher – dass sie selten von der Ebene stammen.

MAKRIGIALÓS

45 Einwohner, 0 m ü.d.M. ➤ [N 5]

Nomen est omen. Das Dorf heißt »Langer Strand« und hat in der Tat einen der besseren Strände dieses Küstenabschnitts vorzuweisen. Da das Wasser hier sehr flach ist, ist der Strand auch für Kinder bestens geeignet.

Essen und Trinken

Porfira

Das Lokal genießt den Ruf, das beste in der Gegend zu sein, ja, manche behaupten sogar, es sei das beste auf der ganzen Insel. Auf jeden Fall ein feines Plätzchen mit einer schönen Terrasse. Serviert werden vor allem traditionelle Gerichte. Gastwirt Leonidas präsentiert sein Huhn in Zitronensoße in Tongefäßen, frische Seebrassen werden in grobem Meersalz im Ofen gegart. Das Essen wird durch eine hervorragende Weinkarte ergänzt.

An der Hauptstraße; Tel. 28 43 05 21 89

•••/••••

Sehenswertes

Minoische Ruinen

Östlich des Dorfes, rund 200 Meter oberhalb der Straße, liegen die als »Minoische Villa« bezeichneten Ruinen. Sie wurden 1971 von Kostas Davaras ausgegraben und als Reste eines Gebäudekomplexes aus der Neuen Palastzeit, also dem 16. Jahrhundert vor Christus, identifiziert.

MÓCHLOS

90 Einwohner, 0 m ü.d.M. ➤ [M 4/5]

Der malerische Fischerort war lange Zeit eine Idylle und ist es immer noch ein bisschen. Die wenigen Häuser liegen am Ende des gleichnamigen Kaps, das seinen hügeligen Arm ins Meer hinaus-

Brauchen keinen Wind: die Mühlen in der Lassithi-Hochebene arbeiten heute meist mit Motorantrieb.

streckt, sie liegen auch gegenüber des Inselchens Móchlos, auf dem inzwischen Archäologen nach Siedlungsresten suchen. Gefunden wurden bereits Reste aus spätminoischer Zeit – wer auf Kreta gräbt, der findet vermutlich fast immer etwas. Eine französische Agentur kümmert sich in derselben Region unter dem Namen »La Chlorophylle« um das eher Botanische – sie führt Pflanzensucher, Blumenfreunde und Orchideenliebhaber zu Fuß über Berg und Tal.

Hotels

Hotel Mochlos

Ein wenig abgesetzt von Strand und Dorfleben. Die Zimmer mit Balkon und Klimaanlage entsprechen dem auf der Insel überall gegenwärtigen Pensionsstandard. Neben normalen Zweibettzimmern kann, wer sich selbst versorgen möchte, auch Räume mit einer kleinen Kücheneinrichtung mieten.

Hinter der Wasser- und Tavernenfront; Tel. 28 43 09 42 05 •

Sofia

Freundliches Hotel, Zimmer mit Balkon zum Meer, Familientaverne

An der Wasserfront; Tel. 28 43 09 47 38
• (Restaurant •••)

AUTORENTIPP Alle Tavernen vermieten auch Zimmer. Auf das Inselchen Psira kann mit einem Boot übergesetzt werden; der entsprechende Matrose kann im Ort angeheuert werden.

Im kleinen Dörfchen Móchlos findet man in den Tavernen auch in der Hochsaison noch einen Tisch zum Verweilen.

Essen und Trinken

To Kokilia

Bestes Lokal des idyllischen Ortes, an der Strandpromenade. Gutes Essen, ordentliche Bedienung zu bekömmlichen Preisen. Besondere Angebote für Vegetarier. Der »kretische Salat« ist ein Leckerbissen für Liebhaber der grünen Kräuter.

An der Wasserfront •••

Sehenswertes

Insel Psira

Die Insel liegt auf der Westseite der Halbinsel und war in minoischer Zeit ein Hafenplatz. Vom kleinen Hafenbecken aus steigt ein alter Weg in Treppenabschnitten zu den Ruinen hinauf. Auf dem Gipfel des Hügels sind die Reste eines römischen Leuchtturms zu erkennen. Von Ágios Nikólaos fahren bisweilen Ausflugsboote hinüber, die in dem kleinen Naturhafen anlegen können. Auskunft darüber gibt das Fremdenverkehrsamt der Stadt. Eine andere Möglichkeit ist, in Móchlos nach einem Bootscharter zu fragen und den Preis auszuhandeln.

MYRTOS

400 Einwohner 0 m ü.d.M. ➤ [L 5]

Das Dorf liegt zwölf Kilometer westlich der Stadt Ierápetra. Kleine Gassen laden zum Spaziergang, Tavernen zum Verweilen ein. Myrtos hat den an der ganzen Südostküste anzutreffenden Kies-Sand-Schotterstrand und darüber hinaus eine angenehme Besonderheit anzubieten: Die im Sommer fast an der gesamten Südostküste arg von den Meltemi-Winden gebeutelten Sonnenbader finden hier Ruhe. Der Wind bläst hier nicht, und das Meer ist immer ruhig.

Eingerahmt wird der Ort von den unvermeidlichen Plastik-Gewächshäusern. Das sieht nicht besonders gut aus, aber die geernteten Früchte und Gemüse dienen dem leiblichen Wohl des Tourismus. In den Plastikplantagen wächst der sagenhafte griechische Salat.

Der holländische Gemüsespezialist Paul Coopers übrigens, der den Kretern zu Beginn der Sechzigerjahre die Gewächshäuser brachte und sie am Ende damit reich machte, konnte sich über den durchschlagenden Erfolg nicht mehr freuen: Er starb 1968 bei einem Autounfall. Die Bauern dankten ihm mit einem Denkmal.

Hotels

Mirtos

Ein hübsches Familienhotel, nur 50 Meter vom Strand entfernt. Für die Klimaanlage werden pro Tag und Zimmer 6 € extra berechnet. Das ganze Jahr hindurch geöffnet.

Im Ortszentrum; Tel. 28 42 05 12 27; desk@mirtoshotel.com •• MASTER VISA

PALÉKASTRO

1000 Einwohner, 50 m ü.d.M. ➤ [O 4]

Das große Dorf neun Kilometer südlich des Palmenparks Vai ist eines der sehr schönen »normalen« Dörfer der Insel. Die Bauern des Ortes leben noch immer mehr von ihren landwirtschaftlichen Produkten als vom Tourismus. es gibt noch hauptberufliche Fischer. In der zwei Kilometer entfernten Bucht von Chióna liegt einer der landschaftlich schönsten Strände, auf halber Strecke gibt es noch das ruhige Nachbardorf Angáthia.

Hotels

Kastri Village

In den Hang gebaut wie ein Amphitheater, Apartments mit einer fantastischen Sicht über die ganze Bucht von Grandes.

Tel. 28 43 06 11 00; castrovil@otenet.gr ••• MASTER VISA

Thalia

Kleines Hotel im Zentrum. Es hat einen großen Hof mit Blumen und Bougainvillea und liegt in allernächster Nähe zu den gemütlichen Kaffeehäusern des Ortes. Die Zimmer sind sauber und geräumig. Der Wirt hilft gerne mit Auskünften.

Am Dorfplatz; Tel. 2 84 30 64 48 • ✉ (Restaurant •••)

Essen und Trinken

Hellas

Hat nicht nur schöne Zimmer, sondern auch die beste Küche im Ort. Serviert werden kretische Traditionsmahlzeiten und vegetarische Gerichte. Der Wirt verkauft Honig und Olivenöl vom Feinsten.

Am Dorfplatz; Tel. 28 43 06 12 40 • ✉ Restaurant •••

Batis

Taverne am Chióna-Strand, in einmaliger Lage und mit entsprechendem Essen. Sehr gute traditionelle kretische Küche.

Tageweise gibt es frischen Fisch.

Am nördlichen Ende des Chiona-Strandes •••

Taverna Chiona

In bester Lage. Serviert direkt am Wasser »Kakavia«, die kretische Variante der Fischsuppe. Vorzüglich ist die »Astakomakaronada«, ein leckeres Nudelgericht mit Hummerstücken.

Südlich gelegener Nachbar des »Batis«, direkt am Wasser •••

Sehenswertes

Roussolákkos

Die antike Stadt sollte am südlichen Rand des nach Osten sich öffnenden Tals gelegen haben. Zwischen 1902 und 1906 wurden hier erste Grabungen unternommen. Davon ist jedoch heute nicht mehr viel zu sehen. Sie sind schlicht und einfach zugewachsen. Dabei soll es sich nach Auskunft der Archäologen um die größte minoische Siedlung überhaupt handeln. Für eine lohnende touristische Auswertung liegt sie allerdings ein wenig abseits.

PACHIÁ ÁMMOS

0 m ü.d.M. ➤ [M 5]

Ein recht unattraktiver Strand an der Kreuzung der Nationalstraßen Sitía und Ierápetra, den die Kreter jedoch mögen, denn es gibt dort einige Tavernen, die sich auf Fischgerichte spezialisiert haben.

Essen und Trinken

Taverna Aiolos

Die Besitzer haben ein eigenes Boot und servieren absolut frische Ware. Erwähnenswert: der selten gewordene Seeigel-Salat und die Fischsuppe.

Von der Hauptstraße zum Hafen abbiegen, erste Taverne auf der rechten Seite; Tel. 28 42 09 34 34 •••

PÁNO PINÉS

65 Einwohner, 200 m ü.d.M. ➤ [L 4]

Auf dem Weg von Neápolis nach Eloúnda. Ein winziges Dorf am Straßenrand mit einem schönen

Exportschlager Nummer eins: Kretisches Olivenöl genießt weltweit einen exzellenten Ruf.

Wirkt etwas verschlafen: Sitía, östlichste Stadt Kretas, verdankt seine Palmenpromenade dem fast afrikanischen Klima.

Kaffeehaus. Die alte Wirtin serviert auf ihrer Terrasse im Schatten eines Maulbeerbaumes »mezédes« zu ihrem ausgezeichneten Rakí.

SITÍA

8000 Einwohner, 0 m ü.d.M. ➤ [N 4]

Unter den Kretern ist die östlichste Stadt der Insel bekannt für ihr heißes, fast afrikanisches Klima. Die viel mehr an ein größeres Dorf als eine Stadt erinnernde Siedlung wird vor allem für ihre landwirtschaftlichen Produkte gelobt: den Wein und das Olivenöl. Während der Wein aus nahe liegenden Gründen – es gibt nicht viel, und den wenigen trinken die Leute lieber selbst – auf der Insel bleibt, hat das hervorragende Olivenöl sich einen internationalen Ruf geschaffen. Das »Extravirgine« von den kargen Böden der die Stadt umgebenden Gebirge ist seit einigen Jahren in den Supermärkten Europas eingetroffen und wird dort als teures Qualitätsöl gut verkauft.

Die Bewohner der Stadt haben nichts mit anderen kretischen Städtern aus Iráklion, Chaniá oder Réthimnon gemein. Sie sind Bauern geblieben, und Großbürger waren sie nie. Ihnen wird nachgesagt, dass sie Tanz und Gesang ebenso lieben wie die »Parea«, die große Tischgesellschaft unter Freunden. Es ist daher nicht besonders verwunderlich, dass der bekannteste kretische Volksdichter, Vitsentzos Kornaros (→ Reportagen, S. 80), aus dieser Stadt kam. In der kretischen Volkssprache Dimotiki fasste er im 17. Jahrhundert sein mehr als 10 000 Verse zählendes Epos »Erotokritos« ab, das damals schon überaus beliebt war und dass die Schulkinder Kretas noch heute ächzend lernen. Das heutige Sitía wurde, ähnlich wie die Nachbarstadt Ágios Nikólaos, erst gegen Ende des 19. Jahrhunderts angelegt. Die Genuesen erweiterten das Kastell, das die Byzantiner im Jahr 1000 erbaut hatten. Piraten zerstörten es in den folgenden Jahrhunderten, bevor es die Venezianer 1631 noch einmal neu aufbauten. Als das Kastell dem Ansturm der Türken nicht standhielt, ließen es die Venezianer selbst schleifen. Es blieb ein einziger heute noch sichtbarer Befestigungsturm stehen.

Dem Reisenden bietet Sitía einen nicht besonders attraktiven Strand, dafür aber das geruhsame, langsame Leben einer sehr freundlichen Kleinstadt, in deren oberem Teil einige enge Gassen zum Schlendern einladen und durchaus stimmungsvolle Tavernen und Ouzerien auf Gäste warten.

Hotels

Archontiko

Hotel mit sehr schönen Zimmern und einem herrlichen Orangenbaum im Vorgarten. Eines der preiswertesten Häuser der kleinen Stadt. Etwas abseits des Hafen-Stadtzentrums und daher in angenehm ruhiger Lage.

Kondilaki 16; Tel. 28 43 02 81 72 • ✉

Flisvos

Nettes Mittelklasse-Hotel an der Strandpromenade. Sehr schöner Blick auf die gesamte Sitía-Bucht, renovierte Zimmer, Gäste dürfen sich auch im kleinen Garten hinter dem Haus ausruhen.

Karmanli 4; Tel. 28 43 02 71 35

• MASTER VISA

Nora

Kleines, von Frauen geführtes Hotel am Fährhafen gelegen. Schöner Blick über die gesamte Bucht und den Hafen – alle Zimmer haben Balkon. Wird gerne von alleine reisenden Frauen bevorzugt.

Rouselaki 31; Tel. 28 43 02 30 17; norahotel@yahoo.gr • ✉

Essen und Trinken

Kali Kardiá

Die beste und beliebteste Ouzeri Sitías. Zum hauseigenen Retsina gibt es appetitliche »mezédes« aus Fisch, Fleisch und Käse. Auch wer keinen Ouzo mag, wird sich hier wohlfühlen, denn der Wirt hält als Ersatz einen ordentlichen trockenen Weißwein bereit.

Foundalidhou 28 (Parallelstraße zur Hafenpromenade) ••• ✉

Neromilos

In der Wassermühle an der Straße nach Agía Fotiá gibt es neben den guten »mezédes« ebenso Fleisch vom Grill und – wenn der Fang gut war – auch gegrillten

Fisch. Von der Taverne aus hat der Gast einen fantastischen Blick über die Bucht.
An der Straße nach Agía Fotiá ••• ✉

Mixos

Fleisch vom Holzkohlegrill und strenger Bauernwein, sehr günstig. Ist wegen seiner zentralen Lage bei den Einheimischen beliebt. Guter Beobachtungspunkt auf das gemütliche Leben der Kleinstadt.
Kornarou 117 •• ✉

Ausflüge

Itanos

➤ [O 4]

Die Ruine der gleichnamigen antiken Siedlung. Ihre Reste können vier Kilometer nördlich des Palmenstrandes von Vai besichtigt werden. Fragmente einer Tempelterrasse, beschriftete Marmorblöcke, die Grundmauern einiger Häuser sowie die Fundamente zweier frühchristlicher Basiliken verdeutlichen die einstige Größe der Stadt.

Moní Toploú

➤ [O 4]

An der Straße zum Palmenstrand von Vaí steht das Kloster Toploú, eigentlicher Name »Móni Panagías tis Akrotiriánis«, das Kloster der Heiligen Mutter Gottes vom Kap. Das Toploú ist ein Wehrkloster aus der ersten Hälfte des 14. Jahrhunderts. Es wurde vermutlich nur wenige Jahrzehnte später bei einem türkischen Angriff zerstört. Die Mönche verfügten sogar über eine Kanone, da die Venezianer die Gebäude als Grenzfestung gegen Angriffe osmanischer Truppen ausgerüstet hatten. Nach dieser Kanone nannten sie das Kloster »Toploú«, die Silbe »top« steht für »Kanone«.

Das Kloster erlebte im Laufe der Jahrhunderte eine ganze Reihe türkischer Angriffe, die beträchtliche Zerstörungen anrichteten. Unverdrossen bauten die Mönche ihr Kloster immer wieder auf. Die Klosteranlage in ihrer heutigen Form stammt aus dem 18. Jahrhundert. Sehenswert ist nicht nur die kleine Klosterkirche mit ihrem wertvollen Inventar,

Einst Hippie-Domizil, heute ein beliebter Treff: Der »karibische« Palmenstrand von Vaí (→ S. 286)

sondern auch das Museum, wo neben Ikonen auch Kirchenschriften und Teile des Kirchenschatzes zu bewundern sind. Heute leben nur noch wenige Mönche im Kloster, die ausgezeichneten Wein und Olivenöl herstellen und verkaufen.

TZERMIÁDO

420 Einwohner, 1100 m ü.d.M. ➤ [K 4]
Das größte Dorf der Ebene mit Bank, Telegrafenamt, Autowerkstatt, einigen Restaurants, zahlreichen Kaffeehäusern und noch mehr Souvenirläden, die in erster Linie die beschriebenen Webarbeiten verkaufen möchten. Die Ringstraße, die dem Lassíthi-Plateau als verkehrsreiche Lebensader dient, ist in den Dörfern gleichzeitig die Geschäftsstraße, an deren Rand alte Damen den ganzen Tag auf ihren Holzstühlen verharren und auf Kundschaft warten.

Hotels

Hotel Kourites
Das vorläufig einzige Bettenhaus im Ort, mit einer eigenen Taverne, die etwa 50 Meter hinter dem Hotel liegt. Die Zimmer sind schlicht aber sauber. Im Hotel können außerdem auch voll ausgestattete

Ferienapartments gemietet werden, in denen vier und mehr Personen schlafen können.

Am Ostrand des Dorfes; Tel. 28 44 02 21 94 •/•• ✉

Essen und Trinken

Kronia

Das beste Lokal. Gehört dem Bauern und Hirten Vassilis, der mit einer Französin verheiratet ist. Tagsüber besteht das Risiko, in eine der zahlreichen Busreisegruppen zu geraten, die das Lassithi-Plateau für einige Stunden besuchen. Am Abend ist das Restaurant jedoch ruhig, und das Essen ist sogar noch besser als zur Mittagszeit.

An der Hauptstraße, genau in der Mitte des Dorfes ••• ✉

Sehenswertes

Trapeza- oder Kronos-Höhle ➤ [K/L 4]

Hier fanden Arthur Evans und sein Kollege John Stringfellow Pendlebury Scherbenreste und Gräber aus der Neusteinzeit. Pendlebury starb während des Zweiten Weltkriegs in der »Schlacht um Kreta« (→ Geschichte, S. 53). Der Weg zur neunzig Meter über dem Dorf sich öffnenden Tropfsteinhöhle ist gut beschildert. Wer die Höhle unbedingt sehen möchte, benötigt rutschfeste Schuhe und eine Taschenlampe.

VAÍ

0 m ü.d.M. ➤ [O 4]

Der vielleicht bekannteste Strand der Insel. Ein wahrer Wald aus Dattelpalmen ist an diesem fast karibisch anmutenden Sandstrand gewachsen. Warum? Die bis dato geltende Ansicht war, dass sich das Heer des Sarazenen-Fürsten Abu Hafs Omar für seinen Eroberungszug durch Kreta auch Datteln ins Gepäck gesteckt hatte. Die Kerne, die es zurückließ, hätten die wunderbaren Bäume wachsen lassen. Eine andere Geschichte macht die Türken, die Kamele mit nach Kreta brachten und die Tiere mit Datteln fütterten, für dieses kleine Wunder der Natur verantwortlich. Richtig ist wohl, dass der »Phoenix Theophrasti« als kretische Dattelpalme schon den Minoern bekannt war. Sie ist eine der zahlreichen endemischen Pflanzen, die nur auf der Insel gedeihen. Ihre Früchte sind übrigens klein und ungenießbar. Die Pflanze gab schon in der Antike einigen Orten ihren schönen Namen – beispielsweise der alten Hafenbucht »Fínix« bei Loutró im Südwesten Kretas. Dort steht ein einzelner sehr schöner »Phinikas« unmittelbar am Wasser.

Für den Tourismus entdeckt und geradezu erobert wurde Vaí, wie so viele einst unberührte Orte der Insel, von den Hippies in den späten 1960er-Jahren. Rucksacktouristen aus ganz Europa besiedelten den Strand und verwandelten ihn in einen Zeltplatz. Die Palmen waren schon bald vom Aussterben bedroht. Das Chaos und der Müll sorgten für rigorose Konsequenzen: Inzwischen steht das gesamte Areal unter Naturschutz, der Palmenhain ist eingezäunt und das Zelten verboten. Ein riesiger Parkplatz, eine durchtrainierte Mannschaft von Sonnenschirm-Verleihern und Liegestühle komplettieren das Outfit des Strandes.

VRACHASÍ

80 Einwohner, 400 m ü.d.M. ➤ [L 4]

Noch unentdecktes Bergdorf hoch über der Nationalstraße zwischen Iráklion und Ágios Nikólaos. Wunderbare alte Steinhäuser, deren Mauern mit den kleinen Höhlen und Grotten im Berghang zu Wohnräumen verbunden wurden. Die winzigen steilen Gassen im Oberdorf sind mit dem Auto nicht befahrbar. Das Dorf erlaubt sich einen sehr schönen Seitenblick auf die Bucht von Mália. Im Unterdorf stehen einige Kaffeehäuser an der alten Nationalstraße, in denen auch das eine oder andere »mezédes« bestellt werden kann.

ZÁKROS

200 Einwohner, 300 m ü.d.M. ➤ [O 5]

Das nette Landstädtchen wartet, wie Palékastro, immer noch darauf, dass der etwas breiter angelegte Kulturtourismus

sich nicht nur für Knossós und Festós, sondern auch für die wunderschöne Anlage am Strand von Káto Zákros interessieren könnte. Um den großen Dorfplatz herum haben sich immerhin die Organisatoren großer kretischer Sommerfeste angesiedelt. In den vier Tavernen im Ort werden – unter Einbeziehung des Dorfes – Familienfeste wie Hochzeiten, Taufen und Namenstage gefeiert. Tanz, Gesang und Lyra-Spiel sind Teil dieses auf der Insel Kreta ziemlich einträglichen Event-Managements.

Hotels

Zakros

Aus den hinteren Zimmern bietet sich ein interessanter Blick in das »Tal der Toten«, das zu der alten Palastanlage führt. Das Hotel fährt seine Gäste auch im Minibus zu der Ausgrabungsstelle. Die Alternative: eine schöne einstündige Wanderung durch das liebliche Tal bis ans Meer. Kein Problem – der Weg ist nicht schwer, nicht mal in Sandalen.

Am Ortsausgang Richtung Káto Zákros; Tel. 28 43 09 33 79 • ✉

Essen und Trinken

Taverna Napoleon

Ist in dem relativ kleinen Ort die beste Adresse. Ordentliches kretisches traditionelles Essen zu anständigen Preisen. Der Wirt ist ein Kreter von Format und gibt gerne einen kräftigen Landwein extra aus. Für ein Gespräch über Gott und die Welt und das Dasein an sich ist er fast immer offen.

Auf der Straße nach Kato Zakros, nicht weit von der Tankstelle entfernt ••• ✉

Sehenswertes

Palast von Káto Zákros 10

Wer kann, der sollte durch das »Tal der Toten« bis zum Palast von Zákros zu Fuß gehen. Das »Tal der Toten« erhielt seinen Namen deshalb, weil die Höhlungen der Schlucht in minoischer Zeit als Gräber verwendet wurden. Der Palast stammt aus der Jüngsten Palastzeit und ist nach Knossós, Festós und Malía der vierte minoische Palast, der auf Kreta entdeckt wurde. 1600 vor Christus wurde er am Strand der kretischen Ostküste angelegt. Zákros wurde nie geplündert. Als griechische Archäologen 1961 mit den Grabungen begannen, weil ein Bauer im Delta des Tales immer wieder große behauene Steinquader aus dem Schwemmland gepflügt hatte, förderten sie reiche Funde zutage. Das Archäologische Museum in Iráklion zeigt unter anderem ein Gefäß aus Bergkristall, die Henkel gearbeitet aus Kristallperlen; ein Stierkopf-Rython und ein mit kretischen Wildzigen dekoriertes Rython. In der Palastanlage (→ Grundriss, S. 287) sind im gegenwärtigen Zustand eine Säulenhalle, ein Lichthof, Werkstätten, Schatzkammern, königliche Gemächer, ein Zentralhof mit Altar, Magazine, ein Wasserbecken, eine Zisterne und ein Bronze-Schmelzofen zu erkennen. Káto Zákros ist, von seiner Lage her, der schönste aller minoischen Paläste. Die frische Meeresbrise, die auch im Sommer weht, macht das Studium der Ausgrabung zu einem Vergnügen.

Die Ziege – ein mythologisches Tier. Einst »Ernährerin« des kleinen Zeus, bedroht sie heute die Fauna der Insel.

REISE-SERVICE

Kreta gilt als Wiege der europäischen Zivilisation. Der Besucher spürt jedoch bereits bei seiner Ankunft, dass hier manches anders ist als zu Hause. Wie reist man am besten auf der großen Insel, was kosten Taxis, Busse und Fähren? Kann man eine Einladung zu einer »Paréa« abschlagen? Fragen über Fragen. Hier geben wir Ihnen Antworten, nennen hilfreiche Adressen, Telefonnummern und interessante Webseiten.

Typisches Straßenbild auf Kreta: Geht die Herde nach Hause, müssen Autos warten.

WISSENSWERTES VON A–Z

ALLGEMEINES

Fläche: 8331 qkm
Küstenlinie: 1045 Kilometer
Einwohner: 600000
Bevölkerungsdichte: 72 Einwohner/ Quadratkilometer
Hauptstadt: Iráklion
Bezirke: Chaniá, Réthimnon, Iráklion, Lassíthi (Haupstadt Ágios Nikólaos)
Höchste Erhebungen: Páchnes, Lefká Óri (2453 m), Psiloritis, Ída-Massiv (2456 m), Díkti, Díkti-Massiv (2148 m)
Sonnenstunden pro Jahr: 3000
Wirtschaft: Tourismus, Landwirtschaft (Olivenöl, Gemüse, Früchte, Viehzucht, Milchprodukte; noch wenig Fischfang)

ANREISE

Mit dem Flugzeug

Nicht so schön wie das Schiff, dafür bedeutend günstiger und schneller. Kreta verfügt über drei Flughäfen: Chaniá im Westen, Iráklion in der Mitte und Sitía im Osten. Direktflüge nach Kreta gibt es nur bei den Charter-Gesellschaften. Alle Liniendienste machen in Athen einen Zwischenstopp.

Mit der Bahn und dem Schiff

Teuer aber umweltfreundlich und umso schöner. Empfohlen wird die Anfahrt bis Venedig mit der Deutschen Bahn und der Italienischen Ferrovia. Danach mit dem Fährschiff bis Patras und Athen/Piräus. Von Piräus direkt nach Kreta. Häfen: Chaniá, Réthimnon, Iráklion. Alle Schifffahrtsgesellschaften befördern ihre Fahrgäste zu ihren Anschluss-Passagen von Patras nach Piräus mit einem Reisebus (Fahrtdauer etwa 3 Stunden). Die Fähren verlassen Venedig durch den Lido und die Lagune in Richtung Dalmatinisches Meer, eine unvergessliche Passage. Es empfiehlt sich, die Piräus-Kreta-Überfahrt gleich mitzubuchen. Die Gesellschaften honorieren dies mit einem Preisnachlass. Für die Strecke von Deutschland nach Kreta sollten drei bis fünf Tage eingeplant werden. Fährverbindungen gibt es auch von Thessaloniki nach Iráklion. Wer bereits auf den griechischen Inseln Urlaub macht und von dort aus nach Kreta weiterreisen möchte, kann dies per Schiff von folgenden Inseln aus tun: Rhodos, Santorini, Karpathos. Vom Peloponnes

AUTORENTIPP Zwischenstopp Athen

Auf Kreta den Einkauf von Olivenöl, Kräutern, Honig und Raki vergessen? Wer in Athen Zwischenstation macht, um sich die Akropolis und die Museen anzuschauen, kann seine kretischen Einkäufe noch nachholen: Im Bio-Laden »Kritis Gevseis« hält der Kreter Themis Delvisopoulos aus Chaniá alles bereit, was die kretischen Erde an Produkten hervorbringt: Olivenöl aus Sitía, Kolimbári und Akrotíri, Raki vom Fuß der Weißen Berge, Wein aus Kastélli, Kräuter aus dem Ída-Gebirge, Käse aus Réthimnon. Themis verschickt auf Wunsch auch größere Mengen nach Deutschland (Empedokleous 69 und Filolaou, Stadtteil Pankrati; Tel. 21 07 51 23 73).

aus kann man von Kalamata oder Gythio per Fähre nach Kastelli reisen. Leider sind die Ablegezeiten nie festgelegt, sie müssen von Tag zu Tag neu erfragt werden.

Bahnfahrt
Deutsche Bahn in Verbindung mit Ferrovia: www.bahn.de
Zimmer in Venedig: www.booking.com

Schiffsreise
www.ferries.gr

APOTHEKEN

In allen größeren Orten und Dörfern gibt es mindestens eine Apotheke, auf Griechisch »Pharmakeion«. Die Apotheken sind vormittags von 9 bis 14.30 Uhr geöffnet, nachmittags von 17 bis 20 Uhr. Am Wochenende sind sie geschlossen, Notdienst-Adressen werden in lokalen Zeitungen und am Eingang aller Apotheken bekannt gemacht. Die Preise für Medikamente liegen deutlich unter denen in Deutschland. Die Apotheker geben in Griechenland ohne Rezept auch Medikamente aus, die in Deutschland verschreibungspflichtig sind, beispielsweise Kortison-Präparate (Spray für Asthmatiker) oder Antibiotika.

BANKEN

Alle griechischen Banken verfügen inzwischen über Automaten, an denen mit Kreditkarten, aber auch mit EC-Karten Geld abgehoben werden kann. Die Geldabgabe ist

Die Apothekendichte auf Kreta ist hoch: Medikamente sind meist wesentlich günstiger als in Deutschland.

meist auf eine Höchstsumme beschränkt (300 bis 400 €). Am Schalter kann aber eine Verbindung zur Heimatbank hergestellt werden, wenn höhere Beträge gebraucht werden. Die Banken sind von Montag bis Freitag zwischen 8 und 14.30 Uhr geöffnet, an Wochenenden bleiben sie geschlossen.

BEZAHLUNG UND TRINKGELD

Oberste Regel beim Bezahlen: In griechischen/kretischen Speiselokalen, Bars oder Kaffeehäusern wird in aller Regel bar bezahlt. Nur wenige besonders teure Restaurants akzeptieren die Begleichung der Rechnung mit Kreditkarte.
Trinkgeld ist in Griechenland/Kreta üblich. Die Höhe bleibt dem Gast überlassen. Bei einer Rechnung von 50 € sollten 2 bis 3 € für den Kellner auf dem Tisch bleiben.

BUCHTIPPS

Elytis, Odysseas: To Axion Esti. Gepriesen Sei. Berlin 2005.

Gallas, Klaus: Kreta. Landschaft, Kultur, Menschen. Köln 1979 (nur in der Bibliothek oder im Antiquariat erhältlich).
Gallas, Klaus / Wessel, Klaus / Bourboudakis, Manolis: Byzantinisches Kreta. München 1983 (nur in der Bibliothek oder im Antiquariat).
Hermann, Hansgeorg: Der Rhythmus der Freiheit. Autorisierte Biografie. Berlin 2008.
Kazantzakis, Nikos: Alexis Sorbas. Düsseldorf 2002.
MERIAN Magazin Kreta, Jahreszeiten Verlag, Hamburg: Opulent bebildertes, monothematisches Magazin, das mit journalistischer Kompetenz, exklusiven Tipps und detailliertem Kartenmaterial eine optimale Vorbereitung für die Reise bietet; Reportagen über den Untergang der Minoer, Feiern auf Kreta, Ziegen und Oliven und vieles mehr; umfangreicher Reise-Service; Oktober 2000, €7,50; MERIAN Griechenland €5. Auch zu beziehen über den MERIAN Shop (www.merian.de).
Ranke-Graves, Robert: Griechische Mythologie. Hamburg 2005.
Wunderlich, Hans Georg: Wohin der Stier Europa trug. Köln 2007.

BUSSE

Da Kreta über kein Eisenbahnnetz verfügt, sind Busse die einzigen öffentlichen Verkehrsmittel. Die halbstaatliche Busgesellschaft KTEL versorgt nahezu alle Städte und Dörfer auf Kreta mit täglich mindestens einer Busverbindung.
Die Städte haben stündliche Verbindungen.
Von den großen Busbahnhöfen an der Nordküste in Réthimnon, Chaniá, Ágios Niakólaos und Sitía aus sind Verbindungen nach Süden und in die Bergdörfer möglich. Die Fahrzeuge sind technisch geprüft und komfortabel. Die Fahrpreise sind, im europäischen Vergleich, besonders günstig. Eine Fahrt von Iráklion nach Chaniá (150 Kilometer) kostete im Jahr 2007 unter 10 €.

KTEL-Niederlassungen:
Kastélli, Chaniá, Réthimnon, Iráklion, Ágios Nikólaos, Sitía. www.ktel.org

DIPLOMATISCHE VERTRETUNGEN

Botschaften in Griechenland
Deutschland: Karaoli & Dimitriou 3, 10675 Athen; Tel. 21 07 28 51 11; www.athen.diplo.de
Österreich: Vassilissis Sofias 4, 10674 Athen; Tel. 21 07 25 72 70; www. aussenministerium.at/athen
Schweiz: Isassou 2, 11521 Athen; Tel. 21 07 23 03 64; http://www. eda.admin.ch/athens

Deutsche Konsulate auf Kreta

Iráklion: Dikeossinis 7, 71202 Iráklion; Tel. 28 10 22 62 88

Chaniá: Paraliakí, Stassi 13, 73014 Chaniá-Agía Marína; Tel. 28 21 06 88 76

EINREISE

Zur Einreise nach Griechenland genügt deutschen Staatsbürgern der Personalausweis oder der Reisepass. Kinder unter 16 Jahren müssen entweder im Pass der Eltern eingetragen sein oder einen eigenen Kinderausweis mitführen (Stand 2007, Quelle: Auswärtiges Amt).

ELEKTRIZITÄT

Griechenland produziert den in Europa üblichen 220-Volt-Wechselstrom. Hochwertige Elektrogeräte (Computer, Drucker, Musikanlagen) sollten aber wegen der häufigen Stromausfälle ausgeschaltet werden, wenn sie nicht genutzt werden.

FLUGHAFEN

Der Chaniá Airport liegt etwa 13 Kilometer außerhalb des Stadtzentrums auf der Halbinsel Akrotíri. Der Flughafen Nikos Kazantzakis International Airport von Iráklion (Tel. 28 10 22 84 01) ist fünf Kilometer vom Stadtzentrum entfernt. Der Sitia Airport (Tel. 28 43 02 44 24) ist zwei Kilometer vom Stadtzentrum entfernt.

Wegen der enormen Verschärfung der Sicherheitsbestimmungen auf den Flughäfen können Flüssigkeiten jeder Art (beispielsweise Parfum, Shampoo, Augentropfen, Olivenöl, Ouzo, Wasser) nur noch in Mengen unter 100 Milliliter im Handgepäck mitgenommen werden. In einigen Flughäfen haben die Duty-Free-Märkte das Recht, Behältnisse mit Flüssigkeiten (Getränke, Öl etc.) in speziellen Plastik-Taschen zu versiegeln, die an der Sicherheitskontrolle akzeptiert werden. Mitbringsel wie Honig, Olivenöl oder Schnaps müssen im Reisegepäck verstaut und eingecheckt werden.

FLUGLINIEN

Die beiden wichtigsten griechischen Fluglinien sind mit Büros in den großen Städten vertreten:

Olympic Airlines

Ágios Nikólaos: Bei Plora Travel, Oktombriou 28; Tel. 28 41 02 58 68;

Chaniá: Tzanakaki 88 (gegenüber Stadtpark); Tel. 28 21 05 77 01;

Iráklion: Platia Eleftherias; Tel. 28 10 22 91 91;

Réthimnon: Koumoundourou 5; Tel. 28 31 02 22 57; www.olympic-airways.gr

Aegean Airlines:

Ágios Nikólaos: Bei Plora Travel, Oktombriou 28; Tel. 28 41 02 58 68;

Iráklion: Dimokratias 11; Tel. 28 10 34 43 94;

Chaniá: Venizelou 12; Tel. 28 21 05 11 00; www.aegeanair.com

FOTOGRAFIEREN

Es gibt auf Kreta nur wenige Militärzonen, in denen nicht fotografiert werden darf.

Verboten ist das Fotografieren außerdem auf allen Flughäfen und zum Teil auch in den Hafenanlagen des Schiffsverkehrs. In Kirchen und Klöstern darf in der Regel fotografiert werden, allerdings ohne Blitzlicht. Mönche und Pfarrer müssen vor dem Fotografieren unbedingt gefragt werden (es reicht Gestensprache). Frauen möchten normalerweise nicht fotografiert werden, die meisten Männer haben nichts dagegen.

FKK

Offiziell ist Nacktbaden in ganz Griechenland untersagt. Dafür sorgt die orthodoxe Kirche, deren Pfarrer sich aber um Kleinigkeiten solcher Art nicht kümmern oder sie ignorieren. An einsamen Stränden, wo Einheimische mit FKK-Aktivitäten nicht konfrontiert werden, oder in einigen Hotelanlagen wird das Nacktbaden geduldet.

GOTTESDIENSTE

Griechenland/Kreta ist zu 95 Prozent griechisch-orthodoxen Glaubens. Messen (Liturgien) werden in den zentralen Kirchen der Städte jeden Sonntagmorgen gesungen. Dem Gottesdienst beiwohnen können Einheimische und Reisende gleichermaßen. Die Türen der Kirchen bleiben offen, die Messe kann also jederzeit geräuschlos verlassen werden.
Die Kleidung sollte dem Ereignis angemessen sein: keine kurzen Hosen oder Miniröcke, keine unbedeckten Schultern, keine Freizeitanzüge.
Katholische Kirchen gibt es in Chaniá und Iráklion. Hier werden auch regelmäßig katholische Messen gehalten.

INTERNET

Sogar die Insel Kreta hat nun überall ihre Internetcafés, und die meisten kretischen Hotels bieten Computer mit Internetanschluss für ihre Gäste an.
Wer seinen eigenen mobilen Computer mitbringt, darf in vielen Hotels mit Telefon und Modem in die virtuelle Welt eintauchen.
Wer sich seine Mailbox täglich anschauen möchte, kann das ohne Probleme erledigen. Am Computer des Haus- und Hotelwirts oder an der Telefonsteckdose desselben. Bitte fragen, die kretischen Gastgeber sind wirklich sehr besorgt um das Wohlbefinden ihrer Gäste, auch um das virtuelle.

KNIGGE

Gutes Benehmen in Griechenland ist, wie es auf Griechisch heißt, ein »paradoxon«. Griechinnen und Griechen sind nette Menschen, sie sind gastfreundlich wie sonst fast kein Volk in Europa, sie sind fröhlich, ausgelassen und verwöhnen ihre Gäste. Aber gutes Benehmen im Sinne von Etikette? Das sollte der Mensch aus dem Norden in Kreta nicht erwarten oder gar zum Maßstab seines Wohlbefindens machen.
Griechen mögen nicht gerne warten. Sie schummeln in jeder Art von Warteschlange, sie finden immer einen Grund, sich nach vorne zu schmuggeln.
Feine Tischgesellschaften? Gibt es nicht. Wer das Essen auf dem Teller hat, der fängt an zu spachteln, was das Zeug hält. Wer nichts mehr im Glas hat, der ruft: »Kerasse« - »Los, schenk ein«. Hut ab, Mütze vom Kopf? Ein Hemd überziehen im Strandlokal? Wieso das denn? Es ist heiß, im Hemd schwitzt der

Mensch. Gepflegte Sprache, gediegene Unterhaltung? Es wird geschrien, gebrüllt und gelacht, dass die Wände wackeln. Auch die Nachbartische werden gerne beteiligt, über zehn Meter Entfernung, wenn das nötig ist.

Nun aber dies: Gegrüßt wird jeder, gegrüßt wird andauernd, gewünscht wird Gesundheit und langes Leben. In die Kirche geht der Mann in langer Hose, die Frau mit bedeckten Schultern und nie im Minirock. Hier wird sogar die allgegenwärtige Basketballkappe abgenommen, hier wird nur geflüstert, denn hier steht der Mensch vor Gott dem Herrn. Also auch der Tourist.

Der Knigge sollte zu Hause bleiben. Das Herz sollte sich öffnen für dieses herrliche, unkomplizierte gesellschaftliche Leben. Für diese Bevölkerung, in der die Kinder die Restaurants beherrschen und nicht der Oberkellner und seine Kollegen. Wer es in Griechenland zu etwas bringen will als Tourist, der sollte zu Hause in der Bürokantine schon mal das Drängeln üben.

MEDIZINISCHE VERSORGUNG

In den größeren Krankenhäusern wie Chaniá, Iráklion und Réthimnon gibt es Ärzte, die Deutsch sprechen – meist, weil sie in Deutschland studiert haben. Alle jüngeren Ärztinnen und Ärzte sprechen Englisch. In den Krankenhäusern und den sogenannten »Kentro Ygeias« werden auch Touristen ohne große Formalitäten fachgerecht und schnell versorgt. »Kentro Ygeias« (Gesundheitszentrum) nennen sich die Krankenstationen für ambulante Behandlungen. Sie haben meist einen praktischen Arzt, einen Kinderarzt, einen Zahnarzt, ein kleines Labor und Arzthelferinnen. Versorgung und Behandlung sind hier kostenlos. In Krankenhäusern wird nach der Versicherungskarte gefragt. Im Zweifel werden ausländische Patienten auch ohne Versicherungsnachweis behandelt, die (sehr geringen) Kosten können direkt an der Kasse bezahlt werden. Gesundheitszentren haben fast alle großen Dörfer, die auch als Verwaltungssitz fungieren.

Die wichtigsten Krankenhäuser:
Krankenhaus Ágios Nikólaos
Knosou 3, Ágios Nikólaos;
Tel. 28 41 06 60 00
Krankenhaus Chaniá
Ágios Geórgios -Krankenhaus,
73100 Mourniés; Tel. 28 21 02 20 00
Krankenhäuser Iráklion
Venizelou-Krankenhaus: Knossou,
71306 Iráklion; Tel. 28 10 36 80 00.
Universitätskrankenhaus: Voutes,
70013 Ágios Myronas; Tel. 28 10 39 21 11
Krankenhaus Réthimnon
Trantallidou 17; Tel. 28 31 08 71 00

MIETWAGEN

In jedem größeren Küstenort gibt es Autoverleiher. Die Fahrzeuge unterliegen ähnlichen TÜV-Bestimmungen wie in Deutschland und sind in der Regel technisch einwandfrei. Die Preise liegen unter denen in Mitteleuropa. Autos sollten nur geliehen werden, wenn beispielsweise Ausflüge in Bergregionen mit schlechten Busverbindungen unternommen werden. Die großen Küstenorte sind von der KTEL-Busgesellschaft erstklassig untereinander verbunden. In Städten wie Chaniá, Réthimnon oder Ágios Nikólaos ist die Parkplatz-Situation im Sommer dramatisch: Es gibt nur wenige und zu kleine Parkplätze.

MOSKITOS

Besonders an der wasserreichen Nordküste werden von Juni bis Oktober viele Badeorte von lästigen Stechmücken heimgesucht. Leider helfen die wenigsten Prophylaktika wirklich. Wirkungsvoll ist »Autan«, am besten aber hilft ein Moskitonetz, das im Reisegepäck wenig Platz wegnimmt. Sollten Moskitostiche jedoch Fieber verursachen, muss umgehend der Arzt aufgesucht werden.

NEBENKOSTEN in €	
1 Tasse Kaffee	2,00-3,00
1 Bier (Flasche)	2,00-4,00
1 Cola/Softdrink	1,50-3,50
1 Portion Gyros	2,00
1 Liter Benzin	1,10
Fahrt mit dem Linienbus (10 km)	1,30
Mietwagen/Tag	ab 35,00

NOTRUFE

Krankenwagen: Tel. 166
Pannenhilfe: Tel. 1 04 00
Polizei / Rettungsdienst: Tel. 112
Touristenpolizei: Tel. 171

POST

Die Post ist, wenn ihre Angestellten nicht gerade streiken, zuverlässig. Einfache Briefe nach Deutschland brauchen zwischen zwei und drei Tagen bis zum Zielort, Postkarten sind länger unterwegs. In den größeren Postämtern kann bei längerem Aufenthalt ein Postfach eingerichtet werden.

Die Briefkästen in Griechenland sind so gelb wie in Deutschland, und die Post ist ebenso schnell – wenn nicht gerade gestreikt wird.

ÖFFNUNGSZEITEN

Obwohl die Sonne auf Kreta schon früh am Morgen brennt, öffnen viele Läden und Boutiquen nicht vor 9 Uhr. Ab 14 Uhr, während der besonders heißen Mittagszeit, schließen die meisten Geschäfte und öffnen im Sommer erst gegen 17 oder 18 Uhr wieder. Ladenschluss ist gegen 20 oder 21 Uhr. Die Verwaltungen öffnen gegen 8.30 Uhr und schließen gegen 14.30 Uhr. Krankenhäuser sind durchgehend geöffnet und verfügen über Not- und Nachtdienste.

REISEAGENTUREN

In allen Städten und in den touristisch erschlossenen Badeorten gibt es zahlreiche Reiseagenturen. Sie vermitteln nicht nur Busreisen, Flüge und Schiffspassagen, sondern bieten in der Regel auch lokale Ausflugsprogramme an, beispielsweise in die Samariá-Schlucht oder zum Kloster Arkádi. Die Auswahl ist reichhaltig, Reisende sollten daher Preise und Angebote der Agenturen sorgfältig vergleichen und prüfen. Schiffspassagen und Flüge werden in den Agenturen übrigens nicht teurer verkauft als bei den Reedereien und Fluggesellschaften selbst.

REISEWETTER

Saison ist auf Kreta von April bis Oktober – Schönwettergarantie inklusive. Die tiefsten Temperaturen werden im Januar erreicht. In den Monaten Juli/August steigt das Thermometer manchmal auf über 30-40 Grad. Wer Kreta in voller Blüte erleben möchte, der sollte im April oder Mai die Insel besuchen.

SCHIFFSLINIEN

Die wichtigsten griechischen Schiffslinien sind mit Büros in den großen Städten vertreten:

ANEK

Chaniá: Venizelou (gegenüber der Markthalle); Tel. 28 21 02 75 00

Iráklion: 25 Avgostou 33; Tel. 810 22 24 81

www.anek.gr

Blue Star

Iráklion: Platia 1866 No. 14;

Tel. 28 21 07 54 44

www.bluestarferries.com

Minoan Lines

Iráklion: 25 Avgostou 78; Tel. 2 81 02 96 46

www.minoan.gr

Für Buchungen:

www.ferries.gr, www.greekislands.gr

SICHERHEIT

Die Gefahr, bestohlen zu werden, besteht in den Städten und in den Ortschaften mit ausgeprägtem Tourismus. In den touristisch nicht erschlossenen Bergregionen werden Reisende nicht um ihr Hab und Gut fürchten müssen. Zuständig für Delikte im Rahmen des Fremdenverkehrs ist die Touristenpolizei. Die Beamten in den jeweiligen Büros sprechen ausnahmslos Englisch, einige auch Deutsch (Notrufnummer). Bei Verlust der Reisedokumente (Pass, Tickets) sollte auch das zuständige Konsulat oder die Botschaft in Athen um Rat gefragt werden (Telefonnummern).

Mittelwert	JAN	FEB	MÄR	APR	MAI	JUN	JUL	AUG	SEP	OKT	NOV	DEZ
Tagestemperatur in °C	16	16	17	20	24	28	29	29	27	24	21	17
Nachttemperatur in °C	9	9	10	12	15	19	21	22	19	16	14	11
Sonnenstunden	3	5	6	8	10	12	13	12	10	7	6	4
Regentage pro Monat	12	7	8	4	2	1	0	0	2	6	6	10
Wassertemperatur in °C	16	15	16	16	19	22	24	25	24	23	20	17

Quelle: Deutscher Wetterdienst, Offenbach

STRASSENNAMEN

Die meisten kleinen Dörfer in Griechenland und auf Kreta haben bisher keine Straßennamen. Die großen Gemeinden bestimmen die Postleitzahl, die Wohnhäuser sind durchnummeriert. Entsprechend ist auch die Adresse: Postcode, Gemeinde, Dorf, Region, Bezirk, Insel (die letzten drei im Genitiv, deshalb eine andere Schreibweise). Beispiel: 73008 Vámos-Doulianá Nr. 10, Apokorónou, Chanión, Kritis.
Die Briefträger kennen alle ihre Kunden, sie müssen normale Briefe aber nicht unbedingt direkt an die Haustür des Empfängers bringen, sondern geben die gesamte Post für das jeweilige Dorf einfach im Kaffeehaus ab. Wer eine Familie oder ein bestimmtes Hotel oder Lokal in einem ihm unbekannten Ort sucht, fragt am besten im Kaffeehaus oder am Hauptplatz des Dorfes nach. Jeder Dorfbewohner kennt alle weiteren Einwohner und Einrichtungen.

STREIK

Griechenland/Kreta ist ein streikfreudiges Land. Arbeitsniederlegungen in allen Bereichen des öffentlichen Lebens sind an der Tagesordnung. Dies gilt vor allem für Transporte (Busse, Schiffe, Flugverkehr), für die Banken, die Post und die Energieversorger.

TAXIS

Taxis können direkt an der Straße angehalten werden. In den großen Städten gibt es im Zentrum beschilderte Taxistände, ebenso am Flughafen und am Schiffshafen. Dort hängen auch Preistabellen aus, die den Reisenden über die Kosten für die wichtigsten Verbindungen informieren. Auf diesen preislich festgelegten Streckenabschnitten müssen die Fahrer ihr Taxometer nicht unbedingt anschalten.
Für Fahrten in abgelegene Bergdörfer und andere nicht klassifizierte Strecken kann der Preis ausgehandelt werden. Die griechischen Taxifahrer haben das Recht, mehrere Fahrgäste gleichzeitig zu unterschiedlichen Adressen zu befördern. Dies ist vor allem im innerstädtischen Verkehr der Fall. Für große Gepäckstücke – Reisekoffer, Pakete, Taschen – kann der Fahrer einen Zuschlag verlangen.

TELEFON

Wenn Sie in Deutschland eine Nummer in Griechenland wählen möchten, wählen Sie erst die Landesvorwahl 0030 und danach die volle griechische Telefonnummer. Die griechischen Ortsvorwahlen beginnen seit einigen Jahren nicht mehr mit einer 0, sondern mit einer 2 und müssen auch im Ausland gewählt werden.
Beispiel:
Athen (aus Deutschland): 0030 – 210 – xyz
Athen (aus Griechenland): 210 – xyz
Chaniá (aus Deutschland): 0030 - 28210-xyz
Chaniá (aus Griechenland): 28210 - xyz
Die Vorwahl für Deutschland von Griechenland aus lautet 0049. Telefonkarten gibt es am Kiosk.

TRINKWASSER

Kreta ist eine – nach griechischen Maßstäben – besonders wasserreiche Insel. Regelmäßiger Schneefall in den Bergregionen und ausreichend Regen in den nördlichen Küstengebieten haben die Wasserversorgung bisher garantiert. Das Leitungswasser hat aber nicht in allen Hotels und Pensionen Trinkqualität, es wird oft in offenen Behältern auf den Flachdächern der Gebäude gespeichert. Es ist daher ratsam, immer zu fragen, ob das Wasser im Badezimmer trinkbar ist. Die Restaurants servieren auf Wunsch Leitungswasser in Karaffen oder Wasser in Flaschen.

VERKEHR

Auf Kreta werden auch die Seitenstreifen am rechten Rand der Autobahn als Fahrspur benutzt; das ermöglicht das Überholen auch auf nur zweispurig ausgelegten Straßen. Die Autobahn an der Nordküste, »Ethniki Odos« genannt, ist wegen ihres ständig wachsenden Verkehrsaufkommens recht gefährlich geworden.

VERKEHRSREGELN

Seit einigen Jahren werden regelmäßig Alkoholtests an den Überlandstraßen vorgenommen. Die Polizei bestraft inzwischen auch Verstöße gegen die Gurtpflicht.
Geschwindigkeitsbegrenzung: innerhalb von Ortschaften 50 km/h, außerhalb 90/110 km/h, auf der Autobahn 120 km/h.
Die Promillegrenze liegt bei 0,5 Promille (Ausnahme: Für Motorradfahrer und Personen, die ihren Führerschein weniger als zwei Jahre lang besitzen, gelten 0,2 Promille).
Handys am Steuer sind ebenso wie in Deutschland nur mit Freisprecheinrichtung erlaubt, bei Zuwiderhandlung drohen hohe Strafen.
Führerschein: Akzeptiert werden der nationale Führerschein im Papierformat und der EU-Führerschein im Kreditkartenformat. Zu beachten ist dabei, dass der Führerschein noch gültig ist und dass er bei Übernahme des Mietwagens im Original (nicht als Kopie) vorgelegt wird.

ZEIT

Griechenland liegt in der osteuropäisch-vorderasiatischen Zeitzone und ist Reisenden aus Mitteleuropa folglich immer eine Stunde voraus. Das gilt auch nach der Umstellung auf Sommer- oder Winterzeit. Beispiel: 8 Uhr in Deutschland ist 9 Uhr in Griechenland.
Die Fluggesellschaften berücksichtigen diese Zeitverschiebung auf Tickets. Die Ankunftszeiten sind immer in Ortszeit ausgedruckt.

ZEITUNGEN

Neben den überregionalen deutschen Tageszeitungen (FAZ, Süddeutsche, Welt, FR) gibt es an den Kiosken oder in den Supermärkten der touristisch erschlossenen Gebiete auch größere Regionalzeitungen (NRZ, WAZ), den SPIEGEL, den STERN und Modezeitschriften.
Die in Griechenland produzierte deutschsprachige »Athener Zeitung« berichtet täglich über Politik, Sport und Kultur des Landes.
Souvenirläden und Supermärkte halten außerdem ein begrenztes Angebot an Taschenbüchern bereit.

ZOLL

Wie in allen Ländern der Europäischen Gemeinschaft überprüft der Zoll kein Reisegepäck mehr.

GLOSSAR

Agía Triáda (Agia Trias)
Heilige Dreifaltigkeit, »agia«, ist die weibliche Form des Adjektivs »agios«, zu Deutsch »heilig«. Griechenland ist voller Heiliger, sie finden sich vor allen Kirchennamen und als Teil des Namens Tausender griechischer Dörfer, zum Beispiel »Agios Ioannis«, »Agia Sophia« usw.

Akropolis
Auf einem Hügel gelegene Fluchtburg. Akropolen gibt es nicht nur in Athen, sondern in ganz Griechenland; überall dort nämlich, wo in der Antike wichtige Siedlungen gebaut wurden. Der Begriff der Akropolis (zu Deutsch: »Obere Stadt«) war früher ausschließlich auf den antiken griechischen Kulturkreis beschränkt, wird aber heute auch für art- und zweckverwandte Bauwerke anderer antiker Kulturen wie Etrusker, Kelten oder Maya verwendet.

Akrotíri
Kap, spitze Halbinsel. In Chaniá ist der allgemeine Begriff »akrotiri« zum Eigennamen geworden. Dort auf der Halbinsel befindet sich der Flughafen.

Análipsis
(Christi) Himmelfahrt. In der griechisch-orthodoxen Sprache »fährt« Christus nicht gen Himmel, sondern er wird »gehoben« (analipsi = Emporhebung), von Engeln nämlich, die in den Altarräumen der Kirche auf den Fresken sichtbar sind.

Ano
Ober – (Oberdorf, z.B. Ano Smi, Anópolis). Das neugriechische Wort für »oben« heißt »pano«.

Chóra
Stadt, Land, Hauptort einer Insel. Die Kykladen in der Ägäis haben auf jeder Insel einen als Chóra bezeichneten Hauptort, der meist oben auf einem Hügel liegt. Auf Kreta nennt sich der Hauptort der Landschaft Sfakiá »Chora Sfakion«.

Dévtera Parusía
Jüngstes Gericht (wörtlich: Zweite Präsentation). In der okzidentalen Sakralkunst ist das Jüngste Gericht ein Hauptthema; bei den lebensfrohen Griechen sind Fresken zu diesem Thema eher selten.

Ekklesía
Personifikation der Kirche. Die griechisch-orthodoxe Kirche nennt sich »die Heilige Kirche«, genau wie die der Katholiken. Das Kirchengebäude nennen die Griechen offiziell »naos« (Tempel).

ELTA
Griechische Post. Noch voll in der Hand des Staates. Funktioniert sehr gut, wenn die Angestellten nicht gerade streiken.

EOS
Griechischer Bergverein, »Ellinikos Orivatikos Sylogos«. Erfüllt in etwa die gleichen Aufgaben wie der Alpenverein Mitteleuropas. Unterhält einige Schutzhütten in den drei kretischen Gebirgen.

Emanuel
Name des verheißenen Messias, Gottessohn. Der Prophet verkündet: »Siehe, eine Jungfrau wird empfangen und einen Sohn gebären, und wird dessen Namen Emanuel nennen. Butter und Honig wird er essen, dass er Böses und Gutes zu unterscheiden wisse«. (Jesaia 7,14).

Eparchía
Region eines Bezirks, Diözese. Die Landschaft Apokóronas ist Teil des Bezirks Chanià, also eine Eparchía.

Epitáphios
Liturgisches Tuch mit dem Bild des toten Christus. Der Begriff taucht auch als Name des bekanntesten Werkes des griechischen Schriftstellers Ioannis Ritsos auf. Dessen »Epitáphios« (eine Mutter weint um ihren Sohn) vertonte Mikis Theodorakis.

Epitáphios Thrénos
Beweinung Christi. Der »threnos« oder auch die »threnodie« ist im antiken Griechenland das Trauer- oder Klagelied (überliefert von Pindar). Das deutsche Wort Träne hat hier seinen Ursprung.

Evangelismós
Verkündung. Am 25. März feiert die orthodoxe Kirche die Verkündung der Jungfrau Maria. Es ist aber auch der Nationalfeiertag, denn der 25. März markiert den Beginn der griechischen Revolution gegen die Türken, die in die Unabhängigkeit führte.

Gurtbogen
Bogenelement an Gewölben. Die Gurtbögen stützen die Gewölbekonstruktion und sind daher eines der wichtigsten Elemente byzantinischer Architektur.

Hierarchen
Kirchenväter (Athanasios der Große, Kyrillos von Alexandrien, Wassileos der Große, Grigoris von Nazianz, Johannes Chrisostomos). Die Kirchenväter sind unter anderem Autoren der bis heute gültigen gesungenen Texte (Liturgien) der orthodoxen Kirche für Heirat, Taufe, Tod, Namensfeste.

Ikonografie
Lehre von Bildinhalten. Die Ikonenmalerei in der orthodoxen Kirche unterliegt strengen Regeln. Die abgebildeten Personen und deren Gesichter sollen beispielsweise nur symbolischen Charakter ausdrücken und keine individuelle Gemütsregung erkennen lassen.

Ikonoklasmus
Bilderfeindschaft, Bilderzerstörung. Die Bildergegner argumentierten unter dem Einfluss der islamischen Lehre (Unverfügbarkeit Gottes), Christus als wahrer Gott sei nicht darstellbar, und eine Ikone betone die Menschlichkeit Christi zu stark. 726 verbot Kaiser Leo III. die Ikonen und befahl ihre Vernichtung in allen Kirchen und Klöstern. Das Verbot wurde von dem Konzil 754 bestätigt. Erst Kaiserin Theodora machte dem Bildersturm 843 ein Ende.

Ikonóstasis (templos)
Bildwand zwischen Altar und Gemeinde. Ikonóstasis bezeichnet in der Umgangssprache eine frei stehende Holzkonstruktion, auf der Ikonen der Kirche ausgestellt werden. Die hölzerne Wand zwischen Altar und Gemeinderaum, in die zahlreiche Standardikonen eingelassen sind (Jesus, Gottesmutter, Johannes der Täufer), wird von der Gemeinde dagegen »templos« genannt.

Johannes Prodromos
Johannes der Täufer (Prodromos bedeutet wörtlich »Vorläufer«). Zahlreiche Kirchen und Kapellen sind ihm geweiht. Er ist in allen Kirchen auf Ikonen und in der hölzernen Templos-Wand zu finden. Er ist der erste und wichtigste Märtyrer des Christentums.

Kafeneíon
Das Kaffeehaus ist – nach der Kirche – die wichtigste Institution des griechischen Dorfes und kultureller Mittelpunkt. Hier kommt der Postbote vorbei, hier beraten sich Geschäftsleute, der Pfarrer und die Honoratioren des Dorfes, hier wird Tavli gespielt, getrunken, gegessen, gefeiert und getratscht.

Kaïki
Traditionelles Fischerboot. Das Kaïki ist kein Ruderboot, sondern ein kleines Schiff, ursprünglich aus Holz, mit mindestens zwei Mann Besatzung. Es ist das griechische Fischerboot schlechthin.

Kapetánios
Führer einer Sippe, (Schiffs-)Kapitän. Auf Kreta wird als Kapetánios fast immer das Oberhaupt einer Großfamilie bezeichnet. So wie in Kazantzakis' gleichnamigem Roman der Kapetán Michalis.

Kástro
Burg, Schloss. Alle Burgruinen des Landes, alle Festungen und Verteidigungsbauten nennen sich Kástro. In den Weißen Bergen auf Kreta trägt sogar einer der höchsten Gipfel diesen Namen.

Káto
Unter – (Unterdorf, z. B. Káto Zákros). Ebenso wie »Ano« eine besonders oft benutzte Präzisierung eines Ortsnamens. Da die kretischen Dörfer oft an steilen Berghängen liegen, ist diese genauere Beschreibung bei der Suche nach einer Adresse von Nutzen.

Katholikó(n)
Klosterkirche. Jedes Kloster hat eine zentrale Kirche, meist in der Mitte des Innenhofs. Sie wird als das Katholikón bezeichnet.

KKE
Kommunistische Partei. Sie war vor (Diktator Metaxas) und nach dem Zweiten Weltkrieg sowie dem anschließenden griechischen Bürgerkrieg verboten (hier vor allem auf Drängen der Engländer und später der Amerikaner) und wurde erst 1974, also nach dem Ende der Militärdiktatur, eine legale und damit wählbare Partei.

KTEL
Nationale Busgesellschaft. Die KTEL-Bahnhöfe sind in allen wichtigen Städten Griechenlands die wichtigsten Zentren des öffentlichen Transports. Sie haben dort die Funktion der mitteleuropäischen Eisenbahnstationen.

LAOS
Rechtsextreme Partei (wörtlich: Volk). Eine neue Partei in der Tradition des vor dem Krieg das Land beherrschenden Metaxas-Faschismus, die im September 2007 zum ersten Mal an Wahlen teilnahm und auf Anhieb ins Parlament einzog.

Mégaron
Halle eines antiken Palastes, einer der drei Hauptteile des Hauses, der als großer Saal für die Männer konstruiert war. Bei den Minoern Sitz und Behausung des Fürsten.

Meltémi
Nordostwind

Metamórphosis
Verklärung (Christi). Auf dem Gipfel eines Berges, der außerbiblischen Überlieferung nach handelte es sich um den Berg Tabor, wird Jesus vor den Aposteln Petrus, Johannes und Jakobus von überirdischem Licht (»Taborlicht«) überstrahlt (»verklärt«). Feiertag ist der 6. August.

Metochíon
Landgut in Kirchenbesitz. Die orthodoxe Kirche ist in Griechenland nach dem Staat der zweitgrößte Landeigentümer. Sie unterhält nach wie vor zahlreiche Güter, die in der Regel von Bauern gepachtet und bewirtschaftet werden.

Moní
Kloster, Konvent. Alle Klöster tragen die Bezeichnung Moní vor ihrem Namen. Der Wortursprung ist »monos«, auf Deutsch »allein, einsam«.

Naos

Bei orthodoxen Christen das Kirchengebäude. Als Naos werden aber weiterhin auch die den Göttern der Antike errichteten Tempel bezeichnet. Unter »templos« verstehen die Griechen dagegen die Ikonenwand in der Kirche.

Narthex

Vorhalle. Die meisten Kirchengebäude haben eine Vorhalle, in der vor allem Taufzeremonien abgewickelt werden, da die orthodoxen Kirchen selten über ein Baptisterium verfügen.

ND

Nea Demokratia, Konservative Partei mit starker Anlehnung an die Kirche. Nach der Wahl vom September 2007 weiterhin stärkste Partei Griechenlands, vor der sozialdemokratisch geprägten PASOK. Ihr Parteiführer und gegenwärtiger Ministerpräsident ist Kostas Karamanlis.

Neos, Nea, Neo

Neu – (Nea Odos = neue Straße, Autobahn). Eine auch in den mitteleuropäischen Sprachen besonders häufig anzutreffende Vorsilbe.

Neoklassizismus

In Griechenland die beliebteste bürgerliche Architektur zwischen dem Ende des 19. und dem Beginn des 20. Jahrhunderts. Noch zu bewundern in den Zentren der Städte Athen, Chaniá, Nauplion.

OTE

Nationale Telefongesellschaft. Sie unterhält in den größeren Städten Telefonkabinen, in denen mit Zeituhr telefoniert werden kann. Das allgegenwärtige mobile Telefon hat dafür gesorgt, dass Unterhaltung und Wartung der öffentlichen Telefonzellen auf das Schwerste vernachlässigt werden. Telefonkarten sind am Kiosk erhältlich.

Paleos, Palea, Paleo

Alt – (z. B. Palékastro, Paleochóra). Wie »nea« eine der häufigsten Vorsilben in Ortsnamen.

Palikári

Tapferer Mann, kräftiger Junge. Der »palikari« ist auch der jugendliche Held in der griechischen Volksmusik, der furchtlose Hirte, Revolutionär – und Frauenschwarm.

Panagía

Allerheiligste (Gottesmutter). Sie hat viele Beinamen – z. B. »glygokfilussa«, die süß Küssende. Oder »odigitria«, die Wegweisende. Oder »vrefokratussa«, die das Kind Haltende. Der Heilige Berg Athos ist der Gottesmutter geweiht und wird von seinen vielen tausend Mönchen »Garten der Panagía« genannt.

Panigíri

Kirchweihfest, Kirchweih'. Die Kirchweih' ist das größte, wichtigste und schönste Fest eines jeden Dorfes. Es ereignet sich am Namenstag des Kirchenheiligen. Nach dem Gottesdienst wird gegessen, getrunken und getanzt.

Pantokrator

(Christus) Weltenherrscher. Eines der obligatorischen Fresken in der Kirche ist das des Pantokrator. Es ist meist über dem Eingang im Inneren der Kirche zu sehen. Es zeigt das Antlitz Jesu und seine sogenannte Aura.

PASOK

Sozialistische Partei, »Panhellenische Sozialistische Bewegung«. Nach dem Ende der Militärdiktatur von Andreas Papandreou gegründet. Stellte nach der Parlamentswahl von 1981 zum ersten Mal die Regierung.

Paralía

Strand. In den Küstenregionen sehr häufig anzutreffendes Hinweisschild für öffentliche Strände.

Pentakostí
Pfingsten. Das Pfingstfest nimmt in Griechenland eine untergeordnete Rolle ein und wird nicht besonders gefeiert.

Peripteró
Straßenkiosk. Fast wichtiger als das Rathaus, Mittelpunkt jedes größeren Platzes in den Städten, ausgerüstet mit Telefon, Aspirin, Verhütungsmitteln, Zeitungen, Getränken und meist sehr guten Ratschlägen für Ortsunkundige.

Philoxenía
Gastfreundschaft, Bewirtung der Engel durch Abraham. Wichtigste Tradition auch des modernen Griechenland. Wer an die Tür klopft, wird eingelassen und bewirtet – ob er will oder nicht.

Photodótis
(Christus) Lichtspender. In den Ostkirchen mit ihrer ausgeprägten Lichtsymbolik ist das Bild Jesu als Lichtspender ein besonders wichtiger Teil der Freskenmalerei. Das Bild enthält meist auch die Worte: »Ich bin das Licht der Welt… «

Píthos, pithárei
Großer (oder kleinerer) Tonkrug. Auf Kreta hat die Töpferei noch Tradition. Besonders in dem Bergdorf Margarítes gibt es noch Werkstätten, die auch die großen Vorratskrüge noch herstellen und auf Wunsch von innen glasieren.

Propyleion
Säulen-Vorhalle, Eingang. Die Grundform des Propyleion umfasst eine Türwand - seltener mit einer, meist mit mehreren Öffnungen, und zwar üblicherweise in ungerader Anzahl.

Rhyton
Ritus-Gefäß. Als Rhyton bezeichnet man ein gewöhnlich einhenkeliges Gefäß zum Ausgießen von Trankopfern durch eine Öffnung im unteren Bereich. Einige Rhyta, die aus der minoischen Kultur stammen, sind menschen- oder tierförmig gestaltet. Oft kommen Stier- oder Widderkopf vor.

Soter (Sotir)
Heiland, Erlöser. Das altgriechische Wort »ichthis« bedeutet auf Deutsch Fisch und war das Symbol und Erkennungszeichen der ersten Christen. Der letzte Buchstabe »s« steht für »soter«, den Erlöser.

Stávrosis
Kreuzigung. Freskenszene, die in keiner ausgemalten byzantinischen Kirche fehlt. Einige Kirchen heißen »Stávrosis«, das Wort ist als »Stávros« auch ein recht häufiger Vorname für Männer.

SYNASPISMOS
Linksintellektuelle Partei. Ein Zusammenschluss aus Absplitterungen der Kommunistischen und Sozialistischen Partei. Erreicht bei Nationalwahlen fast immer die in Griechenland für den Einzug ins Parlament gesetzte Hürde von drei Prozent.

Theotókos
Mutter Gottes. In der frühchristlichen Auseinandersetzung um die Gottessohnschaft und die Gottheit Jesu wurde der Gebrauch des Titels »Theotokos« (Gottesgebärerin) zum Erkennungszeichen der rechtgläubigen (orthodoxen) Interpretation der Bibel: Maria hat nicht nur einen Menschen geboren, sondern den wahren Gott und wahren Menschen.

Trápeza (Agia)
Refektorium, Altar (Notenbank). Die »agía trápeza« ist der Altar, der »heilige Tisch«. Die trápeza ist aber auch die Bank, in der der Reisende sich Geld holen kann. Wenn er zu Hause etwas auf dem Konto hat.

EUROPAS HOT SPOTS.

Spannende Rundgänge und ideale Tagesprogramme, liebenswerte Hotels und angesagte Restaurants, originelle Shops und echte Insidertipps – Europas Metropolen sind schöner und aufregender denn je. MERIAN bietet Reportagen von exzellenten Fotografen und den besten Autoren der Welt – mit aktuellen Informationen, nützlichen Tipps und umfangreichem Kartenmaterial. Für anspruchsvolle Reisende, die das Erlebnis für alle Sinne suchen. **IM GUTEN BUCH- UND ZEITSCHRIFTENHANDEL ODER UNTER TELEFON 040/87 97 35 40 UND WWW.MERIAN.DE**

MERIAN

Die Lust am Reisen

SPRACHFÜHRER

Bei der Umschrift von der griechischen in die lateinische Schrift haben die Wörter zahlreiche Akzente erhalten. Der Akzent zeigt die Betonung der Silbe an. Worte ohne Akzent werden immer auf der ersten Silbe betont. Die Betonung der Worte ist wichtig, um verstanden zu werden.

Das Wesentliche (ta wasikà)

né - *ja*
oïchi – *nein*
parakaló – bitte
efcharistó – *danke*
en taxi (sprich »endaksi«) – *in Ordnung*
signomi – *Entschuldigung*
simera – *heute*
avrio – *morgen*
to proï – *am Morgen*
to wradi – *am Abend*
apopse – *heute Abend*
katalaveno – *ich verstehe*
den katalaveno – *ich verstehe nicht*
poly – *viel*
ligo – *wenig*
para poly – *zu viel*
ligotero – *weniger*
perisotero – *mehr*
akrivo – *teuer*
ftino – *billig*
krio – *kalt*
sesto – *heiß*
o kairos (sprich »käros«) – *das Wetter*
to klima – *das Klima*
zigà, zigà – *immer mit der Ruhe*
grigora – *schnell*
me – *mit*
choris – *ohne*
gynaika (sprich »jynäka«) – *Frau*
andras – *Mann*
kyrios (als Anrede) – *Herr*
kyria (als Anrede) – *Frau/Dame*
despinis (Anrede) – *Fräulein*
paidi (sprich »pädi«) – *Kind*
agori – *Junge*
koritsi, kopella – *Mädchen*
kori – *Tochter*
gios (sprich »jos«) – *Sohn*
pateras – *Vater*
mitera – *Mutter*
giagià (sprich »jajà ») – *Großmutter*
papous – *Großvater*
eggoni (sprich »engoni ») – *Enkelkind*
adelphos – *Bruder*
adelphi – *Schwester*
xadelphos – *Vetter*
xadelphi – *Kusine*

Alltagsleben – (kathimeriná)

kathe mera (»th« wie englisch »think«) – *jeden Tag*
kali mera – *guten Tag*
kali spera – *guten Abend*
kali nichta – *gute Nacht*
ipnos – *Schlaf*
oniro – *Traum*
ilios – *Sonne*
feggari (sprich »fengari«) – *Mond*
asteria – *Sterne*
thalassa – *Meer*
proniïno – *Frühstück*
fagito – *Essen*
trogo – *ich esse*
pino – *ich trinke*
pinao – *ich habe Hunger*
dipsao (»d« wie englisch »then«) – *ich habe Durst*
pigeno (sprich »pijeno«) – *ich gehe*
volta, peripato – *Spaziergang*
xipnao – *ich wache auf*
kimamai (sprich »kimamä«) – *ich schlafe*
isichia – *Ruhe*
thoriwo (»th« wie englisch »think«) – *Lärm*
aéras, anemos – *Wind*
kapsonas – *Hitze*

Institutionen

Dimarcheio – *Rathaus*
normarcheio – *Präfektur*
dikastirio – *Gericht*
wouli – *Parlament*
astinomia – *Polizei*
astinomos, chorofilakas – *Polizist*
scholeio – *Schule*
daskalos – *Lehrer*
daskala – *Lehrerin*

mathitis – *Schüler*
mathitria – *Schülerin*
panepistimio – *Universität*
ktahigitis (sprich »kathejitis«) – *Professor*
kathigitria – *Professorin*
foititis (»oi« entspricht »i«) – *Student*
foititria – *Studentin*
nosokomeio – *Krankenhaus*
iatros – *Arzt*
nosokoma – *Krankenschwester*
arostos – *krank*
arostos, asthenis – *Kranker*
asthenoforos – *Krankenwagen*
trapeza – *Bank*
leftà, chrima – *Geld*
logariasmos – *Rechnung, Konto*
pleirono – *ich zahle*
pharmakeio – *Apotheke*
tachidromeio – *Postamt*
tachidromos – *Postbote*
grammatosimo/a – *Briefmarke/n*
fournos – *Bäckerei*
fournaris – *Bäcker*
kasapiko, kreopoleio – *Metzgerei*
kasapis – *Metzger*
agorà – *Markt, Supermarkt*
laïki agorà – *Bauernmarkt*
synavlia – *Konzert*
glendi – *Fest*
mouseio – *Museum*
ekklisia – *Kirche*
papas – *Pfarrer*
epipeiskopos – *Bischof*
litourgeia – *Messe*

Unterhaltung

ti kaneis? – *Wie geht es dir?*
ti kanete? – *Wie geht es Ihnen?*
na eiste kala! – *Es möge Ihnen gut gehen!*
ygeia na echete! – *Bleiben Sie gesund!*
kanena problima! – *kein Problem!*
ella! – *komm!*
ellate! – *kommen Sie!*
apo pou eistai? – *Wo sind Sie her?*
giati? – *warum?*
eimai Germanos – *Ich bin Deutscher*
einmai Germanida – *Ich bin Deutsche*
apo poio meros? – *aus welcher Gegend?*
apo tin borea Germania – *aus Norddeutschland*
apo tin notia Germania – *aus Süddeutschland*
mou aresei i Ellada – *Mir gefällt Griechenland*
Den mou aresi – *gefällt mir nicht*
pos to lene sta ellinikà? – *wie sagt man auf Griechisch?*
pos se lene? – *wie heißt Du?*
pos leggeste? – *wie heißen Sie?*
me lene ... – *ich heiße ...*
oriste! – *Bitte! Was wünschen Sie?*
den xero – *ich weiß nicht*
kalos oreisete! – *herzlich willkommen!*

Hotel

xenodocheio – *Hotel*
domatio – *Zimmer*
monokleino – *Einzelzimmer*
dikleino – *Doppelzimmer*
timi – *Preis*
imera – *Tag*
dio imeres – *zwei Tage*
evdomada – *Woche*
dio evdomades – *zwei Wochen*
me proïno – *mit Frühstück*
choris proïno – *ohne Frühstück*
diplokrevati – *Doppelbett*
monokrevati – *Einzelbett*
balkoni – *Balkon*
me thea – *mit Aussicht*

Transporte

leoforeio – *Bus*
taxi – *Taxi*
treno – *Bahn*
siderodromos – *Eisenbahn*
metro – *U-Bahn*
aeroplano – *Flugzeug*
aerodromeio – *Flughafen*
karawi, plio – *Schiff*
limani – *Hafen*
barka (sprich »warka«) – *Boot*
kaïki – *Fischerboot*
motosikletta – *Motorrad*
avtokinito – *Auto*
nikiasomeno avtokinito – *Leihwagen*
chiliometro/a – *Kilometer*
dromos – *Straße*

odos – *Straße*
chomatodromos – *Piste*
paesodromos – *Fußweg*
podilato – *Fahrrad*

Zahlen

ena, mia – *eins, eine*
dio – *zwei*
tris, tria – *drei*
tezeres, tezera – *vier*
pente – *fünf*
exi – *sechs*
eftà – *sieben*
ochto – *acht*
enea – *neun*
deka – *zehn*
endeka – *elf*
dodeka – *zwölf*
dekatria – *dreizehn*
dekatezera – *vierzehn*
dekapente – *fünfzehn*
dekaexi – *sechzehn*
dekaeftà – *siebzehn*
dekaochto – *achtzehn*
dekaenea – *neunzehn*
ikossi – *zwanzig*
ikossiena – *einundzwanzig*
ikossidio – *zweiundzwanzig*
trianta – *dreißig*
saranta – *vierzig*
peninta – *fünfzig*
exinta – *sechzig*
efdominta – *siebzig*
ochdonta – *achtzig*
eneninta – *neunzig*
ekato – *hundert*
diakossa – *zweihundert*
triakossa – *dreihundert*
tetrakossa – *vierhundert*
pentakossa – *fünfhundert*
exakoassa – *sechshundert*
eftakossa – *siebenhundert*
ochtakossa – *achthundert*
eneakoassa – *neunhundert*
chilia – *tausend*
dio chiliades – *zweitausend*
Tris chiliades – *dreitausend*
Ekato chiliades - *hunderttausend*
Diakossies chiliades – *zweihunderttausend*
Triakossies chiliades – *dreihunderttausend*
Pentakossies chiliades – *vierhunderttausend*
Ekatomirio – *eine Million*
Dio ekatomiria – *zwei Millionen*
Disekatomirio – *eine Milliarde*
Dio disekatomiria – *zwei Milliarden*

Ordnungszahlen

Protos – *erster*
Defteros – *zweiter*
Tritos – *dritter*
Tetartos – *vierter*
Pemptos – *fünfter*
Ektos – *sechster*
Evdomos – *siebenter*
Ogdoos – *achter*
Enatos – *neunter*
Dekatos – *zehnter*
Endekatos – *elfter*
Dodekatos – *zwölfter*
Dekatos tritos – *dreizehnter*
Dekatos tetartos – *vierzehnter*
Dekatos pemptos – *fünfzehnter*
Dekatos ektos – *sechzehnter*
Dekatos evdomos – *siebzehnter*
Dekatos ogdoos – achtzehnter
Dekatos enatos – neunzehnter
Eikostos – *zwanzister*
Ekatostos – *hunderster*

Musik

Musik – *mousiki*
Lied – *tragoudi*
Musikalisch – *mousikos*
Echei mousiki – *sie ist musikalisch*
Mousikos – *Musiker, Musikerin*
Mousiko organo – *(Musik-)Instrument*
Orchistra – *Orchester, Kapelle*
Mousiki kommati – *Musikstück*
Mathima mousikis – *Musikunterricht*
Klassiki mousiki – *klassische Musik*
Laïki mousiki – *Volksmusik*
Rembetiko – *die Rembetiko-Musik*
Tragoudistis – *Sänger*
Tragoudistria – *Sängerin*
Tragoudo – *singen*
Lyra – *die (kretische) Lyra*
Kithara – *die Gitarre*
Piano – *Klavier*
Laouto – *die Laute*
Bouzouki – *das Bouzouki*
Synthetis – *der Komponist*
Synthesi – *die Komposition*
Symphonia – *die Symphonie*

ESSDOLMETSCHER

A

alati – *Salz*

arni – *Lamm*

aspro (levko) krassi – *Weißwein*

avgo – *Ei*

B

batsaria – *Rote Beete*

brizola/es – *Kotelett/en*

C

chartopizzeta – *Serviette*

chirino – *Schweinefleisch*

choriatiki salata – *griechischer Salat*

chorta – *gekochte Wildkräuter*

E

elliés – *Oliven*

F

feta – *Feta-Käse*

G

giaourti – *Joghurt*

gliko – *Süßigkeit, Nachspeise*

K

kalamaria – *Tintenfisch*

kafés – *Kaffee*

kafés glykos – *Kaffee mit viel Zucker*

kafés metrios – *Kaffee mit wenig Zucker*

kafés sketos – *Kaffee ohne Zucker*

kalo – *gut*

katsiki – *Ziege*

keftedes – *Buletten*

kiriopitao – *Hauptspeise*

kolokithia – *Zucchini*

kokkino krassi – *Rotwein*

kotopoulo – *Huhn*

kounelli – *Kaninchen*

koutali – *Löffel*

krassi – *Wein* (offen)

kreas – *Fleisch*

kreatosouppa – *Fleischbrühe*

L

lachanikà – *Gemüse*

lachano – *Kohl*

ladi – *Olivenöl*

lemoni – *Zitrone*

loukanika – *Bratwürste*

M

marmelada – *Marmelade*

marouli – *grüner Salat*

machero – *Messer*

meli – *Honig*

melitsanes – *Auberginen*

mithidra – *frischer Schafskäse*

moscharisio – *Rindfleisch*

mousakas – *Auberginen-auflauf*

mpira (sprich »bira«) – *Bier*

N

nero – *Wasser*

O

oktapodi – *Krake*

oréa – *prima*

orektikà – *Vorspeisen*

ouzo – *Ouzo*

P

paraggelia – *Bestellung*

pastizio – *Nudelauflauf*

piato – *Teller*

piperi – *Pfeffer*

pirouni – *Gabel*

poly kalo – *sehr gut*

potiri – *Glas*

psari – *Fisch*

psarosouppa – *Fischsuppe*

psomi – *Brot*

R

raki, tsikoudià – *Tresterschnaps*

S

salata – *Salat*

soupià – *Sepia*

souvlaki, gyros – *gegrilltes Schwein*

stifado – *Fleisch mit Zwiebeln*

T

tomates – *Tomaten*

trapezomandilo – *Tischtuch*

tsaï – *Tee*

V

vlitsani – *Tasse*

Redewendungen fürs Lokal

giassou! – *Prost, Gesundheit!*

giamas! – *unsere Gesundheit!*

To logariasmo, sas parakalo – *Die Rechnung bitte!*

Boro na plirosso me sek – *Kann ich mit Scheck bezahlen?*

Boro na plirosso me karta – *Kann ich mit Karte bezahlen?*

Pou einai i toualetta? – *Wo geht's zur Toilette?*

Einai elefthero to trapezi? – *Ist der Tisch noch frei?*

Alo ena potiri – *Noch ein Glas bitte!*

Ali mia mpira – *Noch ein Bier!*

Hier finden Sie alphabetisch aufgeführt alle in diesem Band beschriebenen Orte und Ziele, Hotels und Restaurants. Bei einzelnen Nennungen stehen jeweils dazugehörige Kategorien (H, R) in Klammern, bei manchen die Nummer einer Tourenkarte, wenn diese dort hinführt, z.B. (Tour 1). Außerdem enthält das Register sämtliche MERIAN Top Ten sowie wichtige Stichworte aus den »Spezials« und aus »Der gute Tipp von MERIAN«. Wird ein Begriff mehrfach aufgeführt, verweist die **fett** gedruckte Zahl auf die Hauptnennung, eine *kursive* Zahl auf ein Foto.

DIE WELT NEU ENTDECKEN

Globalisierung und lokales Handeln, Rückschau und Blick in die Zukunft, Welterbe, Weltstädte und künstliche Welten – zum Jubiläum nimmt MERIAN Sie mit auf eine Reise zu den faszinierendsten Geheimnissen des blauen Planeten. Mit neuesten Zahlen und harten Fakten, großen Bildern und packenden Reportagen öffnet Ihnen diese Ausgabe die Augen für die Schönheit und Wunder unserer Erde.
IM GUTEN BUCH- UND ZEITSCHRIFTENHANDEL ODER UNTER TELEFON 0 40/87 97 35 40 UND WWW.MERIAN.DE

MERIAN
Die Lust am Reisen

Bildnachweis:
Cover: Fotofinder/
Schapowalow/de Vrée

Agentur Focus (6) Patrick Frilet S. 24-25, 56, 98-99, 134, Gerald Hänel S. 30-31, S. 164-165
Alamy (5) S. 88, 159, 189, 239, 264-265
Alimdi.net (1) imagebroker.net S. 75
Anzenberger (5) Christina Anzenberger-Fink S. 3 Mitte, 104, 117, Robert Haidinger S. 112-113, 274-275
AKG Images (6) S. 32, 35, 42, Werner Forman S. 46, Andrea Jemolo S. 207,
AP (1) Christies Images S. 238
Bilderberg (5) S. 16-17, 44-45, Hans-Joachim Ellerbrock S.133, 210-211, Wolfgang Kunz S. 244
Caro (1) Gehring S. 277
Corbis (1) S. 52-53
Lilia Diamantopoulou (1) S. 99
DJV Bilderdienst (3) Henning Riemer S. 4 unten, 4 Mitte, 254
Dorling Kindersley (2) S. 240, 293
F1 online (1) ml-foto S. 62-63, Tips Images S. 90
Fotofinder (4) Schapowalow/de Vrée S. 7 unten, Alimdi.net/imagebroker.net S. 36-37, Friedrich Stark S. 76, Otto Stadler/Das Fotoarchiv S. 268
Garp (5) Gerald Hänel S. 4 oben, 6-7 oben, 193, 208-209, 242
Getty Images (2) The Bridgeman Art Library/Minoan S. 72, Nicholas Pitt S. 82-83
Huber (2) Johanna Huber S. 2-3, 84
IFA/Jupiterimages (3) S. 64, 150, 203
Imago (1) S. 215
Interfoto (2) S. 38-39, 50
Jahreszeitenverlag (2) Jörg Lehmann S. 160, Wolfgang Schardt S. 281
Laif (13) Arthur Selbach S. 2 unten, 22, 29, Hemispheres/laif S. 10-11, Keystone S. 55, 61, Frank Tophoven S. 111, Karl-Heinz Raach S. 114, S. 153, 174, 290-291, Reiner Harscher S. 186-187, Bernd Jonkmanns S. 190, Jörg Modrow S. 272
Look (2) Florian Werner S. 12-13, Jürgen Richter S. 70
Mauritius (5) S. 100, 108, 109, Westend61 S. 250, 298
Photothek.net (1) U.Grabowsky S. 136
Kirstin Richter/©2008 meine-kretabilder.de S. 217
Frank Robin (1) S. 162
Arthur Selbach (57) S. 4 Mitte, 5 oben, 5 Mitte, 6 unten, 14-15, 18-19, 20-21, 26-27, 49, 66, 67, 79, 87, 89, 92, 95, 96, 107, 120-121, 122-123, 125, 128-129, 130, 131, 139, 140-141, 144, 146, 147, 148, 156-157, 167, 169, 170, 172-173, 177, 182-183, 185, 201, 204, 213, 218, 221, 224, 226-227, 233, 237, 256, 263, 269, 278-279, 282, 284-285, 289
Waldhäusel (1) imagebroker/Maria Breuer S. 124

WARUM NICHT 12 MAL IM JAHR VERREISEN?

MERIAN präsentiert zwölfmal jährlich ein lebensnahes und facettenreiches Porträt einer Stadt, einer Region oder eines Landes auf höchstem Niveau. Mit dem monatlich erscheinenden Magazin MERIAN erleben Sie einzigartige Bilder und packende Reportagen. Weitere Informationen: **MERIAN LESERSERVICE TELEFON 040/87 97 35 40 ODER WWW.MERIAN.DE**

MERIAN
Die Lust am Reisen

Liebe Leserinnen und Leser,

wir freuen uns, dass Sie sich für einen Titel aus unserer Reihe MERIAN *Reiseführer* entschieden haben. Damit werden Sie sich an Ihrem Reiseziel wie ein Kenner fühlen können.

Alle Angaben in diesem Reiseführer sind gewissenhaft geprüft. Der Verlag übernimmt jedoch für evtl. Fehler keine Haftung. Preise, Öffnungszeiten usw. sind schnelllebig. Änderungen, die nach Drucklegung entstehen können, sind daher nie auszuschließen.

Schließlich interessiert uns noch Ihre persönliche Meinung. Bitte schreiben Sie uns, wenn Sie Berichtigungen und Ergänzungen haben - und natürlich auch, wenn Ihnen etwas ganz besonders gefällt.

TRAVEL HOUSE MEDIA
Redaktion MERIAN *Reiseführer*
Grillparzerstr. 12, D-81675 München
merian-reisefuehrer@travel-house-media.de

Bei Interesse an digitalen Daten der MERIAN Kartographie wenden Sie sich bitte an:
iPUBLISH GmbH, Abt. Cartography
merianmapbase@ipublish.de
www.merianmapbase.de

Bei Interesse an Anzeigenschaltung:
KV Kommunalverlag GmbH & Co KG
Mediacenter München, Tel. 0 89/92 80 96-44
kramer@kommunal-verlag.de

© 2009 TRAVEL HOUSE MEDIA GmbH, München
MERIAN ist eine eingetragene Marke der GANSKE VERLAGSGRUPPE

Alle Rechte vorbehalten, Nachdruck, auch auszugsweise sowie die Verbreitung durch Film, Funk, Fernsehen und Internet, durch fotomechanische Wiedergabe, Tonträger und Datenverarbeitungssysteme jeglicher Art nur mit schriftlicher Genehmigung des Verlages.

TRAVEL HOUSE MEDIA

Ein Unternehmen der
GANSKE VERLAGSGRUPPE

PROGRAMMGESCHÄFTSLEITUNG
Dr. Stefan Rieß

REDAKTIONSLEITUNG
Birgit Chlupacek

REDAKTION
Anne-Katrin Scheiter

LEKTORAT
Olga Havenetidis, Hatice Kücükballi

SCHLUSSREDAKTION
Ulla Thomsen

REIHENGESTALTUNG
Helinä Markkanen, München

ART DIREKTION
design apartment, München

SATZ/GESTALTUNG
Britta Nüske-Illenberger

BILDREDAKTION
Alexandra Dimitrijevic, Anna Logermann, Kathrin Schäfer

UMSCHLAGGESTALTUNG
Heuer & Sachse, Hamburg

KARTEN
MERIAN-Kartographie, München

PRODUKTION
Renate Hutt

DRUCKVORSTUFE
Repro Ludwig, Zell am See

DRUCK UND BINDUNG
Printer Trento, Italien

GEDRUCKT AUF
EuroBulk von der Papier Union

1. Auflage 2009, ISBN 978-3-8342-0230-7